认 识 你 自 己

钱铭怡 —————— 许燕 —————————— 等 著

这就是
心理学

Psychology

and Life

机械工业出版社

CHINA MACHINE PRESS

古希腊的特尔斐神庙中，镌刻着一句神谕："认识你自己。"作为人类自我反省的见证，心理学有着漫长的过去；作为无数学科的枢纽，心理学只有短暂的历史。本书选取心理学发展史上极具开创性和你必须了解的10位大师——弗洛伊德、科胡特、霍尼、罗杰斯、麦克利兰、贝克、米纽庆、卡巴金、格根、海斯，带你回到正统心理学的理论现场。10位心理学家，10种看待自我、他人和世界的视角，帮你构建科学系统的心理学知识框架，领会科学心理学的底层逻辑。

图书在版编目（CIP）数据

这就是心理学 / 钱铭怡等著 . —北京：机械工业出版社，2024.4
ISBN 978-7-111-75439-8

Ⅰ.①这… Ⅱ.①钱… Ⅲ.①心理学 Ⅳ.① B84

中国国家版本馆 CIP 数据核字（2024）第 060676 号

机械工业出版社（北京市百万庄大街 22 号　邮政编码 100037）
策划编辑：欧阳智　　　　　责任编辑：欧阳智
责任校对：潘　蕊　张昕妍　责任印制：刘　媛
涿州市京南印刷厂印刷
2024 年 7 月第 1 版第 1 次印刷
147mm×210mm · 11.875 印张 · 279 千字
标准书号：ISBN 978-7-111-75439-8
定价：69.00 元

电话服务　　　　　　　　　网络服务
客服电话：010-88361066　　机　工　官　网：www.cmpbook.com
　　　　　010-88379833　　机　工　官　博：weibo.com/cmp1952
　　　　　010-68326294　　金　书　网：www.golden-book.com
封底无防伪标均为盗版　　机工教育服务网：www.cmpedu.com

人类除了对自己生活的环境感兴趣，还对人本身、对自己的内心感兴趣。心理学的出现，就是为了探索"人"的奥秘，也包括探索我们该如何让自己的生活过得更好、更有意义

钱铭怡

序篇

这，就是心理学

Psychology
and Life

中国心理学会会士、北京大学心理与认知科学学院教授。 | 钱铭怡 本章作者

心理学是什么

心理学是一门什么样的学科

心理学是什么？好像大家心里都有自己的看法，有自己所认为的心理学。但它到底是什么呢？大家似乎又感觉说不清楚。《中国大百科全书（第三版）心理学》是这样定义的：心理学是研究人类意识与行为的发生、发展、变化规律及其生物学基础，以及人在社会环境中的行为规律的科学，是一门跨越自然科学与社会科学的学科。这个定义看起来不太像是我们大家理解的心理学。我们通常理解的心理学，是一门能够用于理解和解释我们自己、我们身边的人和事的学问。这种理解也对，但也不完全对。

当许多人知道一个人是学习心理学的大学生、研究生或者教授心理学的老师时，第一反应常常是"你能知道我现在心里想的是什么吗"，或者有人会说"我要离你远点，不然我想什么你都知道了"……这就是把心理学看作相面或者算命。虽然相面或算命的确运用了一些心理学的知识，但不能把这二者看作心理学。拥有心理学的知识，的确会帮助我们了解自己和他人，但这只是心理学研究内容的一小部分。

我们所说的心理学概念是将心理学看作一门科学来定义。最基本的研究，来自基础心理学的研究，它要探讨我们人为什么会有不同的感知觉、思维、情绪等，也要探讨人产生感知觉、注意、记忆、思维、情绪的生物学基础是什么。此类研究可能需要回答这样一些问题，比如不同的感知觉、记忆、思维的产生，和大脑的哪些区域相联系？大脑是如何工作的？人的感知觉、注意、记忆、思维在不同的年龄阶段是什么样的，在不同的年龄阶段又是如何发展的？人和人之间有哪些差异，情绪的稳定性、智力的高低、人格的特点有什么不同？个体处于群体中会有哪些变化？……这些都是心理学研究的基本内容。

心理学有哪些分支学科

心理学有许多分支学科，包括实验心理学、生理心理学、认知心理学、毕生发展心理学、人格心理学、社会心理学等。例如实验心理学，是一门通过实验的方法研究人的心理和行为的分支学科。以艾宾浩斯记忆曲线（也叫"艾宾浩斯遗忘曲线"，用于揭示记忆中的中长期记忆的遗忘率）为例，它是由德国心理学家赫尔曼·艾宾浩斯（Hermann Ebbinghaus）提出的。艾宾浩斯研究发现，遗忘在学习之后立即开始，而且遗忘的进程并不是均匀的：最初的遗忘速度很快，之后遗忘的速度减慢，再往后更慢。他邀请了一些参与者来记忆一些没有意义的德语音节，根据对无意义音节记忆的实验发现，他描绘出了描述遗忘规律的曲线：艾宾浩斯记忆曲线。有研究者做过一个相似的实验，让两组学生学习一段课文，甲组在学习后不久就进行一次复习，而乙组不复习。之后分别在一天结束、一周结束和两周结束时再次测量，发现乙组的记忆率显著低于甲组。这个研究结果帮助我们了解到这样一点：学习之后，如果不断地复习，可以减缓遗忘，如果不复习，遗忘就会发生，而且最初速度快，然后变慢。

社会心理学是理解个体和群体在社会相互作用中的心理与行为的心理学的分支学科。社会心理学研究已经证实，人们具有从众心理，即当个体处在社会环境中时，会受到群体中大多数人的影响，从而改变自己的行为和态度。有时即使知道其他人的行为可能存在问题，完全理性的人也会参与其中并采取类似的行为。如果脱离了大多数人，会让人产生不安，尤其是在个体对自己缺乏自信的时候，这种心理效应会更加明显。这个实验是怎么做的呢？

社会心理学中关于从众心理的实验是这样做的：实验材料为18套卡片，每套两张，其中一张卡片上画有一根标准的线段，另一张卡片上画有三根长短不等的与标准线段平行的线段，里边只有一条线段与另一张卡片上的标准的线段等长。在实验的过程中，主试将图片呈现给被试看，要求他们从三条线段中选出一条与标准的线段等长的线。实验是一组一组做的，每组中只有一个真的被试，其他都为实验的合作者，我们称为"假被试"，结果假被试常常指向不是和真正标准的线段一样长的那条线，真的被试做出了什么反应呢？虽然他们意识到别人的反应不对，但是很多人仍然跟随了其他多数人的反应。实验结果是，真的被试有33%的概率没有按照自己的内心做出反应，而是跟随其他人的回答做出了反应。然而，当那些真的被试被要求自己单独写下答案时，他们的正确率是98%。国外和国内的研究结果是类似的，这个实验让我们理解了从众心理的影响。这个实验如果是让儿童来做，从众反应的比例会更高，因为从发展的角度来看，儿童心理发展尚不成熟，和成人相比，儿童会更多地产生从众行为。当其他人是成人或者儿童所信赖的人的时候，这种情况就会更加明显。

这些例子反映的情况，有助于我们理解为什么《中国大百科全书（第三版）心理学》说心理学是一门研究人类意识与行为的发生、发展、变化规律及其生物学基础，以及人在社会环境中的行为规律的科学。心理学是一门兼具自然科学与社会科学属性的学科，但它又不会仅仅停留在探索和发现人的心理现象发生、发展、变化规律层面，心理学的研究成果能够服务于人，服务于大众，服务于社会，因此心理学中也有许多应用心理学相关的分支学科，例如临床心理学、咨询心理学、工业／组织管理心理学、学校和教育心理学、健康心理学等。

心理学有哪些研究方法

心理学的研究方法包括观察法、实验法、调查法、测验法、访谈法、个案研究。

- 观察法：是指在自然条件下，对展现心理活动的外部行为进行系统的、有计划的观察。
- 实验法：是指在控制条件的情况下，即只改变环境中某一个或几个因素而保持其他因素不变，对某种心理现象进行观察。
- 调查法：是指就某一方面或某一类问题向被调查者进行提问，了解其观点和态度。
- 测验法：是指通过一套标准化的问卷或量表来测量个体的某种心理特征，例如智力测验、人格测验、态度测验等。
- 访谈法：是指对所关注的内容向被访谈者提出一系列问题，获得被访谈者的回答、得到相关结果。
- 个案研究：是指对一个或几个研究对象进行较长时间的、详尽而深入的观察与研究。

比如，临床心理学研究的是有心理障碍的人的心理特点。以社交焦虑为例，有些人虽然没有达到社交焦虑障碍的诊断标准，但具有社交焦虑的症状表现，我们笼统地称之为社交焦虑者，他们最主要的特征是害怕和人打交道、回避和人的交往，此外，担心别人给他负性的评价。

观察　在心理学研究中，主试和社交焦虑者见面，其表现为退缩（身体语言，如回避目光接触、不能挺胸抬头），声音很小，很少主动发起谈话。

实验　控制其他可能对研究构成影响的刺激，让被试进行3分钟演讲。在此过程中，用眼动仪记录眼睛观看的位置，被试可以看到听众的反应。听众有不同的反应：正性的（点头）、中性的、负性的（皱眉、打哈欠等）。研究发现，社交焦虑者比正常人更多地表现出对负性信息的注意偏向。

访谈　社交焦虑者如何看待别人的行为？例如比较在他自己演讲和别人演讲这两种情境下看到有人不认真听讲时社交焦虑者的反应，发现其有系统性的解释偏差：当不认真听讲出现在别人演讲时，社交焦虑者会认为，不认真听的人打哈欠是因为他可能没休息好，有些疲倦；当不认真听讲的情况出现在他自己演讲时，他会认为有人打哈欠是因为听众不喜欢他讲的内容，他们认为他很差……我们的研究通常包含两组被试，一组是（要研究的）存在社交焦虑的人，另一组是没有社交焦虑的人。对比他们的反应后会发现，正常人很少有社交焦虑者存在的那些认知歪曲，例如社交焦虑者会认为：我不好，别人不喜欢我。

这些研究的结果会丰富我们对心理学的理解，并帮助我们找出相应的规律，提出心理学的有关原理。

上文对心理学这门学科及其研究方法进行了介绍，接下来要介绍心理治疗和心理咨询，这是本章的重点内容。因为很多人对心理治疗和心理咨询很好奇，感觉它们很神秘，非常想了解心理治疗和心理咨询是一回事吗？当一个人出现了心理困扰，去做心理治疗还是心理咨询？如果去了会发生什么？真的能够解决问题吗？

在探讨上述问题的同时，我们也可以看到心理学研究中获得的有关原理是如何应用于心理治疗和心理咨询的助人实践的。

心理治疗和心理咨询是一回事吗

心理治疗与心理咨询分别在探讨哪些问题

本书介绍的 10 位大家，他们的工作绝大部分属于临床心理学和咨询心理学领域。临床心理学和咨询心理学都是心理学的分支学科，这两个学科都会运用心理学的知识理解和促进个体的心理健康、身体健康和社会适应。

临床心理学更注重对心理问题、心理障碍的干预和治疗；咨询心理学更关注与个体日常生活相关的心理问题的咨询。在日常生活中，我们更熟悉的是两个分支学科实际应用的领域：心理治疗和心理咨询。在发达国家，通常做心理治疗工作的人员接受的是临床心理学的相关教育和培训，而从事心理咨询的人员接受的是咨询心理学的教育和培训。

心理治疗（psychotherapy）：基于良好的治疗关系，由经过训练的临床与咨询专业人员运用临床心理学有关理论和技术，矫治、消除或者缓解患者的心理障碍或问题，促进其人格向健康、协调的方向发展。心理治疗侧重心理疾病的治疗和心理评估。

心理咨询（counseling）：基于良好的咨询关系，由经过训练的临床与咨询专业人员运用咨询心理学理论和技术，消除或缓解求助者的心理困扰，促进其心理健康与自我发展。心理咨询侧重一般人群的发展性咨询。

心理治疗和心理咨询工作在采用的理论和技术方法、与来访者建立良好的关系方面都是相似的，改变的机制也是类似的。不同之处在于：在国外，从事心理治疗的专业人员，有精神科医生、临床心理学家，从事咨询的主要是咨询心理学家；在国内，大部分情况下，心理治疗师是在医院从事心理治疗，心理咨询师则是在学校、社区等心理中心或心理咨询机构中从事心理咨询。

此外，二者的工作对象各有偏重。在我国，由于心理治疗通常在医疗机构内进行，因此面对的是达到心理障碍诊断标准的病人，例如焦虑症、抑郁症、强迫症、创伤后应激障碍等，或者身体疾病导致的心理问题；心理咨询往往在非医疗机构进行，例如在学校、企业、社区的心理中心等处，更多面对的是普通人的心理问题和困扰，例如职业选择、学习、亲子关系、婚恋、人际交往、情绪调节等方面的问题。

可以说，二者既有联系也有区别。心理治疗的对象，在心理咨询门诊也可以获得辅助的咨询；心理咨询的对象在心理治疗门诊也能够获得帮助。因为二者所用的心理治疗理论和方法类似，反而是不同的心理治疗师或心理咨询师运用的治疗学派的理论和方法不同，有时区别更明显一些。例如，有的心理治疗师或心理咨询师主要采用的是心理动力学派的治疗理论和方法，有些采用的是认知行为治疗学派的理论和方法，也有些采用的是人本主义的理论和方法，另外一些心理治疗师或心理咨询师则主要运用的是家庭治疗的理论和方法。不过，无论采用的是哪一种理论学派或方法技术，都需要面对患者或来访者，也都需要对他们的心理障碍、心理问题和困扰进行干预。

现代人被哪些心理问题困扰

中国科学院心理研究所编制的《中国国民心理健康发展报告（2021—2022）》——也可称为《心理健康蓝皮书（2022版）》提到，通过在2021年和2022年对中国31个省、自治区、直辖市采用《中国心理健康量表（简版）》的调查发现：超80%成年人自评心理健康状况良好，成年人抑郁风险检出率为10.6%，焦虑风险检出率为15.8%。

那么，在心理咨询当中，会碰到哪些心理健康方面的问题呢？某咨询平台对2018年前来咨询的来访者求助主题的汇总表明，排在前10位的主题为：亲密关系、焦虑、原生家庭、自我探索与成长、人际关系、自尊自信、抑郁、成长创伤、依恋、信任感方面的问题。

某位知名歌手在某省卫视做节目后的采访中坦承："我的心理是不健康的，我从头到尾没觉得自己心理健康过，要不然我就写不出这些情歌，要不然我就不会抑郁。"从他所说的情况中我们可以了解到，在现实生活中，的确有些人会遇到这样或者那样的心理问题。

如果有些心理问题达到了精神病学的诊断标准，就可以称之为精神障碍，也译作心理障碍（mental disorder）。前面调查中提及的那些具有中度到重度的心理问题中的某些人可能就患有精神障碍。黄悦勤等2019年发表在《柳叶刀》上的文章，对我国31个省32552人的流行病学调查发现：排除痴呆后，我国 18 岁以上人口罹患六大类精神障碍（心境障碍、焦虑障碍、酒精 / 药物使用障碍、精神分裂症及相关精神病性障碍、进食障碍、冲动控制障碍）的加权终生患病率为 16.57%。也就是说，在我国近 14 亿人口中，可能有大约 2.3 亿人（大约七分之一的人）在他们的一生中会得六类精神障碍中的一种或几种。相较前两次流行病学调查（20 世纪 50 年代和 80 年代）的数据，增长较大。

精神障碍（不含老年痴呆）中，焦虑障碍患病率最高，为 4.98%；其次是心境障碍，患病率为 4.06%（其中抑郁症患病率为 3.59%）；酒精 / 药物使用障碍排在第三，患病率为 1.94%。冲动控制障碍排在第四，患病率为 1.23%；精神分裂症及相关精神病性障碍终生患病率为 0.61%；进食障碍患病率低于 1‰。

在患病率最高的这几类精神障碍中，焦虑障碍（包括社交焦虑障碍、强迫症等）是心理治疗的适应证；程度较轻的抑郁障碍也可以进行心理治疗。

中国科学院心理研究所编制的《心理健康蓝皮书（2018 版）》论及具有轻到中度心理问题的人群时指出：他们的社会功能受损不明显，能进行正常的生活，比如从表面上看，问题则易被忽视，但本人内心有不适感，也会妨碍其能力的正常发挥。如果不进行心理辅导，可能自发缓解，也可能发展为更严重的心理问题。这部分人群应该是心理健康工作的主要目标人群，如果他们能得到及时的心理干预，就可有效预防心理疾病，促进心理健康。这就涉及我们前面所说的心理咨询与治疗工作了。那些有轻度问题者，部分可以自行解决自己的问题，自己帮助自己，有些则需要心理咨询，有中度或重度心理问题的人，就可能需要接受心理治疗了。

在进行心理咨询或心理治疗时，无论心理咨询师或心理治疗师采用的是哪一种学派的理论或方法技术，面对一个来访者或患者，他们都会关注下列问题：

- 人为什么出现心理障碍、心理问题和困扰？
- 如何使这些障碍、问题和困扰得以改善？（运用什么理论、技术方法或策略进行干预工作。）

这些问题，就是心理治疗不同学派关注的重点和要解决的问题。

人为什么会出现心理问题和困扰

本书涉及的 10 位大家，大部分都是从心理学角度来看心理障碍和心理问题的成因的，但是实际上，除了心理学角度，生物学因素、社会学因素也会对心理障碍的形成造成影响。

生物学因素

与心理障碍（精神障碍）有关的生物学因素有遗传因素（例如精神分裂症的遗传风险较高，研究发现：同卵双生子有高度相似的遗传结构，其同病率高于异卵双生子）。此外，大脑中神经递质的功能失调也和心理障碍密切相关。例如，一些治疗抑郁症的药物就是通过调节大脑中的一种神经递质（五羟色胺）的浓度来改变抑郁症状的。

与心理障碍有关的大脑回路是脑神经递质活动的复杂网络。这些大脑回路的存在表明，神经系统的结构和功能在心理病理学中扮演着重要的角色。但其他研究表明，心理学和社会学因素也能够强烈影响甚至重塑这些大脑回路。此外，无论是生物干预（比如药物）还是心理干预，似乎都能使这些大脑回路发生改变。

社会环境与人际因素

华中师范大学心理学院教授江光荣老师曾说："20世纪是一个发生了广泛的社会文化变迁的世纪。"。陷入适应困境的现代人面临的挑战包括分工越来越细，造成人的心理机能的片面使用和发展；人员向城市流动，造成人口密度、人际冲突增加；家庭结构和功能发生变化，家庭的保健功能下降；教育、学业发展日益片面化，学习、工作中压力和竞争增加，忽视个性和谐发展；人际直接交往减少，情感联系淡化；人的价值观变化，价值取向从单一走向多元，致使个人内部和人与人之间的价值冲突不可避免。

心理学因素

对于心理障碍和心理问题，心理学方面的各种解释远远多于生物学的解释。而且，有研究者认为，即便遗传因素或社会环境与人际因素使某些人更易于罹患心理障碍，在同样的情境下，这些因素也要通过个人的人格特点才会起作用。

如果要改变，一方面要通过改变社会环境，促使社会的发展更适于人居，从而促进人的健康；另一方面要改变个人，使之获得心理成长，能够更好地适应环境的变化，促进其心理健康和个人发展，提升生活质量。心理治疗和心理咨询的目的正是后者，即促进个体的心理成长。

不同心理学派是如何理解心理问题的

传统上，心理治疗有三大学派：精神分析学派、认知行为治疗学派和人本主义治疗学派。此外，家庭治疗学派、后现代主义治疗学派后期的影响也在日益增长。

这本书既包括了上述三大学派的代表人物，也包括了家庭治疗和后现代主义治疗的代表人物。比如西格蒙德·弗洛伊德是精神分析学派的创始人和代表人物，其他代表人物还有海因茨·科胡特、卡伦·霍尼；卡尔·兰塞姆·罗杰斯是人本主义治疗学派的代表人物，创立了"以人为中心"的治疗；阿伦·T.贝克是认知行为治疗学派的代表人物，还有史蒂文·C.海斯的接纳与承诺疗法；在家庭治疗学派方面，有萨尔瓦多·米纽庆，是他创立了家庭结构治疗；另外，肯尼斯·J.格根是社会建构理论的代表人物，他属于后现代主义治疗学派。

那么，这些不同学派是怎么看待心理障碍、心理问题的形成和维持的呢？又采用了什么方法、策略促使人发生改变呢？这里，我将几个学派的特点和不同之处做一个简要的概括，且不仅仅限于本书所介绍的相关人物及其观点。

精神分析学派

精神分析学派创立于19世纪末，弗洛伊德是精神分析学派的创始人。他的理论聚焦于人的无意识动机，这些无意识动机是心理活动的驱动力，弗洛伊德关注人的早期，即从出生到6岁这段时间内的社会事件对人的影响。

他建构了意识层级，包括意识、前意识和无（潜）意识三个层级；他描绘了人格的构成，包括本我、自我和超我；还提出了性心理的不同发展阶段，其中，早期的性心理发展阶段非常重要。心理症状的意义是人格内部本我、自我和超我不同势力冲突及妥协的结果。

如果人产生了心理障碍，那是无意识中的欲望以症状形式表现出来的结果，而症状，是内心冲突达到妥协的结果（本我代表本能、欲望，遵从快乐原则；自我遵从现实原则；超我按内化的父母及社会要求，即按道德原则行事）。他的理论是一种心理决定论，即没有什么心理现象是偶然发生的，其背后都有无意识的心理活动。

新精神分析学派不再强调性、本能，而是强调自我的力量。他们将儿童的社会关系看作他们正常或异常发展的决定性因素。例如，以客体关系为主导的理论者不再强调本我，而是强调社会关系，特别是个体早期与重要他人的关系。他们修正了心理发育的关键期，弗洛伊德曾认为性器期（发生在 3 ～ 6 岁）是最重要的，此阶段儿童会产生俄狄浦斯情结（也称"恋母情结"，是指儿子恋母仇父的情结），而新精神分析学派的很多人认为，最重要的是个体婴儿期与母亲的关系（早期的母婴依恋关系），其他人则认为成年初显期（通常为 18 ～ 25 岁）才是人的心理发展最关键的时期。

弗洛伊德的突出贡献是：他首次从心理学角度系统地对异常心理和行为做出解释，其所创始的精神分析学派是其后许多重要的心理治疗学派产生的源头。经典的精神分析理论认为，冲突模式是心理障碍和心理问题产生的原因，强调病态是由内在的冲突引起的，而新精神分析理论，比如客体关系和自体心理学流派，则强调病态是由环境的缺陷导致的。

精神分析学派是如何进行治疗并帮助个体改变的呢？经典的精神分析治疗采用的是自由联想、释梦、解析（比如对移情和阻抗的分析）等方法，让病人从全新的角度审视自己，在意识层面理解自己现在的症状、行为与过去的关系，对此达到领悟，使之成为缓解症状、改变与成长的契机；客体关系治疗（新精神分析）关注人际关系，治疗师作为一个接纳和稳定的客体，帮助来访者缓解内化到无意识中的关系冲突，从而改善来访者的心理障碍和心理问题。

人本主义治疗学派

20 世纪五六十年代，人本主义治疗学派在美国兴起，代表人物有马斯洛（提出了人类需要五层次理论、自我实现的高峰体验）和罗杰斯。罗杰斯认为，个体具有指向健康和个人成长的自然倾向。当个人自我实现的发展受到价值条件化的影响，而不是按照自我本来的实现倾向去发展时，就容易出现心理问题。当个体的经验或体验被准确地言语化，并被结合进自我概念之中时，自我概念与有机体的自我是协调一致的。反之，容易出现问题。例如一个女大学生，因其父母严令禁止她大学期间谈恋爱，父母认为此时恋爱是不好的，她可能就会否认自己对异性感兴趣。当个体的经验或体验遭到否认或歪曲时，自我概念与经验或体验就不一致了。

心理失调的原因是：个体的自我概念与有机体的经验和体验出现非常明显的不协调，防御过程失灵，个体不得不面对其否认与歪曲的经验和体验，而其又无力把握，结果就出现了心理紊乱。心理问题的成因有如下几点：

- 过度地应用自我防御机制，以至于个体逐渐断开了和现实的联系。
- 不利的社会环境和错误的学习。
- 过度的应激。

罗杰斯不认为其疗法治疗的人是病人（将他们称为来访者），认为他们都有自我指导和帮助自己的潜力，因此来访者中心疗法（client-centered therapy，后来被称为"以人为中心的疗法"）是一种非指导性的治疗技术。罗杰斯认为治疗师在治疗中为来访者提供良好的成长环境，比如，治疗师对来访者的共情、真诚、尊重和积极关注，是治疗取得成效的充分必要条件。罗杰斯认为，在这样的环境中，个体就可以朝着个人自我实现的方向发展，这样他就可以逐步纠正那些被他歪曲和否认的经验和体验，使得他的经验、体验和他的自我概念协调一致，向着成长的方向发展。

行为治疗和认知治疗学派

行为治疗在20世纪50年代左右兴起，代表人物有：伯尔赫斯·弗雷德里克·斯金纳（Burrhus Frederic Skinner），美国心理学家、行为学家，是社会学者及新行为主义的主要代表；约瑟夫·沃尔普（Joseph Wolpe），南非精神病学家和行为治疗师；阿尔波特·班杜拉（Albert Bandura），著名心理学家，以社会学习论等著称。

行为治疗认为，适应性行为与非适应性行为都是通过学习获得的，通过学习也可以消除非适应性行为，获得所缺少的适应性行为。通过强化、模仿学习、暴露治疗等途径，可以学习新的替代性行为，使人的旧有的问题行为得以消除或改变（即强化新行为，消除旧行为），建立新的适应性行为。

- 原因：行为异常是通过学习获得的。
- 治疗：学习新的行为方式，消除旧的行为方式，建立新的适应性行为。

其原理和行为治疗的方法都是通过实验获得的，精确、客观。但行为治疗被认为忽略了人的内部过程，忽略了人的自我指导能力，这种情况到认知治疗出现后得以改善。

认知治疗兴起于20世纪六七十年代，它是以纠正和改变患者适应不良的认知为重点的一类心理治疗的总称。代表人物有阿伦·T.贝克、阿尔伯特·埃利斯（Albert Ellis，美国临床心理学家，发展了理性情绪行为疗法）等。这一学派认为，人的认知、思维和信念会影响人的情绪、行为与生理反应，而这些反应与认知之间存在交互作用和影响。

根据贝克的观点，拥有不同类型的心理问题的个体具有不同的认知歪曲，这些歪曲的认知是个体从早期习得的不良经验中发展而来的，当这些歪曲的认知、思维和信念被激活时，个体的情绪和行为以及生理反应都会受到影响。例如，贝克认为抑郁症患者有认知三联征：对自己、周围环境和未来都存有消极的认知，以至于他们似乎总是戴着灰色眼镜看待自己、周围环境、未来，导致其情绪低落、缺乏快感、自我评价过低、有强烈的无价值感，有些人还会有自杀的想法和尝试。此外，还可能有一系列身体反应，比如疲劳或精力下降、睡眠问题、食欲下降等。

- 原因：歪曲的认知，不合理的思维方式。
- 治疗：改变认知偏差，进行认知行为矫正等。

认知治疗因其大量采用行为治疗的理论与技术，又常被称为认知行为治疗。过去，行为治疗被一些人认为是动物心理学，因为它通过实验获得的原理大部分来自动物研究，而不去考虑人的内部发生的事情。认知治疗打通了行为和人的思维（认知）之间的联系。相关研究及临床工作证实，通过改变人们对自身、他人或世界的认知及思维模式，可以改变他们的行为和情绪，获得良好的治疗效果。

接纳与承诺疗法（ACT）、辨证行为疗法（DBT）等基于正念的认知疗法，一起被称为认知行为治疗的第三浪潮。以海斯等为代表人物的 ACT 的目标是提高个体的心理灵活性，即提高心理改变的能力或坚持功能性行为以达到价值目标的能力。ACT 的六大核心过程可以分成两个部分：第一部分是正念与接纳过程；第二部分是承诺与行为改变过程。

卡巴金等人提出的正念减压的方法，目前在欧美已经被广泛接纳，许多治疗方法都将正念结合在自己的干预过程之中。正念是训练人们有意识地觉察当下，并且培养接纳、非评判的态度。正念最重要的三点内容是：觉知、当下的体验、接纳。正念的效果得到许多认知神经科学研究的支持，也为心理治疗领域带来了一种新的治疗思路：当我们能够改变和消除心理问题或症状时，那就去改变；如果心理问题或症状是不能改变的，就学习接纳。

家庭治疗学派

家庭治疗认为，传统的心理治疗的思路，是以线性思维的方式去理解心理问题和困扰的产生的。一个人出现问题，过去的治疗理论认为，一定是由过往的某个原因造成的。但人类的问题更为复杂，远不是用一个"因"和一个"果"的方式可以理解的。家庭治疗打破了原有的线性因果的思路。

家庭治疗的观点是把人放在家庭系统里面去看，如果家庭中一个人生病了，那么他只是一个索引病人，家庭治疗认为，一定是家庭系统出了问题，才表现为这个家庭成员生病了。家庭治疗与个体治疗是不同的，要让家庭成员都参与其中。家庭治疗不是要改变个体的情形，而是要改变家庭，改变家庭的动力或结构，使家庭当中的每个人都动起来。使每个人都改变，同时对其他家庭成员施加影响，这样的改变是家庭系统层面的改变，疗效更为持久。

结构式家庭治疗认为个体之所以有问题，是因为家庭中各个成员之间的界限不清，家庭结构出了问题，例如孩子成为最有权力的人、父母之间关系疏远、母亲与儿子关系纠缠等。因此，要改变家庭的结构，厘清家庭中不同成员之间的界限，比如父母与孩子之间，要建立清晰的界限，确认父母的领导权力等。当家庭中原有的互动模式被打破、新的模式建立起来时，家庭中病人的情况就可能获得改善。

- 原因：家庭系统、家庭结构出现问题，症状或问题的存在具有维持系统稳定的作用。
- 治疗：改变家庭原有的互动模式，促进家庭系统、家庭结构的变化，消除异常情况，执行健康的家庭功能。

后现代主义治疗学派

20世纪90年代，后现代主义治疗兴起，包括社会建构疗法、焦点解决短期疗法、叙事疗法等。后现代主义治疗学派打破了过去认为治疗师是专家的观点，认为来访者才是其自己生活的专家，这些疗法认为，不存在唯一的真相，所有的现实都是在人际交往、社会历史、文化当中建立起来的。

比如社会建构疗法认为，所谓"真理"是在日常生活中建构出来的，所以唯一正确的方式是不存在的。因此，后现代心理治疗，例如焦点解决短期疗法，不对来访者做问题定向，不去分析问题的性质和成因，而是寻找问题的解决方法和付诸行动。治疗师是和来访者一起寻找事物的积极方面，例如问题中的例外。

治疗师还会利用奇迹问题等探索来访者希望如何改变以及改变的方向，比如他们可能会问："假如你一觉睡醒之后，你的问题就消失了，你会做什么？你希望那个时候的生活是什么样子的？"治疗师和来访者一起探讨解决问题的方法，他们的关系是平等的，治疗是一个协作的过程。治疗师相信来访者自己有解决问题的资源，相信小的改变是大的改变的基础，每个个体是与众不同的，目标是独一无二的，他们的解决方法也不尽相同。

怎样判断自己是否需要专业心理帮助

不同学派是如何干预来访者的

中国科学院心理研究所的《心理健康蓝皮书（2018版）》调查了我国国民的一些具体的心理健康需求，询问的问题是"你是否需要下列心理健康知识"，结果显示，需求率最高的是"自我调节"相关的知识（53.0%），其次分别为："教育孩子""人际交往""心理疾病防治""职业指导"和"婚姻"等方面的知识。其中，哪怕需求率最低的"婚姻"方面的心理健康知识，也有28.9%的受访者做了选择。这意味着，心理健康发展方面的需求仍然是巨大的，许多人希望具备相关的知识，以便能够更好地应对他们遇到的心理问题和困扰。那么，当我们学习了一些心理学理论与流派的知识以后，是否也可以将其应用于实际生活？对于具体的心理障碍和心理问题，专业的心理治疗师又是怎么看待的呢？

下面我来举一个整合了不同的真实案例的例子（非实际案例）。某公司女性职员，26岁，平时内向、敏感。某次因工作任务完成得不够好，被领导当众批评。此后就不想去上班了。

- 压力性的生活事件：被领导当众批评。
- 人格特点：内向、敏感，情绪易波动。

在同样的压力情况下，为什么有的人会出现心理问题，有的人不会？除了从人遇到的压力性事件和人格特点方面去理解上述情况，各个治疗学派还会以不同的理论模型来解释问题产生的原因。

精神分析的观点

在个案建构的基础上，考虑结合精神分析的各个派别的理论进行分析。

比如假若她的领导是年长的女性，可能要考虑她早期的母子关系以及她的"依恋风格"。治疗师可能会结合客体关系理论提出一个针对患者的个体化假说：被领导批评唤起了她早年与母亲关系中的一些创伤性记忆（这些记忆存储在无意识中），她的自我功能不足以帮助她面对这个问题，因此选择回避女性权威。

假若她的领导是男性，治疗师会把评估得到的信息和她与父母的关系结合起来，考虑她的俄狄浦斯冲突与症状的联系，分析这位男性领导在患者无意识中的"心理意象"是什么，尤其关注她与男性权威的关系中的矛盾或冲突点。

治疗师将来访者纳入精神分析设置，教会来访者自由联想，之后在分析中理解来访者的阻抗、移情，也观察自己的反移情。治疗师会对阻抗、移情进行理解和分析，对自己的反移情进行分析和消化，然后转化为对患者更深入的理解，在这个过程中结合个案概念化对来访者提供解释。有时候，治疗师也会把来访者报告的梦作为自由联想的一部分加以理解和分析。精神分析治疗会通过上述方式不断帮助来访者深入理解自己，通过提升她的洞察能力，进而缓解或治愈症状，促进人格成长。

人本主义治疗的观点

在人本主义心理学派看来，来访者可能存在自我概念偏低的问题。她觉得自己能力低，不能接纳自我，缺少自信。早年父母亲对她的批评比较多——认为她的能力和智力各方面都不及她哥哥。父母的这种评价通过价值条件作用渐渐内化为她对她自己的评价，使得其自我概念有许多歪曲或否认，导致她的自我成长、自我发展（罗杰斯讲的"自我实现"）受到了阻碍。

当她在公司受到领导批评时，问题凸显，她更进一步感觉自己是无能的，自我概念受到焦虑的威胁，感觉自己无论怎么努力，也不会行。当个体的自我概念受到威胁并产生恐惧情绪时，个体的防御机制会进一步否认和歪曲自身的经验、体验。一旦防御机制失控，个体就会产生心理失调。

在人本主义治疗中，治疗师致力于建立一种温暖、信任的人际关系。无论来访者表达什么样的看法和情绪，治疗师都努力做到尊重、接纳，并真挚地表达理解与共情，使来访者对治疗师产生信任感与心理上的安全感，因此愿意进行深入的自我探索。来访者因为处在良好的能被人理解与接纳的气氛之中，有一种完全不同的心境，所以能够有机会重新考察自己，对自己的情况达到一种领悟，进而达到可以接纳真实自我的境地。当来访者对自己的情况有了新的领悟之后，就不再惧怕做出自己的选择并积极行动，更有勇气去面对自己的新的经验、体验，会有更多的信心进行自我指导。

认知行为治疗的观点

在认知行为治疗学派看来，早年父母的批评以及将她与哥哥的比较，使其形成了对自我的歪曲认知，其内心深处可能有"我能力太差，我什么都不行"的核心信念。被领导当众批评，触发了其认为自己能力差的核心信念，认为领导一定会认为自己什么都做不好；更进一步认为，不仅是领导，其他同事也都看不上自己，而且自己的未来也不可能好，也不可能改变领导和同事对自己的看法。这种推断是基于她自己歪曲的信念，而不是依据客观事实做出的，是一种任意的推断。另外，仅根据个别事件（自己某件事情没有做好）就得出一般性结论（自己不仅这件事情做不好，未来其他事情也做不好），这是一种过度引申。

在认知行为治疗中，治疗师要帮助来访者觉察和识别其思维中的认知歪曲，学会挑战这些认知歪曲（例如，领导批评自己这个任务完成得不好，是否就是认为我什么都做不好），建立合理的替代性思维（例如，这件事情没有做好，不代表我其他事情都做不好；我可以努力把后续工作做好，我有这个能力）。通过采用改变认知的方法，能改善情绪，增强自我接纳，进一步促进可能的行动，比如加强与同事和领导的沟通，形成积极的人际交往模式。

怎样判断自己是否需要专业的心理学帮助

上述示例介绍了几个主要学派是如何面对及治疗来访者的问题的。但是，如果我们自己遇到了问题，在什么情况下，可以自己努力进行调整？在什么情况下，需要寻求专业的帮助呢？比如一个职员因受到领导批评，不想去上班了。

压力性事件：被领导当众批评。

人格特点：内向、敏感，情绪易波动。

如果仅是短期的情绪受到影响，大家可以采用自己尝试过的有效方法来帮助自己，包括下列方法。

- 放松的方法：例如，深呼吸。锻炼的方法，例如，太极拳、瑜伽、正念练习。
- 情绪调节方法：可以通过转移注意力或做自己喜欢做的事情等来调节情绪，或者通过向家人、朋友倾诉，获得情感支持。
- 认知的改变（替代性想法）：领导这么说，是认为我这个人不好，还是只针对我的任务完成中的问题？如果是别人遇到同样的事情，我会怎么看？别人如何看待我遇到的问题？

- 积极的替代性想法：这个事情没有做好，我可以再努力；我其他工作做得都很好，领导说我这个事情没有做好，不代表我什么都不好。

- 行为的改变：问自己，这个问题有没有不同的解决方法？比如找领导沟通、找同事了解情况、考虑有没有更好的完成这个任务的方法。

- 其他能帮助自己进行调节的方法：例如，写日记，你可以把不愉快的情绪记录下来，之后再看：可以从不同的事情中获得什么反思，事情有没有积极的方面，有没有促进自己改进的方面。

但是，如果一个职员因被领导批评，不想去上班了，受情绪的影响很大，自己尝试调节后没有成功，较长时间都走不出来，这个时候就建议他考虑进行心理咨询。当然，如果一个人出现心理障碍，例如怕见领导，也怕见所有同事，去公司工作感觉很煎熬，甚至想尽办法请假、不去工作，想到要去工作就会哭，等等，这个时候就建议他到医院寻求心理治疗服务。

还有一种情况，如果你发现有同事被领导批评后，逐渐出现一些奇怪的想法和做法，例如当某个同事没有事实依据就认为领导和其他人都在串通起来做对他不利的事情，或者认为领导想要用某种高科技手段控制他，或者认为有人要害他时，一定要设法让其去精神科进行诊断并接受药物治疗。

需要注意的是，心理问题或心理障碍类似生理疾病，有病就要治病，千万不要讳疾忌医。去做心理咨询恰恰是注重自己心埋健康的表现。如果罹患了精神障碍，及时治疗对自己和家人都会有好处。

如何看待"心理学是什么"

心理治疗的发展轨迹

心理学最初与哲学相联系,哲学家们逐渐开始从哲学角度探索人的心理活动奥秘。1897 年,冯特[⊖]在德国建立了世界上第一个心理学实验室,对个体差异进行了研究。时至今日,心理学研究发展迅速,而且现代认知神经科学极大地影响了心理学的研究,许多认知心理学家也在研究大脑和心理活动之间的关系。在人工智能、机器人的研究中,都有心理学家的身影。

可以看到,心理学有极大的进步,心理治疗学派也在不断地发展。钟杰老师曾说,弗洛伊德发现了心理治疗的城堡。我的导师、中国现代临床心理学家陈仲庚先生认为,弗洛伊德之前的人都是从外部研究心理障碍,例如找生物学原因,把人的心理障碍和大脑的某一部位出了问题联系在一起。陈先生认为,弗洛伊德第一次从人的外部走进了人的内心。

精神分析学派之后,发展出了新精神分析的不同学说,其他各个心理治疗学派,也是在其基础上或与之辩论中发展起来的。

传统的心理治疗学派认为,治疗师是专家。后现代心理治疗学派打破了这一观念。当饱含东方智慧的正念被引入心理治疗之后,心理治疗和心理咨询也在更多地帮助来访者学习以正念的方式面对和接纳自己的问题。

⊖ 威廉·马克西米利安·冯特(Wilhelm Maximilian Wundt),德国著名心理学家、生理学家兼哲学家,心理学史上的开创性人物,被公认为是实验心理学的创建人、现代心理学的奠基人。

从这些变化中我们可以看到，每种心理治疗学派都在不断进步，有些思路逐步趋同、趋向整合。各学派对人、人性，以及怎样帮助来访者的认识也在不断地发展。

建立了理论学派或学说的专家们，大都敏感，对人好奇，也有对新思想和新观点的追求，他们勇于尝试，努力实践，坚持不懈。他们当中有些人试遍了当时所能够接触的各种治疗方法，他们在实践中不断总结哪些方法是成功的，哪些不那么合适。例如，弗洛伊德重视病人的移情（指病人将早年对自己生活中重要他人的情感投射到其治疗师的身上的过程），他没有像自己的同事布洛伊尔⊖那样回避病人的移情，而是认为，移情是带领病人通往治愈道路的一个治疗性阶段。

这些大师并不是超人。我们知道，罗杰斯能够很快和来访者建立良好的关系，走进他们的内心，但他的同事却感觉和他有距离，他们无法真正了解他。事实上，罗杰斯并不那么善于和别人打交道。但大师们对工作孜孜以求，坚持不懈。例如贝克，即使年老体衰，在90多岁时仍然坚持参加贝克研究所的案例研讨；弗洛伊德，因患癌症，动了30多次手术仍然笔耕不辍。此外，这些大师的身边还有一群志同道合的同行，同行者在一起讨论、探索，这才成就了各具特色的不同学派和学说的创立及发展。

再看"心理学是什么"

大家还记得我在前面说到的"心理学是什么"的内容吗？其实这是一个非常难以回答的问题。我请教了《中国大百科全书（第三版）

⊖　约瑟夫·布洛伊尔（Josef Breuer），一位在19世纪80年代和西格蒙德·弗洛伊德一起工作的奥地利医生，试图以催眠治疗病人的神经症。

心理学》的主编，曾任中国心理学会理事长的张侃教授，他在讲到《中国大百科全书（第三版）》为心理学下的定义时回复道："什么是心理学，是一个很令人困惑的问题，多次协商和调研也没有得出大家都认可的定义。但定义是必须有的，现在这个定义是结合《中国大百科全书》前两版和美国心理学会的定义选定的。"

另一位参加《中国大百科全书（第三版）心理学》编纂的河北师范大学的阎书昌教授研究发现，中国人（1872年）比日本人更早将"psychology"翻译为心理（学）。因此，我向他请教什么是心理学时，他在邮件中回复道："很多学生希望我用一两句话讲出心理学是什么，但是让每个研习很多年的老师讲清心理学是什么的时候，发现根本无法讲出来。尤其是心理学历史上的心理学家都在探寻心理学到底是什么这样一个问题，以及如何去研究和理解人的心理。因此我回望心理学发展历程，走进一个个心理学家所探寻的心理世界，当我们踏着这些心理学家的足迹走过1879年冯特开创的科学心理学（现代心理学）以来的百余年的历程之后，所获得的理解可能就是你提到的这本书《这就是心理学》介绍了心理学历史上的重要人物及其观点，如果把所有重要的心理学家的观点整合在一起，可能就构成了心理学是什么的答案。"

回顾心理治疗与心理咨询，情况也是如此，存在不同的定义和解释。这也让我又一次想起我在20世纪90年代于奥地利维也纳参加的一次世界心理治疗大会上的一位主题演讲者讲的一个寓言。演讲者的名字和演讲的题目我都忘记了，但唯独记住了她在演讲结束前讲的那个寓言，大意如下：

从前有一座大山，山上有一块大石头，住在山下不同村子里的人，有的说石头是白色的，有的说是黄色的，还有的说是带点蓝色的……大家争执不下。终于有一年，各村的人都各自派了一个代表上山进行联合考察，考察的人对大石头的颜色得出了一致的结论。他们下了山，也各自将这个结论告诉了自己村子里的人。但是，不同村子里的人，之后仍然在说自己看到的大石头是白色的、黄色的、蓝色的……

这个寓言很有意思，其实大石头的颜色和我们在探索的"心理学是什么"一样。我想，人类除了对自己生活的环境感兴趣，还对人本身、对自己的内心感兴趣。心理学的出现，就是为了探索"人"的奥秘，也包括探索我们该如何让自己的生活过得更好、更有意义。每位大师、每个治疗学派从不同的角度看待心理问题；心理学各个领域的研究也在从不同角度理解人、人的大脑和人的行为。我们每个人也是如此，都有自己的看法。也许，我们真的无法完全达成一致，但这恰恰反映了心理学涵盖广泛，人的心理的复杂性，这也进一步激发了我们要去探索其中奥秘的渴望。

延伸阅读书单

[1] 格里格，津巴多.心理学与生活（第19版）[M].王垒，等译.北京：人民邮电出版社，2014.

[2] 霍克.改变心理学的40项研究[M].白学军，等译.北京：中国轻工业出版社，2004.

[3] COREY G.心理咨询与治疗的理论及实践（第八版）[M].谭晨，译 北京：中国轻工业出版社，2010.

梦是一种受压抑的愿望经过
伪装后的达成

西格蒙德·弗洛伊德

弗洛伊德引领了一场人类自
我探索的革命

钟杰

第 1 章

西格蒙德·弗洛伊德:
精神分析之父

Psychology
and Life

本章作者 | 钟杰

北京大学心理与认知科学学院副教授、国际精神分析协会（IPA）认证分析师。他在教授心理治疗相关课程的同时也从事着临床实践，并为学生提供临床实践的督导。

弗洛伊德和精神分析的诞生

西格蒙德·弗洛伊德（Sigmund Freud，1856—1939），1856 年 5 月 6 日出生于奥匈帝国摩拉维亚省的一个犹太家庭，4 岁的时候随家庭迁往奥地利维也纳。1881 年，25 岁的弗洛伊德获得了维也纳大学医学博士学位，之后作为神经科医生与约瑟夫·布洛伊尔合作开业。

1885 年年底，他到法国巴黎跟随让 - 马丁·沙可（Jean-Martin Charcot）学习了 19 周的催眠治疗。沙可用催眠暗示疗法对癔症患者的治疗让弗洛伊德印象极其深刻，使得弗洛伊德对癔症病因的关注从生理机制转向了心理机制。

1886 年，弗洛伊德与玛莎·伯内斯成婚，育有 6 个孩子。其中小女儿安娜·弗洛伊德后来也成为著名的精神分析学家。

当时，布洛伊尔曾对一名叫安娜·O 的癔症患者进行治疗。布洛伊尔没有像沙可那样仅仅使用催眠暗示疗法，而是让安娜·O 进入一种类似"自主催眠"的状态，在这种状态下，她会谈论自己症状最初的表现。令布洛伊尔感到惊讶的是，这种意识上的"语言表达"似乎使安娜·O 获得了某种内心的释放、改善了症状。布洛伊尔将这个方法称为"谈话疗法"，而安娜·O 称这个方法为"**扫烟囱**"。这种疗法似乎起到了"宣泄作用",消除了有关的"病根",即"被压抑的情感"。这个案例的治疗对弗洛伊德影响很大,促使他发现了神经症的无意识根源并提出了精神分析最早期的理论。

由于催眠暗示疗法缺乏疗效的稳定性和持久性,弗洛伊德自1892年开始放弃了催眠治疗,采用"自由联想"的方法,开创了精神分析的心理学理论和心理治疗技术。

从1895年他与布洛伊尔合作出版《癔症研究》,到1900年他发表著名的《梦的解析》,这段时间成为精神分析理论的萌芽时期。之后他几乎每2～3年就撰写一部著作,成了一位多产的心理学家。1910年,经过两年的筹备工作,他正式建立了国际精神分析协会(International Psychoanalytical Association,IPA)。

同阿德勒和荣格"分道扬镳"

弗洛伊德的早期理论是一种根植于临床事实观察的、诠释性的理论模型。但是一旦上升为理论,不同的人就会有不同的意见,因为每个人的生活背景、学术训练经历都是不同的。由于对弗洛伊德的力比多理论(弗洛伊德"性欲论"的重要内容之一)持不同意见,以及探索无意识的方法论差异,阿尔弗雷德·阿德勒(Alfred Adler,1870—1937,奥地利精神病学家)和卡尔·荣格(Carl Gustav Jung,1875—1961,瑞士心理学家)先后于1911年和1915年与弗洛伊德分道扬镳,离开了IPA。阿德勒随后创立了个体心理学,荣格创立了分析心理学。

在我看来,阿德勒的一些观点接近现代精神分析学派,尤其是后来发展的自我心理学派的理念,而荣格则通过提出"集体无意识"开始走向了"神秘主义"[⊖]。尽管两人的离开让弗洛伊德备受打击，但是弗洛伊德仍然坚持他的基本立场：**基于当时他所接触到的临床事实观察，去发展精神分析理论。**弗洛伊德与他们分道扬镳的一个重要原因是：他们当时的观点与弗洛伊德的临床观察非常不同，无法被弗洛伊德接受。

1909 年，弗洛伊德应美国克拉克大学邀请发表著名的演讲——《精神分析的起源和发展》（*The origin and development of psychoanalysis*），并被该大学授予名誉博士学位。之后，到他 1939 年去世前，尽管他的理论备受争议，但他的名誉和声望达到了高峰，成为世界知名的思想家。

专注探索人类心灵的内部机制

弗洛伊德一生中的大部分时光都在维也纳度过。1923 年他被发现患有口腔癌。1938 年纳粹占领奥地利，弗洛伊德被迫离开维也纳，1939 年 9 月 21 日病逝于英国。

弗洛伊德一生执着于探索人类心灵的内部机制、治疗心理疾患，并开创了精神分析这个学科。弗洛伊德理解自我（尤其是心理动机）的思想贡献对人类影响深远。[⊜]当时以冯特为首的传统实验心理学家重视生理心理学和心理机能的研究，忽视人类心理动力即动机的研

⊖　弗洛伊德非常希望精神分析继续在医学科学的循证方法框架下发展，并且希望去除精神分析与犹太人的关联，这个在后期安娜·弗洛伊德对英文标准版弗洛伊德文集的修订中体现了出来。

⊜　对人类"自恋"的三次打击：第一次，哥白尼提出"日心说"，人类关于"地球是宇宙的中心"的幻想破灭；第二次，达尔文提出"进化论"，人类关于"上帝创造了人类"的幻想破灭；第三次，弗洛伊德提出"无意识决定论"，人类关于"意识自由"的幻想破灭。

究。弗洛伊德在当时的心理学领域起到了填补空白的作用，逐渐受到人们的认可和欢迎。同时，他的理论来自临床实践，因此可以有效地指导临床心理治疗，被当时的精神病学家广泛接受。

仔细研究弗洛伊德的生平，我认为他最主要的性格特点如下。①**执着和勇敢**：他对人类未知领域的好奇，以及执着地探索成为他最大的一个优点。②**尊重观察、求真、严谨**：由于他在维也纳医学院早期接受了生理学的严格训练，使得他一生注重临床实际观察，并用科学家的态度严谨地对待每一个临床事实，不断修正自己的理论用于临床实践。他创立精神分析学科并努力将其发展为一门科学而不是宗教般的玄学，这与他尊重临床观察、秉持科学严谨的求真态度密切相关。③**专注并持续对所专注的事业投以极大的热情**：弗洛伊德一生专注在神经症患者的临床治疗上，并在这个当时是一片空白的领域开拓出独特的理论和实践方法。

弗洛伊德不仅创立了经典精神分析理论和实践方法，而且花费了大量的精力建立精神分析学术组织，不断培养精神分析学派的后备人才，使得精神分析学派没有成为他个人的舞台。弗洛伊德去世后，在大批精神分析后继学者和实践者的推动和发展下，精神分析拥有了独树一帜的理论、方法学和实践技术，成为一门独立的学科。

弗洛伊德与卡尔·马克思、爱因斯坦一同被认为是"20世纪影响世界的三个犹太人"。我们都知道爱因斯坦带来了一场影响深远的科学革命，极大改变了我们对宇宙的认识。马克思的哲学理论引发了一场深刻的、影响了人类社会发展的社会主义运动。弗洛伊德的精神分析理论则带来了人类对认识自身精神世界的重大改变，即**人的内心不仅仅由意识决定，无意识是影响我们生活和行为更重要的因素**。我们的行为和心理感受都极大地受到内心无意识的影响，很多时候我们却无法意识到这一点。我们需要不断通过分析和反思自己的内心来认识自我。

我认为，弗洛伊德建立经典精神分析理论的核心目的是要帮助人类回答这两个根本问题：**第一，"我"是怎么构成的？（关于人格的结构空间问题。）第二，"我"是怎么来的？（关于人格的动力来源及时间发展问题。）**通过对这两个问题的回答，弗洛伊德的理论进一步帮助人类理解了："我"的内心为什么会"生病"？

经典精神分析理论包括无意识理论（弗洛伊德称之为"深层心理学"，后人也称之为"心理地形学说"）、人格结构理论（"本我—自我—超我"构成了一个较为完整的人格结构）、人格动力和性心理发展学说以及相应的用于理解神经症病因的心理病理学理论。这些随后我都会一一介绍。

在临床实践领域，弗洛伊德是把心理治疗作为专门职业的开山祖师。我们都知道，弗洛伊德 1881 年获得医学博士学位后，作为一名神经内科医生开业治疗病人，当时除了少数不具有"自知力"的重症精神疾病患者Ⓗ会被送往精神病院接受治疗，一些"神经症"（neurosis）患者（具有正常的社会功能和自知力，但内心有情绪困扰或思维上的冲突），也会关注自己的"症状"并主动求医。弗洛伊德和布洛伊尔当时的诊所时常会接诊这样的患者，典型的个案包括癔症患者安娜·O，以及后来弗洛伊德著作里描述的患者伊丽莎白、小汉斯、鼠人等。

神经症患者的一个重要特征是患有一种"非器质性"疾病，就是医生无法找到患者的身体到底发生了什么生理病理变化。

1886 年之前，弗洛伊德曾使用过电流疗法、水疗法、按摩法治疗神经症患者，但疗效均不显著。1886 年从沙可那里学习完回到维也

　Ⓗ　现在被诊断为"精神分裂症"和严重的"双相情感障碍"患者。

纳后，弗洛伊德开始使用催眠暗示疗法，他发现这个方法显著好于之前他使用的其他疗法，而且治疗时间不长。但是后来发现，这种疗法"治标不治本"、疗效难以持久，患者的症状常常复发。因此，从1892年开始，弗洛伊德放弃了催眠疗法，开始使用自己创立的"自由联想"法治疗神经症患者。

随着临床实践的逐渐深入，他逐渐积累了精神分析的临床实践经验，不断从临床观察和治疗需求出发，开创了精神分析理论并逐渐提炼出相应的精神分析技术，包括自由联想、治疗设置（躺椅、高密度的治疗、按照时段收费）、对患者阻抗和移情的解释、对分析师反移情的察觉等。这些技术都是基于"自由联想"技术衍生出来的，环环相扣，逐渐被弗洛伊德发现并加以"概念化"。

弗洛伊德认为，**无论是对精神分析技术的掌握，还是对无意识的觉察能力的提高，都需要分析师接受培训分析后才可以获得。**

因此，他通过建立早期的"星期三小组"和后期的IPA逐渐发展出了精神分析师的职业培养体系，使得精神分析成为历史上第一个心理治疗的学派，这标志着心理治疗成了一个独立的职业。当然，随后发展起来的认知行为治疗、来访者中心疗法、家庭治疗、格式塔疗法、团体治疗等心理治疗疗法或多或少都受到了精神分析的影响。

弗洛伊德之后涌现出了一大批精神分析学家，从精神分析发展早期的阿德勒和荣格，到现代精神分析的几个重要派别的核心人物，包括自我心理学学派的安娜·弗洛伊德、海因兹·哈特曼、勒内·斯皮茨、玛格丽特·马勒等；人际精神分析学派的哈里·沙利文、克拉拉·汤普森等；客体关系学派的梅兰妮·克莱因、R. D. 费尔贝恩、唐纳德·温尼科特、W.R.比昂、约翰·鲍比、奥托·克恩伯格等；自体心理学派的科胡特。这些精神分析学者对心理学、心理治疗的贡献巨大，也极大地影响了西方的社会发展尤其是儿童养育和教育的改革[⊖]。

弗洛伊德的理论不仅影响了心理学和精神医学的发展，也对哲学、社会学、管理学、教育学、历史学、刑侦学、政治学等产生了巨大的影响，同时对美学、文学和艺术也影响深远。其实，只要是涉及"如何理解一个人或一个群体的行为"这个问题的学科和领域，都需要用到精神分析的理论或技术。

弗洛伊德也在继续影响现代神经科学，以南非的马克·索尔姆斯（Mark Solms）教授为代表的研究者们在持续地关注精神分析与神经科学的结合，并创建了一个新的学术期刊——《神经精神分析学》（*Neuropsychoanalysis*）。

可以说，弗洛伊德深刻地改变了人们的生活，而且还在持续改变着。只要人类存在，精神分析将持续帮助人类探索并提升自我、促进人类心智的发展。

"无意识"真的存在吗

心理决定论：有因必有果

人是由意识驱动的吗？在弗洛伊德之前，没有人认真地思考过这个问题。但正如前文谈及的，弗洛伊德从安娜·O 这样的癔症患者的治疗过程中发现了无意识内容对其症状的决定性影响。这些临床发现足以推翻这个想当然的假设：人完全由意识驱动。看来，人类的生活

　⊖　感兴趣的读者可以深入阅读《弗洛伊德及其后继者》这本书。

动力不完全是在意识中的。

在讨论人的生活动力问题之前，我们不得不先理解弗洛伊德理论的两个非常重要的基础，它们是构建弗洛伊德理论的两个基本假设，即**心理决定论和无意识**。心理决定论和无意识是精神分析学派的两个最重要的前提。

心理决定论和医学里的决定论类似，即强调有因必有果。一个心理现象、日常行为或者心理症状，背后一定是有原因的，而非随机出现。就像笔误、口误、迟到、早到、上课睡觉、冲家人发火等，或者有时候我们会莫名其妙地觉得心里很难受，虽然表面上看起来是偶然或者碰巧发生的，但在偶然和碰巧背后一定存在一种必然。

躯体现象如此，心理现象亦然。也许你会说，我迟到就是偶然的，因为今天堵车。为什么迟到是必然的？这是因为有可能你意识不到这个原因，就像泰坦尼克号一样，虽然绕过了意识的"冰山"，但是被无意识的"冰山"撞到了。弗洛伊德假设人存在一个无意识的心理过程。

"无意识"在哪里

如何知道人是有无意识的？

尽管很多时候，意识和无意识很难分割，但弗洛伊德发现，其实人们内心的经历很多是无意识的过程。失误、笔误、口误、日常行为等都是在无意识的状态下发生的，而且可以找到它们产生的原因，只是当下我们还无法意识到。因此，我们的思维、情感、偶然的遗忘、梦、心理症状等，统统都存在于无意识当中。

也许有些读者可能仍会质疑：无意识真的存在吗？对此，我想通过列举几个例子来帮助你理解无意识。

第一个例子，我们有时候会有选择性地遗忘一些人或事，特别是我们不喜欢的人和事。比如如果你很讨厌一个人或者在感觉压力很大的时候，就会很容易忘记别人的名字，但是如果这个人是你的梦中情人，你可能这辈子都不会忘记他 / 她的名字。因为在无意识里，我们采用了不公平的方式来对待不同的人或事。

第二个是弗洛伊德在《过失心理学》(*Parapraxes*) 中谈及的一个例子，某国会的议长在会议开幕式上宣布道："诸位，今天参会人数已经达到额定人数，因此，我宣布，会议闭幕！"这位把"开幕"宣布为"闭幕"的议长难道仅仅是源于一次不经意的"口误"吗？后来发现，这位议长认为这次会议不会有什么对他有利的结果，因此非常希望这个会议闭幕。

此外，我们一般记不住小时候的一些经历。两三岁后的事情还大概有些印象，但再往前的事情基本无法记住。毕竟那时候还小，记不得也不足为奇，而且小孩从刚刚生下来直到一岁前，几乎没有所谓的"记忆"，再厉害的小孩也是一岁半以后才慢慢开始有点记忆。

神经科学告诉我们，一岁半以后，负责短时记忆的海马体才开始发育，只有等海马体开始发育了，我们才会有意识地记忆并拥有短时记忆。在两侧大脑耳蜗内一英寸[⊖]的地方，各有一个大脑核团，叫作"杏仁核"(amygdala)，与海马体相邻。在海马体发育之前，人也要经历生活事件，婴儿要与照料者互动。这些早期经历过的生活、情感和关系模式储存在哪里呢？储存在杏仁核里。

与现代神经科学结合的神经精神分析学认为，无意识在我们大脑中主要与我们大脑中的边缘系统有关，值得注意的是，我们存储于大

⊖　1 英寸 =2.54 厘米。

脑杏仁核的"情绪记忆"是无意识的重要组成部分，这些记忆可以发生在短时记忆中枢海马体的发育之前，因此我们无法意识到这些情绪记忆。

杏仁核非常重要，如果没有它，我们就不会得创伤后应激障碍（post-traumatic stress disorder，PTSD），如果没有它，我们生命早期的情绪记忆就不会被储存下来。假如一位妈妈生下孩子之后得了抑郁症，对孩子很不好。如果在这个孩子成人后生下小孩之后也得了抑郁症，也对自己的孩子不好，我们该如何解释？我们的确无法把自己得抑郁症归咎于自己的妈妈当时得了抑郁症并且无法与孩子有良好的互动，但是妈妈会无意识地表现得像个抑郁症患者，孩子也在这个过程中存储了不良母婴互动的情绪记忆，并且会影响孩子未来的生活。精神分析把这一现象称为"重复"。

来自德国的一项研究观察了两代人的母子早期互动后发现：第一代母亲生下第二代的女孩后，她们的母婴互动模式被观察者记录了下来，等第二代长大后生了孩子，研究者再去观察她们的母婴互动，发现两代母亲的母婴互动模式存在极大的相似性。这一点并不神奇，因为母婴互动模式一直被储存在杏仁核里，变成了我们的"依恋风格"——这是我们生命早期"无意识记忆"的重要组成部分。这就是为什么早期生活对我们如此重要，而且一直在影响我们成人后的亲密关系，尽管我们到现在还不明白具体的原因是什么。

此外，我们经常会做梦，如果仔细分析自己的梦，就会发现，梦并不是随机出现的，"日有所思，夜有所梦"说的就是这个道理。你白天没有放下的那些让你纠结的事物很可能就会进入梦中，白天的情绪、曾经的创伤也会影响你晚上所做的梦。有些人经常重复做着同样的梦，也许是因为他曾经的创伤没有解决。因此，弗洛伊德发现，通过释梦可以证明无意识的存在。

"梦的解析"是迷信和神秘主义吗？

在经过了 5 年的临床观察和自我观察后，弗洛伊德冒着被贬为"神秘主义者"的风险，在 1900 年出版了《梦的解析》一书。这本书一开始并没有引起重视，但随着精神分析学派的发展，它逐渐被人们发现并成为精神分析学派发展初期的重要著作。

弗洛伊德在临床上发现，神经症患者的症状其实是有意义的，即通过发掘无意识中的"症状的意义"可以帮助患者意识到自己的需要并加以面对和处理。因此他认为，梦对于理解人的无意识有类似的作用。

通过对大量的梦的分析，弗洛伊德提出了以下 4 个重要的观点。**第一，梦是一种受压抑的愿望经过伪装后的达成。第二，梦具有显意和隐意，分别在意识和无意识之中。第三，存在梦的象征作用，不过这种象征作用是个体化的**，就是梦到同一个事物对每个人的象征是不同的，需要具体分析，有时候梦中的某一个事物甚至象征着完全相反的想法或意念。**第四，梦的运作机制的复杂程度超过我们的想象**。但弗洛伊德发现，一般而言，梦的基本运作机制包括凝缩、置换、视觉成像。

在这里，我无意详细介绍弗洛伊德关于梦的解析的内容，感兴趣的读者可以阅读他的原著《梦的解析》。我非常想分享的一点是，**弗洛伊德自始至终并没有让"梦的解析"工作进入迷信和神秘主义的境地**。他强调，如果做梦的人没有详尽告诉分析师自己所知道的信息，并就所做的梦进行"自由联想"以提供线索，那么他的梦是无法进行分析的。因此，如果你仅仅向某人报告了你所做的梦的内容，然后这个人就竭力帮助你进行"梦的解释"或"分析"，那么你极有可能遇到了一个神秘主义的释梦者，或者是一个假的"精神分析师"。弗洛伊德曾引用一位慕尼黑大学的医学生的梦作为例子来说明这个情况。

> 我在图宾根市骑自行车上街。有只腊肠犬突然从后面追来，咬住我的鞋跟。我很快下车，坐在了台阶上，开始揍这只紧紧地咬住我鞋跟的狗。（狗咬住我的整个过程并没有让我感到不舒服。）对面坐着几位老太太，瞪眼看着我。我随后醒来，与以前发生的一样，随着我的清醒，整个梦对我来说越来越清晰了。

弗洛伊德说，如果不是因为这位医学生主动报告他这个梦的自我分析，他永远不会知道这个梦的真正意义。原来这位医学生非常喜欢一名女子，但苦于无法相识。他常常看见这名女子与这只狗一同散步。但是在他的显梦里面，这名女子并没有出现，只看到了她的狗。狗也许是他们有机会相识的最好媒介了，因为这位医学生很懂狗，经常能通过调解狗与狗之间的冲突让周围的人对他印象深刻。

也许瞪眼看着他的老太太是这名女子的化身，但他并没能进一步阐明这一点。为什么是骑自行车呢？因为这事与真实情况是一致的，他每次遇到这名女子和狗一起散步都是在他骑自行车路过的时候。

原来这位医学生内心有一个隐藏着的被压抑的愿望，就是希望与这名女子相识。这个愿望一直被压抑的原因可能有很多，精神分析师需要与做梦的人共同做分析的工作。至少我们可以从梦中看到：这个被压抑的愿望在梦中获得了某种间接的表达。无论如何，毕竟被狗攻击后，主人过来慰问受害者并相互认识的情况在现实中是很常见的。

不难看出，对患者"梦的解析"成为精神分析师的一项重要的"分内工作"，并且在分析师的工作中有着很高的"地位"。弗洛伊德围绕"梦"提出了一个非常复杂的理论，并投入了巨大的精力去分析"梦"，让"梦"与"过失"一道成为了解一个人无意识的重要通道。

无意识为什么对我们很重要

我们为什么会对某个人一见钟情

无论是透过现代神经科学研究，还是从弗洛伊德开始的精神分析临床发现，抑或存在于我们日常生活的小小"过失"行为和我们的梦，我们都发现，人是存在无意识的。弗洛伊德帮助我们看到：人是存在无意识的，而且对我们生活的影响超过我们的想象！通常情况下，我们很难避免被无意识影响。

我们不得不艰难地承认：无意识对我们是很重要的，因为它影响着我们每一天的生活，甚至是一些重要的人生决定！

在一位精神分析师看来，无论是一见钟情的相爱过程，还是夫妻离婚的深层原因，都可以在双方的无意识中找到一些重要的线索。显然，心理学家会将此解释为：人们基于早期生活经历所建立起来的"依恋风格"，影响了他们成年后的亲密关系模式，而这个过程，多数情况下是在无意识中发生的。

"一见钟情"这个现象被文学家描述为：初见时，两个人的心灵碰撞在一起，随即产生了爱的火花，双方都会在这个时候"异常激动"并认为对方就是自己的理想伴侣。这些是我们在一见钟情之后才能意识到的。但是，人们一开始通常容易被这种激情所控制，很难仔细去分析一下自己的内心：**为什么对这个人一见钟情呢？** 3 个月到 6 个月以后，当爱的激情所伴随的爱情荷尔蒙在人们体内褪去时，当初一见钟情的那些伴侣开始了真正的"磨合"。处于这种关系的"磨合期"内的伴侣或多或少会带着对彼此的失望，纷纷发问，他（或她）怎么与之前的我所爱的"那个人"有那么多不同？对于这个问题的答案，恐怕需要在我们的无意识中去寻找了。

我们不得不问自己以下这几个问题。第一个问题是：**我所爱的人是什么类型的人？或者有哪些特点？**紧接着的第二个问题是：**这个类型或这些特点为什么是这样的，与我生活经历中的哪些人存在关联？**

如果你愿意仔细琢磨一下这两个问题，就会发现，一见钟情并不是一个随机发生的事件，你一见钟情的对象与你逐渐建立起来的对所爱之人的"模板"有关。或多或少，这个"模板"中有你父母或其他重要照料者的影子。如果我们不去刻意地觉察或探索，我们是无法明白的，因为这个"模板"通常存储在我们的无意识中。

也许，你看到这里会感到悲观：难道真的像电影《黑客帝国》（Matrix）所描述的那样，我们生活在一个"无意识"母体的控制之中并且无法获得"意识的自由"吗？

弗洛伊德的智慧之处在于：他认为，我们恰恰要去承认"心理生活超出了意识的范围"并考虑到无意识对我们生活的作用，努力去探索和分析无意识，只有这样，使得我们的意识范围逐渐扩大，我们才可能获得更大的"自由意识"。其实，心理咨询和心理治疗的根本目的，都是使得个体在行为上有更大的选择余地，改变那些造成心理困扰的心理模式。比如减少那些刻板、适应性低的行为模式，让我们能更好地适应变化的生活。

"俄狄浦斯情结"：一个被低估的复杂概念

"俄狄浦斯情结"可以说是最被大众知晓的精神分析名词之一了，它甚至成为精神分析的一个"代言人"。其实，"俄狄浦斯情结"是弗洛伊德提出的"力比多本能学说"（性本能学说）和人格发展学说理论体系中的一个重要概念，如果不潜心研究这个概念的提出和发展过程，我们会严重低估这个概念的复杂性。

从 1896 年到 1899 年，弗洛伊德在父亲去世后不久就开始了历时近 3 年的"自我分析"。这个艰难的自我分析过程在他写给好友弗里茨·维特尔斯的信中有很多体现。1897 年，弗洛伊德第一次在写给弗里茨的信中提及"俄狄浦斯情结"，他写道：

> 我的自我分析是我到目前为止最重要的事情了，如果坚持到结束，会对我有巨大的价值。我发现，如果把我自己也作为一个案例，存在爱母亲妒忌父亲的现象。现在我则认为这是儿童早期的一个普遍现象。如果真是这样，我们就能理解《俄狄浦斯王》的巨大影响力了，尽管这个神话故事的目标是对既定命运的抗争。

后来，弗洛伊德在《梦的解析》一书中再次提及《俄狄浦斯王》的故事。之后，他在临床上开始关注"俄狄浦斯情结"对癔症患者病因的作用。他在 1905 年朵拉的案例中运用这个概念理解患者的心理病因，并在 1910 年小汉斯的案例讨论中正式使用了"俄狄浦斯情结"这个词。

"阳性"与"阴性"俄狄浦斯的区别

1913 年，弗洛伊德在《图腾与禁忌》一书中，尝试把"俄狄浦斯情结"视作一个普遍的人类心理现象，用于帮助我们理解正常人的人格结构发展过程，尤其是，因俄狄浦斯情结引起的对同性父母的"内疚感"（儿子对父亲、女儿对母亲）是推动"超我"形成和"自我压抑机制"的重要因素。

值得注意的是，"俄狄浦斯情结"一开始被认为是男性的性心理发展过程中的一个特征，后来被扩展为一个儿童"爱恋"异性父母并在心理上排斥同性父母的现象。弗洛伊德在1923年出版的《自我和本我》一书中开始为"俄狄浦斯情结"这个概念赋予了更复杂的含义：提出"阳性俄狄浦斯情结"和"阴性俄狄浦斯情结"，并对二者进行了区分。

"阳性俄狄浦斯情结"，是指男孩喜欢母亲、嫉妒父亲（"恋母嫉父"）或者女孩喜欢父亲、嫉妒母亲（"恋父嫉母"）。**"阴性俄狄浦斯情结"**，是指男孩喜欢父亲、嫉妒母亲（"恋父嫉母"）或者女孩喜欢母亲、嫉妒父亲（"恋母嫉父"）。弗洛伊德进一步把这些概念用于理解人类的同性恋和双性恋现象。

从1915年出版著作《性学三论》到1923年发表《婴儿生殖器组织》，弗洛伊德的儿童性心理发展学说逐渐成形。这个理论认为，正常情况下，孩子的"俄狄浦斯情结"在3～5岁发展到高峰，并因为惧怕被同性父母惩罚（或被"阉割"）而压抑进入无意识，进而进入性心理发展的下一个阶段——"潜伏期"，直到青春期把力比多投注在父母之外的异性身上——作为最终的正常人格发展的"结局"。弗洛伊德认为，个体的性心理障碍或困苦，都与这个以"俄狄浦斯情结"为核心特征的性心理发展过程受到环境的不良干扰有关。

当然，关于俄狄浦斯情结在中国文化背景下的差异问题是中国新生代精神分析学家需要研究的一个重点。

每个人都有自己的心理防御机制

为什么无意识中的内容我们通常意识不到呢？

弗洛伊德发现，**人存在一种正常的自我功能，就是会把那些"不**

愉快的"或"道德上难以接受"的内容压制到无意识中，进而使得我们的自我可以受到一定的保护，精神分析师们称之为"压抑"。

压抑的一个重要表现就是，我们每个人都有独属于自己的一些"心理防御"的办法或机制，用于防御无意识的内容进入意识、避免痛苦或不愉快的感觉。这既是一种正常的自我的功能，也是精神分析师需要帮助受分析者理解和克服的一个分析过程中的"困难"。

关于以压抑为核心的心理防御机制，有两点是需要弄清楚的。第一，不仅是压抑的内容，压抑的整个过程也是无意识的。一个人往往不会知晓自己遗忘了什么，什么东西被压抑了，当然，也无法意识到自己"压抑的过程"。被压抑的内容并非被我们真正"遗忘"了，而是进入了无意识。第二，或多或少，这种被压抑在无意识中的状态是需要耗费心理能量的，因此自我会被消耗，在某些严重的情况下，这种消耗会导致自我的虚弱、不良的自我功能，进而引发心理症状。

为什么需要心理防御机制

在人格结构理论提出后，弗洛伊德一直重视的是对无意识中的"本我"的探索和研究。1936 年，他的女儿安娜·弗洛伊德出版了著名的《自我与防御机制》(*Ego and Its Mechanism of Defense*) 一书，标志着自我心理学的开始。安娜·弗洛伊德认为自己父亲的研究重点是"本我心理学"，而自己研究的是"自我心理学"。在我看来，对心理防御机制的研究其实涉及精神分析理论发展的一个重要议题，就是"自我"的结构和功能，也涉及"自我"是如何发展的。

之后，精神分析学派对心理防御机制的研究逐渐深入。对于心理防御机制，弗洛伊德及精神分析学派的后继者们逐渐发现了以下重要的临床事实。

第一，弗洛伊德在世的时候就发现了神经症类型的心理防御机制和超越神经症的成熟的心理防御机制。神经症类型的心理防御机制是以压抑为核心的，包括很多形式，例如，反向形成、隔离、抵消、理智化等。成熟的心理防御机制包括升华、利他、幽默等。

第二，随着第二次世界大战结束后临床患者的新变化，一些比神经症更严重但不属于失去自知力的精神病性疾病的患者进入了精神分析师的视野，被界定为介于二者之间的"边缘性"（borderline）疾病，就是我们今天所说的"人格障碍"（personality disorders）。这些患者的心理防御机制往往没有神经症水平的患者成熟，使用的是相对原始的心理防御机制，比如分裂、理想化、贬低、投射、见诸行动等。

在我看来，心理防御机制的作用如同人身上的衣服，通过一个人的穿着，我们可以获取非常多的重要信息。因此，精神分析对于心理防御机制的深入研究帮助人类深入理解了自我的复杂性，也能帮助临床工作者更好地认识患者的特征并进行有效的诊断和案例分析。

因此，心理防御机制的相关理论也被应用到了其他相关领域，比如刑侦中对罪犯的心理特征分析、电影中对人物的刻画、管理学中对领导性格的研究等。感兴趣的读者可以进一步阅读关于心理防御机制的一本书——《心灵的面具：101种心理防御（第二版）》（*101 Defenses: How the Mind Shields Itself*）。

为什么会有不同的性格

心理学上把人的性格称为"人格"（personality）。对于人格的定义，主流观点认为，一个人存在相对稳定的行为、情感、人际模式和对自我的看法，这些心理特征具有跨时间和跨情境的稳定性。

"我"是怎么构成的？"我"又是怎么来的

精神分析学对人格的理解是相对系统和全面的，认为人格有两个重要的方面。第一个是人格的空间结构问题，回答"我"是由什么构成的。第二个是时间发展问题，回答"我"是怎么来的，是如何发展的。

首先，我们来看看弗洛伊德的人格结构理论。1923 年，弗洛伊德建立了人格结构理论，提出人有本我、自我、超我三个内在的部分。"本我"只遵从享乐原则，而且它没有时间概念，活得很潇洒。本我是一个敢爱敢恨的我，正如电影《卧虎藏龙》里的玉娇龙那般。

"ego"其实不应该翻译成"自我"，更准确的译文应该是"现我"。"现我"即现在的我、现实的我，因为"ego"活在当下并遵循现实原则，它是有时间感知力的。

"超我"就更不同了。超我相当于站在我们鼻尖上挥着一双翅膀的"天使"，会经常告诫我们："你这么做不道德，会破坏社会规则，会被抓起来的，不能这么做。从小我们就被教育要有良知、不能干坏事！"因此，大多数人的脑子里都会有这样一个小天使，要求我们依照社会规则做事。

随着弗洛伊德对神经症的病因理解逐渐深入，他发现，**人之所以有"心病"，是因为他的无意识里存在很多冲突**。比如，一位男士走在大街上，突然看到迎面走来一位牵着狗的女士。他对这位女士一见钟情。此时，他的内心极为冲突：到底要不要跟她搭讪？到底是要完成"本我"交给他的"去繁衍的使命",还是遵从"超我"的告诫呢?

他如何解决这个冲突取决于他的"自我功能"的完善程度。如果他的自我功能足够好,他就会去上前跟这位女士搭讪。他会先从狗这个话题切入:"你的狗是什么品种的啊?是公的还是母的?我们家也有一只相同品种的狗……"

如果他的自我功能不好,他就不会主动和这位女士打招呼,而是很郁闷地回去做了个梦,梦见他被这位女士的狗咬了一口,于是,狗的主人,也就是这位女士需要负责。于是,他便有了她的手机号码,从此他们也就能有更多的联系。至此,他白天没有达成的愿望在梦里实现了。

如果他的自我功能比这还差,那么他可能连梦见她的机会都没有,于是他就会生病:患上"相思病"。他怕别人笑话,怕人认为他没用,所以不好意思跟别人说:"我见到了一位牵着狗的女士,我觉得她是我的梦中情人,但我又没有勇气跟她打招呼,所以我生病了。"他只能说"我最近胃不太好"或者"我最近睡眠不太好",他可能有所谓的"躯体化"(就是心理冲突转为身体的不舒服、疼痛或其他身体上的问题)了。在见到医生后,他不会告诉医生他在想那个女人,只会说:"我最近很焦虑、抑郁,还有胃疼,睡不好觉……"一开始医生搞不清楚他的病因,在与他建立良好的关系以后,他会一点点地告诉医生。医生这时才发现原来他得了"相思病"。他的本我和超我之间是有冲突的,而他的自我又很脆弱,所以他就生病了。

自我、本我、超我三方的"妥协"

其实,大多数人都有内心冲突,精神分析认为这些内心冲突会造成某种"焦虑"。这个时候，人的自我就不得不来面对来自本我、超我的不同要求，也许会通过内心中的三方"谈判"获得一种"妥协"，精神分析学界把这称为"神经症性妥协"。

如果谈判中的超我很弱小，自我就会顺应本我的要求，因此就有了"婚外情"。如果在这个谈判中，超我具有极大的优势（想想电影《卧虎藏龙》中的李慕白），自我就会与超我结盟，进而压抑本我的愿望，使本我的需求被迫进入潜意识中，而这种"压抑"就是自我一个重要的功能。

其实这个时候，心理冲突所产生的"焦虑感"有时是能被意识到的，但是，人不一定能意识到冲突的真正原因，因此也可能会错误地把这种焦虑感与其他的事情联系起来，精神分析称之为"心理投射"。比如，与一些令人恐惧的物体相联系。弗洛伊德曾经报告过的小汉斯的案例就是这样，小汉斯把无意识中对父亲惩罚自己的恐惧感与马这种动物相联系，因此出现了"恐马症"。

当然，自我不仅仅会使用"压抑"这种心理防御机制对待自己无意识中的愿望，有些人会使用一些更具有可塑性和灵活性的方法处理自己的内心冲突。有一些方式是很成熟的，正如我在前面谈到的，精神分析学派称之为"成熟的心理防御机制"，比如幽默、利他、升华。歌德通过写《浮士德》将内心的冲突作为动力铸就了传世之作，这就是升华的典型；一个没有孩子的女士去主动关注儿童并成为一名优秀的儿童心理治疗师，这也是升华。

从这个角度来看，性格也是我们在生活中不断与环境磨合、防御内心焦虑的习惯性产物。

人格发展学说

下面，我们来看看弗洛伊德的**人格发展（性心理发展）学说**。

关于一个人的性格发展问题，即根据弗洛伊德的性心理发展理论，弗洛伊德认为一个人的性格从小到大会经历以下几个时期：**口欲期、肛欲期、俄狄浦斯期（又叫作"性蕾期"）、潜伏期、青春期**。

口欲期："嘴巴感觉很快乐"

口欲期大概是从婴儿出生到 18 或 24 个月大的时候。这一时期非常重要，弗洛伊德认为人需要来自口唇的快乐，如果没有吮吸的快乐，就无法吃东西，也就没办法活下来。

口欲期的特点就是"嘴巴感觉很快乐"，人在口欲期的特性也可能会残留下来。例如，即便成人了，有些人依旧喜欢吃手指或者吃类似棒棒糖的食物，甚至养成了抽烟的习惯，有的成人仍然喜欢抱个奶瓶……以上这些都是个体在口欲期的特性在成人阶段仍有残留的表现。

弗洛伊德认为，通常处于口欲期阶段的儿童是自私的，只顾自己，因为他们只发展了本我。他们只懂得吃喝，不舒服就哭，不会顾及别人的感受和反应，更不会说："对不起，我的出生给你带来了好多的麻烦。"如果真有这种顾忌他人的想法，那这个儿童很有可能是得病了，一般是严重的抑郁症。正常的儿童就应该只管吃、喝、睡，其他事情让妈妈等主要照料者来解决。

口欲期的儿童是以本我为中心的，所以弗洛伊德又把这一时期称为"本我的时期"。因为他们的大脑前额叶还没发育完善，这个阶段的儿童是不能"延迟满足"的。饿了就马上要吃，大小便也无法忍住，否则就会哭。其实，口欲期的主要任务是建立安全感，以及与母亲形成良好的"依恋关系"。对一个孩子来说，这可是未来人生重要的基础。

肛欲期："让孩子学会找到厕所"

肛欲期一般是 2 ～ 4 岁的时候。这个阶段的孩子已经能够自己走动。在中国，两岁以前的孩子会穿开裆裤，尿急了就地解决，家长不用洗尿布——很省事儿。因为大人不想洗尿布，所以中国家长的育儿习惯是，在口欲期就给孩子"掘尿"，一般每隔一两个小时就会提醒孩子小便，有的孩子一听到"嘘嘘"声就尿出来了，有的孩子却死活不愿意小便（这部分孩子已经提前进入肛欲期了）。

到了肛欲期，我们就不能再给孩子穿开裆裤了，要教孩子不要随地大小便，而要去卫生间解决。肛欲期的重要任务是让孩子学会找到厕所，并进行"如厕训练"。如果到了肛欲期还穿开裆裤，随地大小便，就很容易出问题。

肛欲期最重要的任务是**进行"权力的斗争"**。父母要通过"如厕训练"来告诉孩子如何控制自己的身体，告诉他们哪些是他们的权力，哪些规则是由父母决定的，以及哪些权力是由规则决定的。在此过程中，孩子才能学会如何与父母分享权力，这对他们以后很有好处。因此，肛欲期的主要任务是解决"权力分配"的问题。

俄狄浦斯期：要学会分享爱

弗洛伊德认为，人在 4 ～ 6 岁的时候处于俄狄浦斯期，人的本我、自我和超我的发展在俄狄浦斯期是有所分化的。它们在 4 岁前的口欲期和肛欲期都没有清晰的区分。这涉及人格的发展。从关系的角度来看，口欲期和肛欲期这两个时期均为"两人的关系"，儿童还没有进入所谓的"三角关系"，到了"俄狄浦斯期"，儿童才进入真正的"三角关系"阶段。

正常情况下，儿童在这个时候会对自己的异性父母更感兴趣：男孩对妈妈更感兴趣，女孩对爸爸更感兴趣。此时，**进入了一种"三角关系"：男孩和爸爸产生竞争，女孩和妈妈产生竞争**。显而易见，4～6岁的女孩经常黏着爸爸，经常和妈妈闹别扭；男孩会更黏妈妈，提防着爸爸这位强大的"竞争对手"。当儿童从"两人的关系"进入"三角关系"后，他们就进入了一个更复杂的关系网络，并开始要处理三角关系网络中的矛盾。此时，男孩要学会和爸爸共同分享妈妈的爱，女孩要学会和妈妈共同分享爸爸的爱。他们都需要学会在竞争、嫉妒、爱和协作当中找到一个"平衡"。

因此，**"学会分享爱"是俄狄浦斯期的本质和重要特点**。

俄狄浦斯期的孩子需要向同性父母学习。这一时期的性心理发育也很重要。因此，无论家里的孩子是男孩还是女孩，爸爸在这一阶段都需要"回归家庭"。幼儿园里也一定要有一些男老师来提高男孩的"男性认同"。

潜伏期：社会化学习

儿童从进入小学到青春期之前的阶段，称为潜伏期。为什么叫"潜伏"？这是指儿童将自己对异性父母的爱压抑下来、潜伏起来，而并非消失。在这一阶段，**人生有了新的任务——学习**。

这里的学习不是指学习书本知识，而是指社会化的学习——他们要学会如何与小伙伴协作和玩耍。小学阶段和同伴玩得好的孩子，到大学时也往往都是社团的精英，社交能力很强，有较高的领导力。这也并不是说，一定要让孩子当上学生干部，而是要让孩子学会并拥有"政治妥协"的能力——能与同辈分享权力并进行合理的"利益分配"。

潜伏期的儿童需要把性欲力从异性父母那里收回来，开始关注同伴，这就叫"潜伏"。如果小学生有性心理发育问题，往往就是因为无法把性欲力从异性父母那里"收回来"，放到同伴身上，而且这时学习和社交也会出现问题。

仔细研究这些小学生的家庭时发现，某些因素容易造成某些孩子无法把"性欲力"从异性父母那里收回来。这时，心理咨询师，需要去处理这些因素。但是，从精神分析的角度来分析问题的原因，并不一定意味着要用精神分析的方法来治疗，其实也可以用家庭治疗来干预这样的家庭。比如，一位单亲妈妈独自抚养着上小学的儿子，这个男生还和妈妈睡同一张床，**那么他的性心理就没办法"潜伏"，他在小学阶段就会出问题。这个时候，给妈妈必要的建议（"与孩子分开睡"）是非常重要的。**

处于潜伏期的儿童，**不仅要学会与同伴交往，以具备重要的社交功能，还要学会如何更好地、勤奋地管理自己。**父母需要引导孩子，但是引导的目的不是为了控制孩子，而是为了让孩子学会自我管理。在小学阶段，既要学会社交，又要学会勤奋地学习，所以儿童在这一阶段的任务其实是很重要的。

如果儿童在小学阶段还没有把力比多（libido，即弗洛伊德所说的性能量）潜伏下来，会造成什么问题？如果孩子还把"力比多"投注在异性父母身上（也存在投注于同性父母的现象），就没有能量投注在同伴身上，就不能很好地社交、跟小伙伴玩耍，这会为今后的社交埋下问题。这样的儿童今后无法很好地跟他人协作、不会妥协，也不会通过谈判来决定利益分配，并且缺乏领导力。

妥协是一个非常重要的心理功能，它跟潜伏期有关。所以，儿童要通过和小朋友的磨合来练习妥协。另外，孩子要学会勤奋。在某种程度上，勤奋也涉及对父母的认同，父母要带孩子一起坚持做一件事情，说简单一点儿：就是要养成学习的习惯。

怎么养成这种习惯？不是父母一边打麻将一边说"你要好好学

习",而是需要父母陪伴孩子:陪孩子一起做作业,一起攻克每一道困难的题目。然后,在爱当中学会坚持完成一件短时间内不太有收益的事情……孩子才会在父母的帮助下学会"延迟满足",内化一个勤奋的父母,控制自己的"本我需要"。

因此,要想孩子学习好,关键在于让孩子在小学阶段养成好的学习习惯,这样,到了中学就能自觉学习,根本不用家长操心。如果孩子到了中学,还要家长天天盯着才会做作业,那么这个孩子就会有问题,家长也会很辛苦,就算请家教也不太管用。以上就是潜伏期的儿童(及其父母)要做到的事情。

青春期:接受孩子的与众不同

潜伏期之后就是青春期。正常情况下,儿童是 12 岁左右才进入青春期的。不过现在很多孩子的青春期提前了,有的孩子甚至八九岁就开始发育了,这可能与某些食物(如可乐)造成孩子的性发育提前有关。进入青春期以后,孩子会开始寻求认同感,也容易出现逆反:"我就要跟我父母不一样""我就要这种颜色的鞋子""我就要把头发染黄""我就是要有个性!我就是我,我不是我父母!我就要与众不同"……

当然,与众不同也培养了孩子的创造力,**一个人的创造力主要就是在青春期形成的**。虽然这个时期的孩子会逆反,但青春期结束以后,他们会再次对父母产生认同。所以,青春期的孩子对父母是个极大的考验,有很多家长感到很困惑:小时候多么温顺的小孩,怎么到青春期就管不住了呢?

首先,父母要知道,这是正常现象,要接受孩子在这个时候希望"与众不同",让孩子逐渐成为他"自己"。没有任何孩子会完全成为父母的翻版,假设孩子真的成了父母的翻版,父母可能会很高兴,但对这个孩子来说是个悲剧。父母是教授,就一定逼孩子也成为教授吗？很多父母是教师的家庭就有比较逆反的孩子，他们偏偏不想读大学，更不想当教授，他们就想开拖拉机或者去扫地，几年后再去"夜大"上学。青春期最主要的任务是获得自我认同感——孩子需要获得身份感，初步回答"我是谁""我喜欢什么""我不喜欢什么"等问题。

早期经历对成人性格的影响

为什么人会有不同的性格呢？弗洛伊德认为，**人格也可能因为一些外在的刺激或"创伤"停止于某一个时期不再发展，通常这样的停滞在精神分析学界叫作性格"固着"**（fixation）。

比如在会走路前，通常是一个孩子心理上发展安全感的口欲期（弗洛伊德认为，这个时期的孩子主要通过口唇的活动获得"快乐"，因此叫"口欲期"），如果这个时候孩子的教养环境出现重大问题，变成创伤性环境，孩子就有可能在这个时候出现性格发展的停滞。即使孩子未来在生理上成人了，也仍然会有安全感的问题。比如表现为人际上的不信任，无法与他人建立长久的亲密关系，持续的对亲密关系的"饥饿感"或非常贪婪，导致婚姻中的另一半感觉窒息，婚姻关系可能因此出现问题。

又如在 1 岁半至 4 岁这段时期（弗洛伊德认为，这个时期的孩子主要通过控制肛门的排便活动获得"快乐"，因此叫作"肛欲期"），如果父母无法训练孩子有规则地排便，那么这个孩子长大后就可能没有"规则"意识，容易出现自我权力感过大、缺乏自我界限等问题。

再如在 4～6 岁这段时期（弗洛伊德认为，孩子须与异性父母建立良好关系），如果这个时候，母亲对儿子非常溺爱，忽视与丈夫的"夫妻关系的构建"，在无意识中把自己的儿子当作丈夫培养，那么儿子在无意识中就会想当然地认为自己在心理上"战胜"了父亲，可以"独占"母亲。最后，他很可能无法学会与父亲一起分享对母亲的爱。这个儿子长大后，极有可能在自己的夫妻关系中出现"过度的控制"和妒忌，无法尊重妻子、给妻子足够的自我空间。同时他在无意识中存在对父亲的内疚感，而且会伴随终身，因为他"战胜"了自己的父亲，这对其今后与权威的关系有严重的影响。

当然，从表面上看，一个人的早期心理创伤不一定只有负面的作用，因为人是复杂的，环境是随时变化的。某些人因为早期经历而发展出的性格特征，反而能助力他们走向所谓的世俗意义上的"成功"。

苹果公司的前任领袖乔布斯以苛求完美的性格领导苹果公司生产出了革命性的苹果手机，挤垮了诺基亚，使苹果公司成为世界智能手机领域的龙头公司。"果粉"们都知道，苹果手机是如此完美，以至于超越了通常我们在使用手机时的预期。为什么乔布斯如此苛求完美？精神分析学家曾深入乔布斯的童年早期去寻求答案：原来乔布斯是被养父母抚养长大的！在他的无意识深处，他一直希望自己是一个完美的孩子，能让亲生父母不会抛弃他。尽管他的养父母非常爱他，但是他的心中充满了抑郁情绪：因为我不完美，所以被亲生父母抛弃！

这种无意识的抑郁，成为他要求自己完美、自己的产品完美的巨大内在动力，帮助他应对早期经历中的"遗憾"。

但是，后来乔布斯患胰腺癌后，我们很难理解为什么他会主动放弃治疗，让自己匆匆离世。其实，这跟乔布斯"内在的抑郁"有直接的关系。如果你想进一步理解乔布斯这类人的内在抑郁性格，建议去看《海上钢琴师》(*The Legend of 1900*) 这部电影。

因此，精神分析学说认为，**一个人的早期生活经历会在很大程度上深刻影响这个人的将来**。小时候的经历决定了我们成年后的性格，看来俗话说的"三岁看大，七岁看老"是科学的、有道理的。

如果各位读者对精神分析学派的人格发展学说感兴趣，可以从弗洛伊德的著作《性学三论》开始阅读。

人为什么会有心理疾病

为什么会出现神经症

弗洛伊德认为，儿童早期的创伤经历是个体成年以后患上神经症的病因，即早期创伤带来了后期的神经症问题。神经科学界的发现也印证了这一观点，因为儿童早期是神经心理发展的关键期。

在弗洛伊德的理论当中，**个体在不同时期碰到的问题会有不同的临床现象**。口欲期发展有问题的儿童，常患有极严重的抑郁、自恋型人格或依赖型人格；肛欲期发展有问题的儿童会遇到顽固性的问题，比如强迫症、疑病症、施虐受虐症等；俄狄浦斯期出问题的儿童，更可能出现性发育不成熟或者性别认同障碍等问题；潜伏期若发展不顺利，孩子会自控不足或者过度自控；青春期若发展不顺利，可能会有自我认同混乱的问题。

这样，我们大致可以把人格发育理论和临床现象（患者的症状表现）结合起来，推演他们可能是在哪个时期有创伤经历。

固着是心理病理学最重要的概念之一，需要和人格发展理论结合起来理解。在人格发展的每一个时期，我们都有可能碰到创伤、应激性事件或者压力性事件。

例如，地震会损害一个家庭的结构，损害家庭的正常功能。地震中的孩子尽管意识不到地震的概念，但会间接地受到地震的影响。具体而言，妈妈会抱着孩子快速地跑到帐篷里，给孩子喂奶时，妈妈不会开心地说"你真的是我的宝贝"，而是说"赶快喝奶，余震快要来啦，我们还得换个地方"。也许孩子听不懂妈妈的话，但妈妈会把信息通过情绪传递给孩子，所以很多孩子在不同的时期遭受创伤以后，他们成年后的人格就会停滞在那个时期。有的人表现出口欲期的性格，比如特别爱吃火锅、爱抽烟，特别喜欢满足口欲；有的人表现出肛欲期的性格，特别严谨，什么事情都要严格控制；固着于俄狄浦斯期的人就比较爱表演，很喜欢去吸引别人，特别是异性。每个人都有不同的性格，这可能与"固着"是有关系的。

当然，**一个人的性格也与生物素质有关**。比如，在医院的婴儿房里，有几十个婴儿在睡觉。如果门突然"砰"的一声被关上了，每个婴儿对此的反应是不同的：有的婴儿会哇哇大哭不止，有的婴儿却毫无反应，可以继续睡觉。简单来讲，婴儿此时的不同反应既有基因差异层面的原因，也受到胎教环境的影响。

如果婴儿的胎教环境是令人愉悦的，妈妈每天听轻音乐，这个孩子出生后也很爱听音乐，甚至会随着音乐扭屁股、跳舞，当然这是到了他比较大的时候。如果这时爸妈天天吵架，这个孩子出生以后，如果会说话，估计很想对父母说："你们怎么这么吵？"当然，婴儿不会说话，但有一些行为我们可以观察到：一旦家里有大的声音，孩子便会警觉，或者表现出"呆滞"。这是因为颞叶和杏仁核在出生前就开始发育了，所以一有声响，孩子就会非常警觉，这个孩子长大以后很容易有神经质和失眠。由此可见，早期生活对心理发展有着重大的影响。

导致固着的创伤事件不仅包括个体所能意识到的，**还与个体的早期生活经历甚至母亲怀孕期间的生活经历密切相关。**

对儿童的虐待有三大类：第一类是情感虐待，包括忽视、辱骂、贬低；第二类是身体虐待，因为父母相信"棍棒之下出孝子"，所以儿童每天挨一顿打；第三类是性虐待（对儿童的性虐待界定为：年龄相差四岁以上的个体对儿童实施性行为，不管这个行为属于引诱还是强迫，都属于性虐待）。

小时候遭受性虐待的儿童，如果同时被父母严重忽视，就会遭受很严重的儿童期创伤，这会严重影响性格的形成。比如会发生固着甚至患斯德哥尔摩综合征（stockholm syndrome）。

斯德哥尔摩综合征，是指被害者对于犯罪者产生情感，甚至反过来帮助犯罪者的一种情结。在德国，有一杀手发布通告说，自己召集了一些人作为他杀人的对象，告知他们具体的杀人方案，并让他们签字，一旦对方不想死，他也会终止杀人计划。虽然这个杀手最后被警察抓捕了，但可以看出，有施虐者必定有受虐者，有受虐者必定有施虐者。这些都和早期经验以及创伤有关。

什么样的行为会导致"固着"

剥夺或过度满足都会导致固着。"剥夺"很好理解，比如一个人在口欲期经常经历饥饿（这种剥夺既是物质上的，也是心理上的），即口欲期饥饿。等他长大以后，他每天都在想：吃得饱吗？吃得好吗？够吃吗？如果给他做投射测验，他会描述："这个人饿了，想吃肉。"同时，这个人在生活中可能表现出更多的"贪婪"行为。这就是一个因为经历了严重的早期剥夺而固着在这一时期的例子。

早期被过度满足也会导致固着。例如，一个孩子被妈妈溺爱，一直被照顾到20岁，估计这位"巨婴"每天只会思考吃的问题，甚至会把能否做饭作为选择结婚对象的首要条件。其实，溺爱也是一种儿童虐待。之所以会溺爱，是因为大人很多时候是站在自己而非儿童的角度来看待儿童的需求。一位小朋友因为穿了太多衣服而满头大汗，幼儿园的老师问："你为什么要穿那么多衣服？"这位小孩回答得很巧妙："因为我妈妈冷。"这位小孩很聪明，知道是因为妈妈冷才要他穿很多衣服。

儿童教育是一项非常艰难的工作。这项工作最大的艰难之处在于：父母或照看者需要随时反思。反思些什么呢？反思自己对孩子的教育行为是否对现在这个时期的孩子是合适的、科学的？是否符合这个孩子的人格发展规律？是否符合这个孩子的长远福祉？父母"发泄自己情绪"或"缓解自身焦虑"的需要在这个当下的"教育行为"中占据多大比例？可以这样说，没有固定的一成不变的教育方式。好的教育要考虑孩子的个体特征，也要随孩子的人格发育而变化，绝不可以"刻舟求剑"。

退行：由压力源的严重程度决定

退行（regression），是指个体的心理已经发展到更高的时期，但经历创伤后又退回到早期水平。

特别常见的情况是，处于肛欲期或者俄狄浦斯期的儿童，在经历重大创伤后退行到口欲期。有过此类经历的成年男性特别喜欢抽烟或喝酒，因为烟和酒可以缓解他们的压力，这其实是因为他们的心理状态退回到了口欲期。在临床上，他们通常被诊断为**物质滥用**。

女生在压力大的时候或在与男朋友分手后会狂吃零食，临床上称这类人得了**进食障碍**（eating disorder）。

退行程度取决于当前压力源的严重程度，比如，地震以后我们是很容易退行的，这是因为我们特别希望有更有能力的人来照顾我们，并会对他们有很高的期望。但也有一些人的复原能力很强，他们会做一些力所能及的事情，而非完全依赖他人。

复原力是一个重要的心理健康指标，复原力类似于弹簧的回弹力，有些人抗压能力差，不易回弹。个体体验到的压力源的大小与其过去所经历的创伤事件的相似程度有关。一个人如果在口欲期经历了地震后的房屋倒塌，他成年后也会因为房屋的局部垮塌而焦虑；早期经历性创伤的人，成年后也更容易遭遇性创伤。

退行和固着是不同的病理现象。退行意味着个体已经往前发展但又退回到早期的状态；固着是停留于某一时期，不再向前发展。

我们把弗洛伊德时期称为经典精神分析时期，他的过人之处在于对神经症的理解：人格内部的冲突会带来神经症。因此，如果从弗洛伊德的经典理论角度定义"神经症"，它就是由"人格结构冲突"导致的一系列心理症状。自然情况下，患者有能力通过压抑这个"冲突"来获得短暂的"内心安宁"，但是这个冲突迟早会在自我脆弱的时候通过"转移"诱发症状。

弗洛伊德及其后继者们

判断一个理论是否科学，首先需要看它是否自洽，然后看外部效度，即能否帮助我们去解释或预测一些现象并有效地进行相应的干预或改变。

科学的理论需要具有自洽性、解释力和逻辑性。科学最重要的不是可以证明什么，而在于能被"证伪"。曾经很长一段时间，弗洛伊德创立的精神分析就不被理解为科学，因为托马斯·库恩认为，弗洛伊德的理论不可被"证伪"。

直到 2010 年以后，一些美国的科学哲学家提出了重新界定科学的方法：既要看理论的自洽性、解释力和逻辑性，更要看科学家的行为是不是"能扩大该领域的知识"的开放性行为。这一点很有意思：**科学最重要的意义就是，在黑暗中扩大人类理性的光明，所以知识是为了人类的积累和拓展，科学是为了发现未知领域。**如果科学家的行为只是宗教式地维护自己的教条和理论，其理论就不能称为科学，而只能叫作宗教。按照这个评判新标准，精神分析是一门"科学"。

弗洛伊德去世之后，精神分析进入了新弗洛伊德时期。这一时期的重要学派有：自我心理学、客体关系理论和自体心理学。弗洛伊德留下的宝贵临床文献正如一座大厦的地基，弗洛伊德的后继者们得以在精神分析的大厦上添砖加瓦、积累精神分析的临床文献和理论。

现在回过头来看，弗洛伊德的理论成果在精神分析学派知识库的占比不到 10%。精神分析学派也有自己的鉴定标准，每个人都会按照一定的科学规则去发表文献并且获得小同行的认可，即小同行原则。

弗洛伊德的后继者们对弗洛伊德的理论和概念并非全盘继承，他们会改造或者摒弃。新精神分析学派对人格结构理论也有很大的改变，特别是自我心理学。弗洛伊德的女儿安娜·弗洛伊德等人创立了自我心理学学派，主要研究自我、防御机制和人格发展。

同一时期的梅兰妮·克莱因（Melanie Klein，1882—1960，奥地利裔英国作家和精神分析学家）和安娜·弗洛伊德之间经常发生学术上的争论。克莱因关注人内在的幻想、内心的关系模式，因此称为**"客体关系学派"**，又称为"英国学派"。

第二次世界大战结束以后，精神分析师在临床上遇到了大量的有严重心理创伤的案例。其中一些患者出现了非常严重的问题，比如严重的冲动行为、自杀 / 自残行为、乱性、多重人格，等等，被认为是在儿童早期（4 岁前）因战争等因素带来的不稳定喂养环境所致。

因此，临床方面新的需求促进了精神分析学派的发展，尤其是克莱因开始着重关注前俄狄浦斯期儿童的人格发展，建立了早期的"客体关系理论"，并提出，早期环境（母婴关系）对一个人的自我（self）发展有重要的影响。

当你一出生，作为一个婴儿，你会非常依赖父母，尤其是母亲，那个孕育你并给予你生命的人。假设你出生前没有遇到基因问题，你在出生的时候也是顺利的（不是所有婴儿都那么幸运），你的母亲从产科医生那里第一次接到了你，拥你入怀！你无法看清她那向你投来的混杂着疲惫、欣喜和不安的目光，因为在此刻——你的生命之初，你嗷嗷待哺。

你会自然地寻找你生命最初的食物——母亲的乳汁。这一刻，你便开始与你生命中的第一个"客体"（母亲的乳房）建立关系了。从这一刻起，你的命运与这个"客体"的实际拥有者、这位女性紧密相连。

在你生命的原初，你虽然因为被剪断了脐带而与母亲在生理上分开了，但在心理上对母亲（和她的乳汁）是绝对依赖的，因此，在心理上，你并没有出生。你依偎在母亲的怀中，在吮吸乳汁的同时，你逐渐与母亲建立越来越深的情感联结，这种联结被叫作"依恋"（attachment）。

你不断地吃奶，想睡就睡、毫无顾忌地排泄，这一切大多数时候都由母亲来打理。在你生命的第一年，幸运的你会遇到一位有耐心、爱心且乳汁充足的母亲，你也会遇到一位爱这位母亲并提供一切照顾婴儿所需生活物资的父亲，有时候父亲还在情感上给母亲支持并分担一些家务。

当然，一些婴儿的早期生活可能没有这么幸运。母亲可能乳汁不足，无法喂饱自己的孩子；母亲可能在生下孩子后情绪非常抑郁，无法充满爱意地拥抱自己的孩子；也可能出于各种原因（比如生病或必须工作等），在孩子出生的第一年内的某一个时刻与孩子分开了。这些不幸的经历被称为"早期（心理）创伤"。

我们可能无法想象，这些早期创伤会对个体一生的性格形成多么巨大的影响。

如果我们把成人的性格视为一座已经建设成形的"古堡"，那么西格蒙德·弗洛伊德所创立的"经典精神分析学派"首先关注了这座古堡的主体结构，并着重去理解这个建筑的结构是怎样的（人格结构理论）；安娜·弗洛伊德所开创的"自我心理学派"将从对性格的理解转向去研究这座古堡的外部环境及其防御系统（自我防御机制）。

客体关系学派：重视婴儿的早期经验对其性格的影响

以克莱因为创始人所建立的**"客体关系学派"**作为精神分析发展历史上的一个重要流派，非常重视婴儿的早期经验对其性格形成的微观影响。其研究细到如同在研究这座古堡的每一块砖头是如何烧制的，以及这些砖头是如何砌成古堡的。这个流派近百年来的不懈研究的成果可以近乎完美地帮助我们理解早期经历中的重要他人（客体）是如何逐步构建我们的内心世界并形成我们的性格的。

首先，让我们从一个母婴生活的细节出发来观察一下婴儿的早期生活。一个 3 个月大的婴儿，感觉饥肠辘辘，开始哭泣。假设这个时候，有两位完全不同的母亲给予婴儿两种不同的极端反应。第一位母亲会立即走到婴儿面前，抱起孩子喂奶，孩子就很快大口吃奶；第二位母亲恰好在忙自己的事情，她决定先忙完自己的事情，再去查看婴儿，过了一会儿，婴儿不哭了，没有声音，母亲认为婴儿睡着了，因此继续做她的事情，直到忙完后，她再去查看婴儿，打算给他喂奶。

对客体关系学派的精神分析师而言，如果在出生的第一年，这两种不同的母婴互动如果经常出现，那么就会给婴儿带来不同的命运。

第一位母亲给了孩子最及时的满足，孩子很快吮吸到了母亲的乳汁，这给婴儿的"内在世界"带来了这样的变化：我饥饿的时候，马上会有乳汁。在婴儿的内在世界中，乳汁可以在饥饿的时候"神奇"地出现！这种魔法般的互动逐渐让婴儿形成一种"内在现实"："我可以控制一切！"

第二位母亲明显给了孩子最极端的忽视，孩子在无法得到生理满足的同时，他的内在世界也发生了巨大的变化：我无法得到食物；我很无助；我是不好的；世界是失控的。

只要这两种母婴互动中的一种稳定出现一段时间，那么孩子的内部世界就会形成相对应的"砖石"（往往这伴随着强烈的情感，构成我们的"情绪记忆"），用于构建自己性格的城堡，客体关系学派把这样的"砖石"称为"客体表征"（objective representation）。个体的"客体表征"逐渐累积，形成其成年以后的性格。

试想一下，在我们生命过程的早期，每一天的每一刻，我们无法选择我们的父母给我们带来的养育环境。在婴儿处于完全依赖父母的发展阶段，婴儿的大脑会逐渐去适应自己所处的特殊的外界环境。这些逐渐积累的"客体表征"帮助我们适应了早期生活，它们同时成为我们"无意识"的重要组成部分，如同那个城堡中最底层的那些"砖石"。这种"适应"的代价是很大的，因为人生有时候如同泰坦尼克号撞击冰山后沉没一样，会被那部分潜藏在"无意识"中的冰山撞沉。

因此，现代临床上的一些患者已经不一定是弗洛伊德当初看到的"人格结构"完整的神经症患者了，而有可能是人格结构不完整（有"人格缺陷"）的患者，现在我们叫作**人格障碍**。精神分析学派最早研究的是不同于重症精神病的"神经症"，但随着战后出现的大量的人格障碍患者既不属于重症精神病，也不属于人格结构冲突的"神经症"患者，因此精神分析学派最初把这一类患者统称为介于二者之间的"边缘型人格障碍"。

边缘型人格障碍：很少"压抑"本我的需求

边缘型人格障碍患者不同于重症精神病性患者的特征是：他们往往拥有基本的自我意识和自知力，能维持基本的人际语言交流和日常生活，但是他们往往行为冲动甚至经常企图自伤、自杀，做事缺乏思考、不计后果，很少去"压抑"自己本我的需求，似乎他们的超我和自我都具有一定的"缺陷"，这不同于典型的神经症患者。因此，精神分析师也把此类患者称为有"人格缺陷"的患者。

20世纪60年代，海因茨·科胡特（奥地利裔美国精神分析学家）的**自体心理学**开始发展，他被誉为精神分析学界的爱因斯坦。他在临床上治疗了大量的自恋型人格障碍患者。

自恋型人格障碍患者是非常难治疗的，其中一个治疗难点就是没有理论和方法，弗洛伊德的理论和客体关系学派的理论都束手无策，这就需要科胡特在黑暗中摸索。他认同自我心理学研究的重要目标是自体（self），同时也吸收了部分客体关系理论的方法论，用主观共情来做治疗，进而创建了自己的自体心理学，并成功用于自恋型人格障碍的治疗。

　　我们可以这样比喻：弗洛伊德种下了精神分析这棵"树"，这就是弗洛伊德存在的重要性。然后，从接近根部的地方长出了两个旁枝——处在精神分析发展"过渡期"的阿德勒和荣格的理论。再往前发展，精神分析长出了两个非常大的"主支"：一个是客体关系学派，一个是自我心理学学派。在客体关系学派的基础上又发展出一个分支，就是自体心理学（self psychology），当然它继承了客体关系学派的"方法论"——用"共情"去倾听和理解患者的内部世界，也吸收了一部分自我心理学（ego psychology）的"世界观"（研究主体）。

　　不难发现，精神分析学派的理论发展历史类似物理学或者马克思哲学。这就是一棵"精神分析树"，不同的理论学家在不同的位置做出贡献。

今天依然需要精神分析

精神分析首先是一种心理治疗技术

　　如果现在我问各位读者一个问题："精神分析是什么？"你们会有哪些自由联想？潜意识、早期经历、关于性的一些问题、防御、移情、梦、躺椅（没有躺椅就没有精神分析）、自由联想（我们现在就是在做自由联想）。

　　精神分析到底是什么？这么多年来，我一直在问自己这个问题。如果我们问 10 个人，恐怕他们都会有不同的答案。无论是学了多少年精神分析的人，都没有办法很好地回答这个问题，因为精神分析这一概念的内涵和外延太广泛了。直到最近，我才思考出一个自己觉得比较满意的答案，当然这个答案也可能不完全是最后的答案，也许到死我都没办法完全回答这个问题。

我所理解的精神分析首先是一种心理治疗技术。 精神分析当然还有来自临床实践总结提炼出来的独特的理论，这一点很像我们的中医，从实践当中总结出理论，再把这些理论用回到实践。

从理论的产生来源来看，心理学理论有两类。一类理论是来自实验室，然后被运用到实践中去；一类是来自临床实践的总结，然后被临床实践者不断萃取，成为理论。精神分析显然属于后者。

在弗洛伊德时代，对临床治疗的需求远远超过了在实验室的发展基础心理学的需要。病人是有需求的，所以弗洛伊德就走向了另一条道路，他放弃了生物学，进而创建了独特的心理学理论，来建构、还原、理解这些病人为什么会出现神经症。

正如上文所述，弗洛伊德是一位神经科医生，神经科医生要接诊病人，因为这是他的工作。在治疗病人的过程中，他和布洛伊尔共同发现通过催眠确实可以洞察到病人的无意识。其中最经典的个案就是安娜·O。后来布洛伊尔和弗洛伊德合著了《癔症研究》，此书也是精神分析最早期的经典著作。

弗洛伊德发现了我们人认识无意识的两个最重要的途径。**第一，白天的时候做自由联想，相当于你把你的白日梦告诉分析师；第二，分析你的梦，去理解你晚上都在想什么、关注什么。** 通过这两个方法，弗洛伊德得以了解人的无意识。

其实还有一个方法，它和自由联想很像，就是分析人的日常行为。我们日常行为当中会有一些小小的表现，比如口误、笔误、失误或者一些特征（个性化的选择）。我们通过留意这些日常行为的特征也能了解人的无意识。弗洛伊德就是靠这些途径来了解人的无意识的。

弗洛伊德认为，如果我们能够把无意识上升为意识，就可以扩大意识的范畴（如同浮在海面上的冰山）。在分析师的帮助下，患者通过意识能觉察自己的无意识冲突，并且用意识重新面对这个冲突，这样，他的内心世界就可能会因为有更多的"觉察"（insight）而发生改变。这就是最初弗洛伊德设定的精神分析治疗目标。

因此，了解患者的无意识内容就成了精神分析师必要的、不可推卸的任务。

"催眠""按压法""自由联想""躺椅"

最开始弗洛伊德把催眠作为一个接近患者无意识的技术来使用，但后来他很无奈地放弃了。因为他发现不是所有的病人被都能够被催眠，而且并不是所有的病人被催眠以后都会好，还有的病人抗拒催眠。那怎么办呢？还能从哪里了解人的无意识呢？从哪里去治疗病人的无意识呢？

由于他已经知道了这个"无意识病因学"，因此他逐渐创建了一套环环相扣的精神分析技术，并把这些技术用在了早期的病人身上。创建这些技术的目的很单纯，就是为了治疗他所遇到的神经症患者。

1892 年，他在治疗个案伊丽莎白时就曾使用过一种过渡的治疗方法——"**按压法**"。就是用手按住伊丽莎白的额头，希望此法能够让伊丽莎白更好地去认识她的无意识，做自由联想。接着，弗洛伊德逐渐发现"按压法"效果不佳，于是他就放弃了按压技术，进而完全采用"自由联想"法治疗伊丽莎白。

弗洛伊德认为，如果要了解患者的无意识，最好是把患者纳入一种"治疗设置",如同外科医生最好要择期在手术室内为病人做手术,这便是一种"设置"(setting)。因此,他设计了一个躺椅(couch),现在我们称之为"精神分析躺椅"。患者需要半躺在这个"精神分析躺椅"上,分析师一般坐在躺椅的后面,不能被患者看到。弗洛伊德让患者在这种设置下进行"自由联想",希望通过这样的设置来更加接近患者的无意识。

因此,包括自由联想技术、精神分析设置在内的精神分析技术开始在临床上被运用。

来访者和心理治疗师:"移情""反移情"

布洛伊尔一开始对安娜·O进行了一段时间的催眠治疗后,在她的身上发现,一些神经症的症状消失了,但又出现了新的问题。有一天她对布洛伊尔说:"我做梦了,我梦见我怀了你的孩子。"什么意思?现在我们都知道,安娜·O爱上布洛伊尔了,毕竟布洛伊尔长得很帅。不过布洛伊尔有着很强大的超我,他当时吓坏了,然后连忙带着他的太太去旅行,并把安娜·O"扔"给了弗洛伊德(治疗)。弗洛伊德发现,原来这是心理治疗过程当中必然会出现的一种现象,至此,弗洛伊德才发现了"移情",并认为这个时候安娜·O的症状消失是一种**"移情性治愈"**的表现。

在临床上,假如你是一个心理治疗师,跟一个来访者展开谈话治疗,谈着谈着他就好了:症状消失、疗效显著,他也愿意更好地去生活。这个时候你跟他说:"我觉得你已经好了,我们(的治疗)可以中断了!"但来访者并不情愿,每天给你打电话、留言,还送你礼物,并邀请你一起吃饭、喝茶、看电影。什么意思?原来来访者"爱上"

了心理治疗师，这个来访者实际上就是"移情性治愈"。

弗洛伊德发现，在这种情况下，即使病人的症状好了，但他还没有真的好，他的心理冲突还在无意识中，只是转移到了与治疗师的关系上，治疗师还需要继续处理他对治疗师的"移情"。由于原来的神经症状转变成了一种"移情性神经症"——神经症性的冲突转移到了（治疗）关系上，因此继续处理"移情关系"就成为分析师"尚未完成"且"无法逃避"的任务。

假如你是一个心理咨询师，遇到被来访者"爱上"的情况，你会怎么处理呢？也许超我很强的你会说："我是有家室的人，我怎么可以跟他在一起？再说他是我的来访者，不可以这样子，再见！"此时，对方就失去了一个心理成长的机会。

假如心理咨询师也"爱上"了自己的来访者，而且他们都是单身状态，他们可以成为恋人吗？弗洛伊德发现，自己很多时候对不同的患者也会有不同的情感甚至有时非常强烈的爱或厌恶，他把这种情况称为**"反移情"**。对反移情的识别、控制和利用，也成为精神分析的一个重要技术。

当然，弗洛伊德认为，"反移情"既然无法避免，就需要分析师进行"排除"甚至是"摒弃"。但是，弗洛伊德之后的新精神分析学派发现，"反移情"其实无法排除或摒弃，而是应该加以"分析"，通过对反移情的分析，可以间接获取关于患者的一些"关系模式"等重要信息，而这些是患者无法用语言告诉分析师的。

由于精神分析基本设置所带来的临床上类似"蝴蝶效应"的发展，精神分析技术不断演化和发展，并且环环相扣。精神分析治疗的目的不仅仅是当初弗洛伊德设定的"去洞察无意识"，而是需要进一步通过对移情与反移情的分析，去洞察患者潜在的"关系模式"。

因此，分析师既要保持与患者的"治疗联盟"，又要极力保持"社交距离"，尽量不让彼此的私人生活有交叠，保持一种单纯的"治疗关系"。这既是专业伦理的要求，也是精神分析技术的需要。因为精神分析师需要让"治疗关系"如同一张白纸，患者可以任意投射内在的需要、欲望、关系模式在这张"白纸"上，这样，分析师才可以获得对患者无意识的真正理解。

如果双方建立的关系不单纯，比如分析师把自己的学生作为患者进行治疗，或把患者发展为自己的商业伙伴，治疗工作就有违职业伦理。

精神分析作为一个职业，其职业伦理的发展也是随着理论和技术的深入而不断演化的。现代精神分析非常强调对分析师的职业训练，如果新手分析师没有被资深分析师分析过（我们叫作"培训分析"），则无法成为分析师，因为这能培养分析师的深入洞察自身内心的能力。如果没有这种能力，分析师是无法觉察自己的反移情的，更谈不上控制和利用了。这也就是为什么后来强调精神分析治疗要讲"设置"，因为"移情"和"反移情"太过复杂，如果不进行必要的限定，最后关系混乱，无法分析。

更好地认识无意识才能更自由

此外，在要求病人做自由联想的过程当中，弗洛伊德还发现，**没有任何人可以做真正意义的自由联想**。不信各位可以回去试试，很难！在这种情况下，弗洛伊德发现，每个人去认识自己的无意识的时候，他都会有"阻抗"，就是会有一个极大的内在阻力。

分析师要不要去除这种"阻力"，及时处理"阻抗"？看样子是要的，因为如果分析师不处理这种阻力，他就无法真的让患者接近自己内心深处的无意识内容。所以在这个时候，弗洛伊德发现，除了移情和反移情，还需要处理患者的阻抗。也就是说，分析师要理解那些妨碍患者做自由联想的行为和策略。

至此，精神分析治疗离不开对"移情""反移情"和"阻抗"的临床处理，这便成为精神分析技术的核心特征。最终，基于前面这些技术的铺垫，精神分析师可以通过"提供解释"来帮助患者获知自己的无意识内容。更确切地说，是通过"提供解释"（作为一种专业的合作）来帮助患者深入了解自己、改善自己。

现在我们知道，精神分析治疗技术最根本的目的就是去帮助患者去更深地认识无意识中的欲望、情结、关系模式、对自己的深层看法，等等。意识到这些后，一个人能更好地成长——获得一种心灵层面的自由。

为什么这种成长可以帮助我们活得更加自由？因为人在很多时候是由无意识驱动的，只有当我们更好地认识我们的无意识时，我们才可以活得更加自由，我们才可以有更多的选择的机会、权利，更重要的是，我们才会有能力做出选择。如同罗素所说："美好的人生，是由感性驱动、由理性引导的！"

所以，虽然弗洛伊德认为，人更多的是被无意识驱动的，但是精神分析治疗的方向却不是悲观的。

与"精神分析"相关的心理治疗方法有哪些

弗洛伊德建立了经典的精神分析疗法后，随着时代的发展和社会的变迁，基于精神分析理论和技术的"心理动力性治疗"（psychodynamic psychotherapy）应运而生。在理解"精神分析心理治疗适用于什么样的人"这个问题之前，我们需要界定"精神分析"相关的治疗是什么，它们是如何区分的。

弗洛伊德开始建立的经典的精神分析治疗，要求患者在躺椅上接受高频分析，频率是一周不低于 4 次，每次 45 或 50 分钟，一次分析叫作一个时段（session），由精神分析师提供。

IPA 对"精神分析师"的训练有严格的标准：首先是接受评估后成为候选人，然后候选人开始接受培训分析师一周最低 4 次的分析（叫作"培训分析"，培训分析师是 IPA 认定的具有经验的资深分析师），同时接受每年不少于 120 课时的理论学习。

一般情况下，在被分析 200 个时段后，基本是受训的第 2～3 年，可以获准在督导帮助下寻找并确认一个真实的个案（叫作"培训个案"）开始做精神分析实践，并接受一周一次的案例督导。一般在第一个培训个案稳定治疗 2 年后，分析师提交案例报告给督导和一个评估委员会，获得通过后，分析师可以开始寻找第二个培训分析的个案并与第二位督导建立稳定的督导关系。

第二个培训个案的治疗一般不能少于一年，同样要提交案例报告给督导和评估委员会，获准通过后，临床实践就算"结业"。然后在第三个资深分析师（一般叫作"师傅"，即职业发展顾问）的指导下，完成一篇临床论文（clinical paper），提交给相应的委员会评估，通过后，分析师算是"毕业"了，正式获得 IPA 认可的分析师资格。世界各地属于 IPA 网络的精神分析协会的培养模式大同小异。

因此成为一名"精神分析师"需要在硕士毕业后，花费 6～10 年的时间接受系统的精神分析学习、训练和督导，才可以成为 IPA 认可的精神分析师。精神分析师作为一个职业，为病人提供精神分析（一周最少 4 次的躺椅分析）。

如果受训者接受的是一周 3 次的治疗（自我体验）、学习相应理论并接受督导 4 ～ 6 年，在之后能给患者提供一周不超过 3 次的心理治疗，那么他就是**"精神分析性治疗师"**（psychoanalytic psychotherapist）。

心理动力性治疗，主要是指受过心理动力性治疗训练的治疗师利用精神分析的知识体系和技术，为患者提供短程的心理治疗。一般接受过一周 1 ～ 2 次的治疗（自我体验）、学习相应理论并接受临床实践的督导 2 ～ 4 年，在之后能给患者提供一周不超过两次的心理治疗的专业人员，被称为**"心理动力治疗师"**（psychodynamic psychotherapist）。

三者的从业资格可以向下兼容，但不得向上兼容，这就是精神分析、精神分析性治疗与心理动力性治疗三种治疗方法的关系。

一般而言，精神分析的疗程会设置得比较长，精神分析性治疗和心理动力性治疗相对使用短程一些的设置。这与治疗或干预的目标有关，也与不同类型的患者适应不同的疗法有关。长程精神分析的目标是帮助受分析者"发掘无意识、整合自己的人格"，因此需要的时间相对较长。精神分析性治疗和心理动力性治疗的疗程较短，主要目标是改善症状、帮助患者改善人际功能、提供社会支持。

接下来，让我们来看看，不同的人适合不同的疗法吗？

不同的人适合不同的疗法

经典精神分析，就是高频率的治疗，适合神经症类型的患者或者具有一定反思能力的正常人，因为他们有一个相似的特征，就是具有相对完善的人格结构：人格分化出明显的"本我""自我"和"超我"，并在人格内部出现一些"冲突"。

神经症患者与正常人的区别不在于是否有这类冲突，而在于"自我"的功能是否能应对好这种"冲突"，如果自我功能不够，则是神经症患者，会出现相关的心理病理症状。我们在生活中看到的"癔症"就是此类神经症的一个典型代表，一些不严重的焦虑症、抑郁症、疑病症、躯体形式障碍、解离障碍等，大多也属于"神经症"。其实，只要你发现自己内心存在一些"冲突"，并且为此烦恼，无法做出必要的适应性的决策，都可以考虑接受精神分析，并非一定要到生病的程度才去见分析师。

"现实检验能力"：区分精神病性患者和神经症患者

"现实检验能力"是区分精神病性患者（比如患有精神分裂症、情感障碍等严重的疾病）和神经症患者（人格结构分化完好且存在内部冲突、表现出某些情绪困扰或身心功能障碍的人）的一个分水岭。现实检验能力通常较多被精神科医生所引用，他们认为，一个人如果没有基本的现实检验能力，就是患有精神病性疾病，因为患者可能连自己在哪里都不知道。

其实，我们每个人都有一个"主观现实"，因此我们对外界相同的东西的看法可以是不一样的。我们每个人的内在主观现实，使我们产生不同的观点，我们会把这些内在的东西投射出来。我们或多或少都会戴着自己的有色眼镜去看外界现实。尤其当我们去理解人际关系的时候，我们很难区分孰真孰假。比如你跟某个人相向而行，对方看了你一眼就走过去了。这时你可能会觉得他很讨厌你，"他都不跟我打招呼就走了"。或者你会觉得，"我们又不认识，不打招呼是正常的"。或者你觉得他喜欢你，但害怕跟你打招呼，所以就走了，也可能因为他焦虑。

在人际关系当中，我们有时很难区分外在现实和内在现实。因此，在关系中的现实检验能力，指的是我们的"内在现实"和"外在现实"在客观上的匹配程度。匹配程度不同，人的自我功能则不同，人格发展的成熟程度也不同。

神经症水平的人，无论是在物理上的现实检验还是在关系上的现实检验能力，都是不错的。神经症水平的人有内在冲突，现实检验能力还是可以的。他不会觉得你看他一眼就说明你喜欢他或者讨厌他。神经症水平的人在你看了他一眼的时候会产生纠结，"你到底是喜欢我还是讨厌我，我得先检验一下"。

但有**人格障碍**的人比神经症水平的人还要严重。一个偏执型人格的人和你对视后，他会觉得："你看我，肯定是讨厌我，否则你不可能这样盯着我"。如果是一个自恋型人格的人，他会觉得："你看我一眼，肯定很喜欢我。"当然他还没有到钟情妄想的程度。但如果这个时候你拼命跟他说："我不喜欢你！"他可能就此抑郁了。他不会像精神分裂症患者那样，还依然坚信："你就是喜欢我！"因此，此类情绪不稳定的有人格障碍的人最主要的损害表现为对关系的现实检验能力较弱。当然，行为冲动、情绪容易失控、频繁尝试自伤和自杀、人际上剥削或操控他人也是情绪不稳定的有人格障碍的人的特征。

对于此类人，一开始使用低频率的精神分析性治疗是比较合适的，比如，精神分析理论所衍生出来的两个心理动力性疗法——"心智化治疗"（mentalization based therapy，MBT）和"移情焦点治疗"（transference focus psychotherapy，TFP），对此类患者的疗效明确。

精神分裂症患者的问题比人格障碍患者更严重。精神分裂症患者如果与你对视，他会觉得你肯定要害他。我们都知道，重症精神疾病患者多数需要进入精神科医院并接受药物治疗。但是如果此类患者进入缓解期，在维持药物治疗的同时，可以接受低频率的支持性心理动力性治疗。这样可以帮助他们维持必要的社会功能和现实检验能力，减少复发。

四种科学心理治疗方法

德国的一个科学委员会依据如下标准，对诸多心理治疗的流派进行了科学性判断：通过国际精神疾病诊断手册（ICD-10）所规定的各大类精神疾病（比如，精神分裂症缓解期、情感障碍、焦虑障碍、转换障碍、性心理障碍、进食障碍、人格障碍、睡眠障碍、适应障碍等）进行科学文献检索，看这些大类的疾病是否存在某种心理治疗方法的疗效研究并具有显著性疗效的证据（至少要有随机对照实验研究的数据）。如果在科学期刊上，有一定的学术论文有证据证明某一个方法在某一个类型的疾病上存在显著疗效，则纳入"科学"考虑。

截至 2012 年，对全部疾病类型有疗效的方法只有四种：**精神分析治疗、心理动力性治疗、认知行为治疗（CBT）、系统治疗**。这四种心理疗法被纳入了"科学心理治疗方法"的名单。但保险公司因进一步的"剂量－效应"证据问题，目前仅对精神分析和认知行为治疗付费。

关于心理动力性治疗的疗效问题，英国精神分析师皮特·冯纳吉（Peter Fonagy）教授 2015 年在《世界精神病学》杂志上发表文章——《关于心理动力性治疗的有效性的更新》（*The effectiveness of psychodynamic psychotherapies: an update*），详细阐述了心理动力性治疗（PDT，包括精神分析治疗和短程心理动力性治疗）的有效性的最新进展。

　　该论文针对心理动力性治疗对一些主要的心理障碍种类的效果研究和效力元分析研究进行了系统回顾。与静态控制组比较（等待组、常规治疗组和安慰剂组），在通常情况下，PDT 在治疗抑郁、某些焦虑障碍、进食障碍和躯体障碍上有疗效，而在治疗创伤后应激障碍、强迫症、神经性贪食症、药物依赖或精神分裂症的疗效上缺乏研究证据支持。新近研究证据支持长程心理动力性治疗在治疗某些人格障碍（特别是对**情绪不稳定型人格障碍**的治疗）上具有显著疗效。

延伸阅读书单

[1]　弗洛伊德.精神分析引论 [M].高觉敷，译.北京：商务印书馆，1984.

[2]　弗洛伊德.性学三论 [M].徐胤，译.杭州：浙江文艺出版社，2015.

[3]　布伦纳.精神分析入门 [M].杨华渝，译.北京：北京出版社，2000.

[4]　米切尔，布莱克.弗洛伊德及其后继者 [M].陈祉妍，黄峥，沈东郁，译.北京：商务印书馆，2007.

[5]　弗洛伊德.梦的释义 [M].张燕云，译.沈阳：辽宁人民出版社，1987.

[6]　孙隆基.中国文化的深层结构 [M].桂林：广西师范大学出版社，2011.

[7]　URSANO R J, SONNENBERG S M, LAZAR SG 心理动力学心理治疗简明指南 [M].曹晓鸥，译.北京：中国轻工业出版社，2018.

一个人最深层的雄心和理想，
一旦凝聚成为他自体的核心，
将会成为推动和引导他的力
量

科胡特描述了内在分裂的现
代人的心理面貌，以及人的
内在整合与成熟之路

訾非

第 2 章

海因茨·科胡特的自体心理学

本章作者　訾非

中国心理学会注册督导师，北京市社会心理学会理事。

"精神分析先生"的求真精神

"精神分析先生"

弗洛伊德开创了精神分析学，在他之后出现了很多精神分析学大师。有的沿着弗洛伊德的基本理论框架发展自己的理论，比如他的女儿安娜·弗洛伊德、埃里克森等人；有的对弗洛伊德提出的基本理论做了重大修改，比如阿德勒和霍尼。阿德勒认为，人最基本的动力不是性，而是对自卑的超越。他的这个想法与弗洛伊德提出的人格发展即性欲的发展的理论大相径庭，所以他和弗洛伊德也就不欢而散了。

科胡特也挑战了弗洛伊德的经典精神分析对于人性的基本假设，这个挑战可能比阿德勒的更大一些。科胡特认为，**人最需要的是关系**(relationship)，**人的心理发展主要是由关系带来的**。科胡特提出这些观点的时候是 20 世纪 60 年代和 70 年代，彼时弗洛伊德已经去世。当时的科胡特是美国精神分析协会的成员，但是因为他对经典精神分析的挑战，他被这个协会开除了。

其实**科胡特年轻的时候是经典精神分析的捍卫者，他有个外号叫"精神分析先生"**（Mr.Psychoanalysis）。1964～1965年，科胡特担任过美国精神分析协会的主席。不过到了20世纪60年代后期，他提出，很多来访者之所以在治疗中发生好转，并不是因为他们把无意识里的内容带到了意识层面，而是因为他们在咨询中得到了咨询师的关注、共情和肯定。他还认为，咨询师对来访者的关注、共情和肯定并不是完美的，而这种"不完美"恰恰给了来访者成为他自己的机会。简言之，科胡特认为精神分析之所以能够产生疗愈作用，是因为咨访关系中能提供一些东西，同时又不完全提供这些东西，在这个过程中来访者发生了成长。

对"俄狄浦斯情结"的不同理解

弗洛伊德认为，人的发展就是性欲的发展。人在刚出生的时候，快感集中在口腔，所以那时孩子通过吮吸母亲的乳头来获得快感，母亲不在场的时候，就通过吮吸自己的手指来获得快感。随着孩子长大，性的欲望开始发生改变，比如在4～6岁的时候（也就是在弗洛伊德提出的俄狄浦斯期），孩子会特别喜欢异性的父母，跟同性的父母有竞争关系。到了青春期，人的性欲就指向家庭成员以外的异性，这意味着个体发展到了人格成熟的阶段。

如果一个人的人格不成熟，可能是因为他在某个发展时期碰到了创伤性的经历，让他固着在那个时期。比如一个固着在俄狄浦斯期的人，可能会走不出原生家庭，不能建立自己独立的家庭，始终附着在原生家庭里，他也可能患有神经症，被他自己和异性父母的乱伦想象所困扰，象征性地害怕一些东西。

弗洛伊德用"俄狄浦斯情结"这个概念解释了很多案例。他写了一本书叫《少女杜拉的故事》。在这本书里,他提到,杜拉在成年之后碰到了 K 先生, K 先生是她父亲的好朋友,他对她的喜欢让她觉得这件事情很恶心,随后她出现了一些症状。在弗洛伊德看来,这些症状就是被杜拉压抑下去的乱伦焦虑的显现。弗洛伊德认为,神经症在很大程度上是由于俄狄浦斯期的一些冲突被唤起所引起的。

科胡特认为,在俄狄浦斯期的孩子出现乱伦冲动,其实是不奇怪的。可能每一个孩子都会有这样的幻想,这种幻想与文化禁忌相冲突,但是为什么有的孩子会出现症状或者到了成年之后出现症状呢?他认为,重要的原因不在于这个时期孩子所面对的冲突,而是孩子在 3 岁之前,在更早的发展阶段,自身就没有获得安全感,当时的**父母没能够以一种比较共情、理解,给孩子带来安全感的方式跟孩子交流,以至于孩子不能内化一种自己安抚自己的能力。**所以到了俄狄浦斯期,他遇到了矛盾和焦虑,自己消化不了。

这确实是很重要的观察,因为我们心理咨询师如果只是跟来访者聊他的早年经历,会发现大家都记不得 3 岁以前的经历——那个时候还没有长期的视觉记忆。但是如果我们进一步去了解来访者周围的人,听他们的描述,我们就会发现,其实很多神经症患者在 3 岁以前就有一些照顾上的缺失和安全感的不良发展,这些现象是普遍存在的。跟自体心理学同时出现的另外一批精神分析学家——**客体关系理论的学者,也非常强调一个人在 3 岁以前的发展阶段的经历。**

关于俄狄浦斯期冲突,科胡特的看法跟弗洛伊德也不一样。在科胡特看来,俄狄浦斯期的男孩喜欢妈妈这种现象,人格发展正常的父母不可能大惊小怪。俄狄浦斯期的女孩喜欢爸爸,父母也会带着积极的心态面对孩子表露的爱意。孩子在每一个发展阶段出现了任何冲动，父母都可能带着一种积极的但又不是诱惑的心态去看待。**如果孩子在足够好的且能给他们带来恰到好处的挫折（optimal frustration）的关系环境里成长，孩子内心的冲突就能够被顺利解决，而不至于发展出心理疾患。**只有人格发展不成熟、不能跟孩子建立起合适关系的父母，才会促使一个原本神经发育正常的孩子产生一些难以遏制的、紊乱的心理冲动。科胡特把这种现象称作**欲望的碎片化**（fragment of desire）。

例如，一个 5 岁的男孩可能对妈妈很依恋，如果妈妈能够理解他的这种感受，很自然地对待这种感情，孩子自然也就能发展出这个阶段所需要发展的感受，并且伴随身体的成长顺利进入下一个心理发展阶段。如果妈妈出于某种原因表现得特别忌讳孩子对自己的依恋，这个孩子可能就会把这种依恋的情感转化成对母亲身体的过分好奇和想象。如果母亲出于某种原因表现出对孩子的"诱惑"，这个孩子也有可能把性和依恋混同起来。

总的来说，**科胡特认为，如果一个孩子在俄狄浦斯期之前的阶段发展正常，得到足够的安全感，在俄狄浦斯期被父母自然而然地对待，孩子就会顺利地度过这个阶段。**但是弗洛伊德不这么看，他认为文明社会努力把孩子的乱伦冲动压抑下去，如果这个压抑是成功的，孩子就会进入下一个发展阶段，直到青春期他把性的欲望指向家庭成员以外的异性。但如今社会生物学的研究发现，弗洛伊德的观点恐怕是站不住脚的。因为即使是没什么文化传统的灵长类动物，也会有类似于人类俄狄浦斯期的一些表现，过了这个阶段，这种倾向也就自然而然地消退了。也就是说，灵长类的动物也会有恋母情结，但是这个阶段是会自然而然过去的。

被精神分析协会除名

科胡特在提出把关系看作心理发展的关键因素之后，受到了精神分析同行们的激烈反对。很多我们现在看起来有理有据的观点和理论，科胡特刚提出来的时候掀起过轩然大波。他也因此被美国精神分析协会除名。精神分析是一种非常现代的学问，但是在精神分析史上，精神分析团体经常把一些提出新观点的人踢出圈外。除了科胡特，遭到类似对待的还有阿德勒、弗兰克尔、霍尼，等等。然而，当我们回头来看这些因为坚持自己的观点而被除名的人时，却能发现他们在求实和创新的气质上反而最接近精神分析的开创者弗洛伊德。

科胡特就曾经评价过弗洛伊德，说他最重要的品质就是求真。任何一门真正的学问，都不可能一开创就提出一系列正确无误的真理，以至于后继者只能在一个小框架里精耕细作。精神分析能够走到今天而不被学术界抛弃，必须感谢科胡特等**不唯上、不唯书、只唯实**的精神分析学家。精神分析所开创的临床心理学之所以能有现在百花齐放的局面，也要归功于罗杰斯、埃利斯等曾经接受过精神分析训练，但是又能够在实践中看到精神分析的不足，从而开创其他流派的临床心理学大师。

在科胡特被精神分析协会开除之后，他把自己的临床心理学理论称为自体心理学，不过**如今我们依然把自体心理学放到精神分析的框架里去理解**，而且在精神分析学内部发展起来的客体关系理论，与自体心理学的多数看法是一致的。

客体关系理论是对经典精神分析的一场悄悄的革命，这个流派的开创者克莱因、温尼科特等是英国学者。从这里我们也能看到英国人和美国人的差别。英国人喜欢"改良"，而美国人喜欢"革命"。美国的精神分析界不但出现了科胡特、霍尼等试图动摇精神分析基本立足点的精神分析学家，甚至孕育出了人本主义心理治疗、认知行为疗法等更具有革命性的临床治疗体系。

现在我们发现，**不同的临床治疗体系，以及同一体系内部的不同流派，都或多或少地发现了人性的一部分真相，这些真相拼合在一起，才构成了我们对人性的更真实、更完整的理解**。即使是科胡特，他的看法也不都是对的，我们从他这里学习的是一种**坚持真理的精神、求真的精神**。

自恋是人的本性吗

不成熟的自恋状态

心理学同行谈到科胡特时首先联想到的可能就是**"那个研究自恋的精神分析大师"**。不过科胡特所谈的自恋，与我们平时所说的自恋有一定的差别。

我们平时说到"自恋"，经常会联想到那些觉得自己长得漂亮、爱照镜子的人；也有人觉得那些认为自己很有本事、经常在别人面前炫耀自己能力的人自恋；还有人会觉得那种不顾别人感受的人是自恋者，比如一个老板随意评价员工的容貌、能力、家庭背景。这三种情况，在科胡特的定义里都可以算是自恋的表现，但是科胡特对自恋的理解在深度上和广度上都有更大的突破。

首先，虽然我们在日常语言里把自恋看成一种病态心理，或者至少是一种人格缺陷，但**科胡特认为，自恋是人的本性**。为什么有些人表现出来的自恋似乎很病态呢？科胡特说，那是因为他们的**自恋不成熟**。

如果一个 30 岁的女性，有工作、有家庭，但是她每天最喜欢的事情就是打扮得漂漂亮亮，背着名牌包去逛街，除了吸引别人的目光，她对其他事情都没什么兴趣。在科胡特看来，她就像一个学龄前的小女孩，刚产生性别意识，喜欢穿花衣服、漂亮的鞋子，想让大家夸她好看。这种愿望对于一个小女孩来说当然是正常的，但对于一个 30 岁的女性，如果她还停留在三四岁的自我展示阶段，而且展示的方式也和小女孩一样，这就说明她的自恋没有得到发展。

再比如，一个 35 岁的男性，他最关心的是，他能不能得到巨大的权力，成为"上等人"，看到比自己有钱有权的人，就去巴结，看到没有钱、不能帮他发展的人，就把他们当成"下等人"，看不起他们。而且他跟人交往的动机就是要想方设法地去利用别人，我们会把这样的人称为"自恋的人"。但是如果我们看到三四岁的孩子坐在叔叔的豪车上，觉得自己就是"上等人"，还对别人说"我佩服我叔叔，因为他是老板"。我们大概也不会觉得这个孩子不正常。因为孩子在这个年龄，经常会表现得有点"势利"。他跟其他人交往也往往是因为有好处，比如叔叔给他买糖，大姨给他买玩具，他就会特别喜欢他们。当然，我们并不担心他到成年以后还这样，我们会说"孩子嘛"。但是确实有很多人成年后依然如此，这时候我们称这种情况为"不成熟的自恋"。

夸大的自恋

孩子的自恋表现很夸张，但是和他们的年龄相称，所以是正常的，这是我们一般的态度。不过科胡特进一步说，孩子这种夸大的自

93

恋需求不仅仅是一种有趣的现象，而是他们发展的动力。**这些夸大的自恋需求既需要得到满足和认可，也需要受到挫折，最终才会慢慢地发展成为成熟的自尊。**

一个女性到了成年，她也会打扮自己，觉得自己漂亮、被他人喜欢，而不是觉得自己的长相不堪入目，害怕他人的目光。但如果没有别人的目光，就觉得自己几乎没有存在感，或者觉得自己根本没法见人，这就是有自恋的问题了。不停地博取别人的目光是自恋，觉得自己没法见人也是自恋，都是因为**早期夸大的自恋需求没有得到很好的发展而导致的**。

又比如前面说的那个 35 岁的男性，他唯一关心的就是超过别人、利用别人，这也是不成熟的自恋。但一个人有事业心，有一定的竞争心理并不是问题。如果他没有这种动力，反而可能在职业生涯和创造性方面发展得不好。所以，**科胡特认为，所谓的"自恋障碍"，就是没有发展成熟的自恋人格状态。**

关于自恋，科胡特还有另外一种看法。他说**我们每个人除了希望自己在别人眼里是好的，希望自己很能干，还渴望依附于强大的他人。**我们会把某些人看得更完美、更有能力，希望自己能从他们那里得到力量，这也是一种自恋需求，而且它也有成熟和不成熟之分。前面讲到的那个 35 岁的男性，认为世界上可以分成"上等人""中等人""下等人"。跟"上等人"在一起自己也变得高级，变得更重要；如果别人没有权、没有钱，他觉得别人就很糟糕。这种心理状态既体现了夸大的自己，也体现了对他人的夸大，**科胡特把一个人对他人的夸大称为理想化**。在科胡特看来，一个成熟的人会尊重别人，看到别人的长处，但并不会把一些人看成神仙，又把另一些人看成垃圾。

所以科胡特所定义的自恋包含两个方面（或曰"两极"），一方面是对自己的夸大，一方面是对他人的夸大。这两方面经常同时在一个人身上出现。

在鲁迅的小说《阿Q正传》里，阿Q认为自己祖上曾经阔过，看不起跟他一样做工的小D。同时他认为自己是赵家人，总想让他们接纳他，想"认祖归宗"。所以他既夸大自己，也要依附于被夸大的他者，自恋的两极在阿Q身上表现得非常充分。

自体：如何看待自己

科胡特把他的理论称作"自体心理学"。不过要解释什么是自体，可能还是有一点难度的。在这里我就不用抽象的语句来解释，而是举个例子。

比如你是一个公司的员工，在开会的时候，上司提到你的业绩完成得很出色，人也有合作精神，你多半会很开心。你之所以如此，那是因为你在内心里有这么一种期待，期待自己在别人眼里是那种能把工作做好、把人际关系搞好的人。你在被称赞之前可能就觉得自己挺好的，但还不是那么肯定，结果发现别人也这么认为，你就很开心。如果你觉得自己不行，但别人肯定了你，你可能对自己的评价也提高了一些。当然还有一种情况，你觉得自己不行，结果被别人肯定了以后，你觉得自己就像个骗子，是冒牌的。

所以什么是自体呢？**首先，可以说自体就是你眼中的自己，但它又是可以被其他人的目光所改变的。**这种改变并不简单地因为别人肯定了我们，所以我们就肯定自己；或者因为别人否定了我们，所以我们就否定自己。我们怎么看待自己，也会影响到别人看待我们的时候，我们怎么去感受它。当然，我们怎么看待自己，又和以前别人怎么看待我们有关，尤其是**与小时候重要他人（科胡特把"重要他人"定义为"自体客体"，即对一个人的自体发展构成重大影响的客体）怎么看待我们有关。**

我们经常会听到这样的说法：我们不要管别人怎么看我们，我们只要自己看得起自己就好。的确，**如果我们对自己的看法过多地依赖于别人，内心很容易失衡**，但是我们也确实不可能不管别人怎么看我们。例如，我们再自信，也不可能不穿衣服上街。

另外，我们在发展的起点上——孩童阶段，很在乎别人的意见，那个时候如果我们被适当地肯定，到了成年之后，才不会对肯定那么如饥似渴。成年之后，自己和自己的关系就变得非常重要，**在很多地方不依赖他人的评价，而是自得其乐，这往往是幸福感的重要来源。**这看起来仿佛退行到了人在口欲期的那个状态，人们吮着自己的手指头就自得其乐了。

但这只是表面上的相似性。一个人之所以能做到"随心所欲不逾矩"，其实是因为自恋发展到了成熟的状态。而且科胡特认为，所谓的自得其乐，不依靠周围的人的评价，有时候是因为我们自己归属到了一个更大的文化的自体客体里面（此时"文化"这个"自体客体"就不只是以"人"的形式而存在的客体，而是一个更为广泛和源远流长的"他者"）。比如，一个作家写的作品不一定畅销，但是当他想到他的作品是文学传统的一部分，属于一个更大的永恒存在时，他能从可能到来的、来自文化传统的肯定中得到力量，也就不需要当下现实中的人那么敬佩他、认可他。文学传统就是这个作家的"自体客体"。

所以在科胡特看来，**我们的自体的存在始终是与环境（自体客体）有关的，这个环境可以是当下的环境，也可以是一种文化，也可以是我们内心中制造出来的一种共同的东西。**

如何发展出成熟的自恋

幼儿时期原始的自恋需求

前面讲到，人在幼儿时期，有比较夸大的自恋需求，这种夸大的自恋会朝着比较成熟的自尊发展。人在越小的时候，他的"自体感"越夸大。1 岁之前的孩子，"衣来伸手，饭来张口"，希望母亲与他形影不离，随时能照顾他、满足他的需求。如果他发现照顾者不在场，他就会毫无顾忌地大哭大闹。他那个时候不会意识到别人也有别人的需求。

科胡特指出，**婴儿的自体是古老、原始的**。婴儿会觉得自己是世界的中心，而且还拥有神奇的能力。婴儿只要一哭闹，就会有安慰和食物到来。科胡特把婴儿的这种原始状态下的需求称为"夸大的""唯我的""完美的"自恋需求。

那么这种原始的自恋是怎么朝着更为成熟的自恋发展的呢？我们可能会想，婴儿渴了就要喝，饿了就要吃，整天想要被妈妈抱着，看不见妈妈就又哭又闹，那么妈妈们干脆就不要让他支配自己。做妈妈的不如狠下心来定个时间表，到点了才喂孩子，不到点的时候，他哭就让他哭，他闹就让他闹。妈妈尽量不要去抱孩子，别让孩子黏住她，孩子也就知道自己不是世界的中心了。

在西方，的确有一阵子流行过这种育儿理念，但是幸好没有多少母亲上当。婴儿并不是一块木头，**当他在现实中得不到这些比较原始的满足的时候，它会借助于想象来获得它们。**如果母亲定时喂孩子，孩子饥饿、哭泣没有人答应，他就会把手指头塞进嘴里来安慰自己。在恐惧、担心的时候没有人来安慰他，他就会把那个曾经安慰过他的人放在脑子里尽情想象。

所以，**如果照料者从一开始就不以孩子期待的方式去满足他们，那么孩子就会用想象力去弥补这种挫折**，于是他们对自己和他人充满着与现实没有太大关联的想象，而且很习惯于进入这种状态。一些孩子可能看起来很乖顺和早熟，但是其实他们的内心可能是分裂的，他们体验到的一部分自己是不被人喜欢的、虚弱的、渺小的，而另一部分自己又是极为夸大的。他们渴望现实中有非常理想的他人去依靠，倾向于把某些人神化，但对方只要有一点点让他们失望，他们就会觉得对方一无是处。这种心理状态甚至会保持到成年以后，成为人格的一部分。

镜映需求和理想化需求

科胡特认为，如果父母希望孩子的自恋需求不是一直停留在原始的状态，而是能向前发展，父母就应该满足孩子的自恋需求。也就是说，父母应该**关注、肯定、共情孩子的自恋需求，科胡特把父母的这种做法称为"镜映"**。当父母能够看到孩子的自恋需求，提供他们所需要的关注、共情和肯定时，孩子就能体验到自己在父母眼中是好的，他们也会内化父母的这个看法，自己也觉得自己是好的。

另外，**孩子还需要强大的父母去依靠**。足够强大的父母在孩子眼里是无所不能的，远比父母的真实情况要强大。孩子的这种需求叫**理想化需求**。所以孩子有两种相互关联的自恋需求，在发展的起点上，这两种需求都是夸大的：夸大的自体、理想化的父母。孩子一方面需要父母关注、共情和肯定他们的夸大的自体，另一方面，孩子又希望父母是强大的、无所不能的。也就是说，**父母要看到孩子的自恋，也**

要允许孩子把父母理想化。这就是他们在生命起点的需求。但是孩子的夸大自体和理想化的父母形象都会在他们的成长过程中逐渐减少神话色彩。

随着孩子年龄增大，他们需要的来自父母的镜映是变化的。对于刚出生的婴儿，父母全心全意照顾孩子，孩子简直就是世界的中心，但是到了他能走路的时候，孩子就不需要父母时时刻刻都盯着他、照顾他、关注他的感受了。比如一个 4 岁的孩子，他打开他爸妈的书，装作读得津津有味，其实可能一个字都不认识。这时候父母会竖起大拇指说："我们家孩子真棒，都会读书了！"这就是这个年龄的孩子的夸大自体的需求得到满足的例子。这个时候的孩子不需要父母时时刻刻围绕在他身边，但时不时有一些属于这个年龄的夸大自体需求渴望被满足。如果这对父母劈手把孩子的书夺过来，说"你装什么装"，这个孩子的自尊心就会很受伤。

其实我们会发现，**大部分父母都能够理解孩子的这种需求，这是做父母的天然能力。**但是反倒是受过高等教育的父母更有可能在这件事情上犯错。他们可能马上觉得自家孩子也许是个天才，赶紧教他读书写字，报几个特长班。或者觉得自家孩子小小年纪就开始学会装模作样了，如果不纠正他，长大以后会变成骗子。通过回顾历史我们能够看到，虽然受过高等教育的父母能给孩子很多智力上的资源，但是多数最有创造力的天才的母亲反倒是没有受过太多教育的人。另一些天才可能出身名门，但是真正激发他们创造力的反而是他们的保姆，比如普希金以及中国的诗人艾青。

孩子需要父母能够看到他的夸大自体，支持他的成长，而不是拼命灌输和拔苗助长，否则他发自内心的那部分能量的发展就受到了阻碍。这是科胡特提醒我们的一点。

另外，孩子也需要理想化他的父母，这种理想化其实也支撑了他对自己的夸大：因为父母是强大的，所以我也很强大。但是如果父母不足以扮演强大的可依靠之人的形象，孩子早早地就对父母感到失望，这对孩子的发展也是不利的。**一对父母即使他们的社会地位不高，但是他们如果勤劳、努力、遇到挫折不被打垮，他们就会被孩子体验成理想的人。**再比如，有的父母虽然没有什么学识，但性格坚毅，会尊重有学问或者有能力的人，这时候孩子也能把父母理想化。

理想化的受挫

孩子的夸大自体需要父母看到，孩子对父母的理想化需要父母能够承担。读到这里，大家或许会担心，这样教育孩子，他会不会变得很自大？这份担心也的确是有理由的。

不过当我们进一步去看科胡特的理论的时候，会发现他绝不是在说父母应该一直全心全意地顺着孩子来教育他。他提出了一个概念叫**"恰到好处的挫折"。如果父母基本上能够共情到孩子的感受，足够关注和肯定他，那就可以了。**随着孩子长大，父母对孩子就不那么无微不至了，对孩子也有不肯定的时候。而且随着孩子长大，他也会发现父母其实没那么完美。

这时候孩子当然会体验到失望，体验到理想化的受挫。于是他的内心需要应对这种失望。他会逐渐学会自己鼓励自己，自己审视自己，不完全依赖父母的评价。在他心里已经内化了来自父母的基本正面的、肯定的目光。

他对于父母的理想化的受挫，也让他把更多的目光转向他自己，把自己变强大。如果父母在孩子逐渐长大以后，还努力保持着以孩子为中心的态度，以及努力扮演全知全能的角色，这对于孩子而言也是一件很不幸的事情。

不过，关于是不是成长必须经历来自父母的挫折，科胡特之后的自体心理学家也有不同的看法。例如，**在孩子 1 岁半到 3 岁的时候，会有一个自主性发展的高峰期**。这个时候我们能观察到，孩子吃饭的时候想自己动手，而不是让父母喂他。如果父母共情到了孩子的自主性需求，就会放手让孩子去做，哪怕他把食物撒得满地都是。这个时候的孩子并不是因为父母太忙（比如父母生了个弟弟或妹妹，结果无法完美照顾到他），才在失望之后转而依靠自己，而是因为他**在这个阶段天然地需要自主**。

如果这时候父母仍然把孩子照顾得无微不至，追着孩子喂饭，孩子反而会感到厌烦。当然在经过一段时间的不适应之后，他可能也就接受了这种被安排、被控制的状态，甚至都离不开这种照顾了。能够理解孩子的成长需求的父母就不会轻易包办代替，孩子也乐于自主，所以在父母撤出的情况下并没有强烈的挫折体验。不过即使我们能观察到这种现象，也很难否认挫折有时能促进成长。

孪生移情需求

科胡特在去世前提出，人还有**第三种自恋需求，他把它定义为"孪生移情需求"**。他曾把孪生移情需求看作镜映需求的一部分，晚年他认为这是一种单独的需求。他认为这种需求和人的能力的增长有关。

比如，一个 5 岁的孩子和一些同龄的伙伴在一起做游戏、过家家、爬墙上树，他做这些事情的时候是十分开心的，但是如果没有其他的孩子陪他一起做，他未必有这么兴奋。如果他的父母不鼓励他与其他孩子交往，而是要求他老老实实待在家里以免出意外，他甚至会对这些很主动的发自内心的需求产生内疚感。所以，孪生移情需求可以概括成"我想这么做，他们也这么做，所以我这么做是对的、是好的"这种体验。孩子到了学龄以后去上学，成年后去工作，都有这种孪生移情需求在起作用。**在一定程度上，我们可以说这就是人和人之间的相互模仿，但实际上，这些行为也是一个人自己本来就渴望的，但需要和其他人一起来激活它。**

当然这种孪生移情的满足，不全是通过同龄人互相激发和模仿来实现的，孩子也会和成年人一起做事情，体验那种"我和你都这么做，所以这么做是对的、是好的"的感觉。**孪生移情，也和理想化移情、镜映移情一样，有一个发展的过程，有转变性内化的过程。**比如，我们在读中小学的时候，大家学的科目都是一样的。学习时间是一样的。同学们做什么，我也做什么。互相比较，互相促进。但是到了大学，每个人的学习和生活就很不一样了，孪生移情就变得更抽象一些。"大家都是大学生，大家都在求学和为进入社会做准备。"在这个抽象的层面，大家是一样的，是互相促进的。如果一个大学生每天关注别人几点起床、几点休息、选什么课、考什么证书，那么他满足孪生移情的方式还停留在中学阶段。

所以不论是孪生需求、镜映需求，还是理想化需求，都在人的一生里发生着变化。一个婴儿需要父母，尤其是母亲时时刻刻的陪伴；一个中年人需要社会的认可；一个老年人则可能独自思考文化和宗教问题，活在一个抽象的文化自体客体里，与过往的圣贤去比较，评价自身是不是活得智慧和正直。**人赖以生存的自体客体不断在变化，内心也不断地内化自体客体对自己的影响。这就是人的自恋需求终身发展的路径。**

自体的成长与成熟方向：从碎片化的自体到内聚的自体

　　说到人格，大家大概会同意这样的看法：人格是不断发展的，在人的每个发展阶段，人格都有自己的样子。在某个阶段是健康的人格特征，到了下一个阶段可能就不是了。不过就成年人来说，健康完整的人格有一个大致的特点。**科胡特认为，人格的健康完整，主要是自体的完整。自体如果发展得比较顺利，就会具有比较好的内聚性。**

　　科胡特说，成熟的自体是"内聚的"，这是相对于不成熟的自体是"碎片化的"而言的。我们观察幼儿就会发现，他们的内心是碎片化的。比如，幼儿可能认为自己很强大、很厉害，谁都不如他，但是你让他去给邻居送一篮苹果，他可能会不敢或不好意思，但这并不妨碍他继续认为自己很强大。3 岁的孩子的内心就是这个状态，这是很正常的。如果一个人到了 30 岁，他认为自己无比强大、能力无穷，但是面对最基本的工作都畏首畏尾，这就是自体不内聚的体现。

　　3 岁以前的孩子，自体的碎片化更明显，他会有很多内在冲突，冲突和冲突之间难以调和。比如他正在吃饭之时，看到电视里出现一只狐狸，他可能扔下碗就去看电视了。这对于 3 岁以前的孩子是正常的，如果这时候他能把自己控制得像个大人，我们恐怕还会为他担心。

　　在成年人身上，我们其实能看到一些类似于 3 岁以前的孩子的状态。有的是因为有精神疾患，比如患有躁狂症的人，注意力随境转移、思维奔逸，"想一出是一出"，但这是生物因素导致的，通过药物治疗就能恢复正常。一个心理健康的成年人，也可能会有每天忙忙叨叨，但好像什么事也没做成的状态，被各种冲动推着走，这是自体发展不够内聚的体现。

科胡特所说的自体不够内聚，表现在很多方面。比如有一个年轻人说："我找了一个男朋友，但是我觉得我配不上他。虽然我的工作不差，长相也可以，性格也可以，但是身高没有达到170厘米，只有165厘米，而对方有180厘米。"虽然她男朋友并不觉得这是个问题，但她自己"就是过不去这个坎儿"。这是自体不够内聚的一个表现，她觉得自己必须符合某个标准才是好的，一段关系必须十全十美才是好的，否则就全盘否定它。

如果一个人的自体是内聚的，他会从整体上看自己，不会因为一些局部不完美就对自己全盘否定，同时也能把自己内心的不同方面整合起来。所以内聚的过程有点像把一大群不同性格、能力各异的人聚到一起，变成一个团队。成员之间能够分工合作，而不是像一盘散沙或者势不两立；领导者和团队成员之间也有稳定的沟通，而不是动不动就把团队解散，或者团队成员去跟领导对抗、内耗。

自体之所以能够内聚，是因为这个人有自己的目标，他会尝试着把自己的不同方面整合起来以实现这些目标，不会和自己没完没了地作斗争。

科胡特还指出，一个人的自恋哪怕不成熟，很自大，也比自体内部是空虚的要好。如果是后者，这个人就不知道自己是谁、想要什么，那么可能他连最基本的发展动力都没有。徐凯文先生曾经把应试教育下有些学生的问题概括成"空心病"，钱理群先生曾经用"精致的利己主义者"来描述一些看似优秀的年轻人。这两种状况分别与边缘状态和自恋状态有关。处在边缘状态、有"空心病"的学生更容易出现自杀的想法和行为；处在不成熟的自恋状态，人际关系经常是冲突的，但自杀风险相对小得多。

健康的人格

不够内聚的自体的形成，越在一个人早期的发展阶段，越与这个人周围的重要他人没能够镜映他有关。重要他人如果能看到孩子内在的不同方面，并且反馈给他，承认他内在各种需求的合理性，肯定他在整合自己感受方面做出的努力，孩子就能慢慢学会把相互冲突的东西整合起来，能够抓住主要的东西，不会迷失在细枝末节里，或者被各种突然出现的冲动带走。所以**内聚的自体是不内耗的、不容易破碎的。**

另外，内聚的自体的形成也与这个人在成长的每个阶段，有没有理想化的重要他人有关。**因为有了理想化的他人，这个人就会逐渐产生自己的目标，去认同和模仿，想成为那个被他理想化的人。**孩子会理想化父母、老师，或者成年之后理想化上司、老板等权威角色，之后一定也会经历去理想化的过程。

通过经历理想化和去理想化的过程，个体获得的是对权威的成熟的尊重，既不把对方神化，也不把对方妖魔化。但是这个过程也可能进行得很不顺利。例如在一些家庭里，父亲和母亲之间的矛盾很深，对对方的性格和生活方式都嗤之以鼻，那么这个孩子就没法理想化任何一个人，或者会在理想化一个人的同时妖魔化另一个人。有些孩子的父母坚持要扮演完美无缺的形象，在这种情况下，孩子可能形成完美父母的虚幻印象，以至于在面对权威的时候总是盲目崇拜。

有些父母在孩子指出他们的缺点时勃然大怒，觉得孩子在质疑自己的完美形象，结果孩子就会变得很困惑。他可能表面上对权威毕恭毕敬，但心底里可能很讨厌他们。

科胡特认为健康的自体是内聚的，并不是说健康人格的内部是铁

板一块。我们能看到，很多人到了中年以后，其对事情的看法、做事的方式、知识结构就不再发生变化了，甚至连说出来的话都是千篇一律的。这显然不是科胡特所说的内聚的自体的样子。

科胡特本人到了中年以后，反而最具有创造力。弗洛伊德也是如此。人到中年，积累了很多人生经验，对世界更了解，应该是具有活力和创造力的，结果大多数人活得千篇一律，这也是自体发展不顺利的一个表现。

探索尝试和结交良师益友有助于自体发展

科胡特指出，**一个阶段的问题，在上一个阶段已经埋下了种子。中年时期活很僵化，那往往是在年轻的时候没有去探索和尝试，导致自体的发展受挫、停滞。**年轻时不敢去尝试，就算尝试了，也是仅凭一腔热血，不能与人很好地合作，失败之后不能总结经验，不能通过经历挫折逐渐学会更有效的处事方式，那么人到中年，很可能比年轻的时候更加畏缩和僵化。

当然，一个人年轻的时候没能很好地去探索，和他更早期的发展有关。不过我们也不能说，每个时期的人格状态完全都是由前面的发展时期决定的。在某个时期，一个人可能会碰到良师益友，他的发展可能就大不相同了。古代先哲孔子曾强调交友的重要性："友直，友谅，友多闻。"与正直的人交朋友，与诚信的人交朋友，与知识广博的人交朋友。有了这样的朋友，一个人的自体可能得以保持活力，随着年龄的增长而继续发展。

科胡特所说的"内聚的自体"是有活力的自体，不是固化的自体。为了区分科胡特定义的内聚自体和我们平时经常观察到的比较固化的自体，我想打一个比方：**内聚的自体就像黄金时代的雅典，既有凝聚力，又有创新精神，而铁板一块的自体就像斯巴达，非常坚硬，有战斗力，但没有创新力**。当然，我们也不能否认斯巴达是有力量的，它在保护希腊文明方面做出了很大的贡献（尽管最终她又摧毁了雅典）。

如果让我用一个词去描述铁板一块的自体，我愿意称之为**"恐惧型自体"**，人在恐惧的时候，自体是凝聚的，不过这种凝聚并不是内聚，而是感受到危险时的戒备状态。这个状态有力量，但是没有充分的活力，坚硬，但是没有弹性。我们当今所处的这个时代不是一个令人恐惧的时代，如若我们活出了恐惧型自体，而不是内聚的自体，那就很可惜了。

两种常见的自体缺陷：自恋暴怒和垂直分裂

自恋暴怒

科胡特用**"自恋暴怒"**这个概念来描述**人在自恋受伤时所表现出的愤怒情绪**。我们在生活里其实经常能观察到这种类型的愤怒。比如在课堂上，学生如果指出老师的错误，有些老师就会非常生气。因为老师在课堂上有时试图营造一个博学多识、完美全能的人设，这个人设一旦受到挑战，就可能伤害到老师的自尊。

当然在这种时候，不是所有老师都表现得很受伤，这与老师本人的自体是不是足够内聚和成熟有关。如果他不认为自己应该维持一个完美无缺的形象，在学生指出他的错误的时候，他就不会那么愤怒。一个经常自恋暴怒的老师，他的求真精神肯定会打折扣，因为于他而言，自尊心要高于真知。

再比如，一个家长去开家长会，会上班主任表扬了很多孩子，却唯独批评了这个家长的孩子。他回到家可能会把孩子大骂一顿，甚至还可能把孩子打一顿。这也是自恋暴怒的体现。

读到这些例子，你可能会好奇，心理学为什么要把名词搞得那么高深莫测，这不就是他们的自尊心受伤的体现吗，或者说他们因为丢了面子而恼羞成怒吗？

确实如此，所谓自恋暴怒，在很大程度上就是我们说的"恼羞成怒"。当一个人希望自己在别人眼里是完美的、强大的、重要的时，如果这个自我形象被挑战了，他可能就会愤怒。不过我们叫它自恋暴怒，把这些愤怒归因于自恋需求受挫，我们可以进一步分析这些愤怒的细微差别。比如，有的人愤怒，是因为别人挑战了他自认为的完美无缺；有的则是认为别人挑战了他的强大；还有的人如果不能成为别人注意力的中心，他就会愤愤不平。区分不同的自恋受挫，会使个人成长和心理咨询的思路更加清晰。

可能有的人会问：难道不是所有的愤怒都是自恋受伤所导致的吗？虽然并非所有，**但是我们平时多数的愤怒都和自恋需求没有被满足有关**。比如有人在公交车上踩了你一脚，但是没有道歉，你可能会很愤怒，因为你觉得自己应该得到礼貌的对待。如果有个企业未经商量就在你家附近建了一家化工厂，你也会愤怒，因为你认为你有权利保护你自己的生活环境。自恋受伤就会导致愤怒，或者说多数愤怒都跟自恋受伤有关，这是毫无疑问的。但是自恋有成熟和不成熟之分，**自恋暴怒主要指不成熟的自恋状态下的愤怒情绪**。

如果一个人觉得自己无比强大、非常完美、非常重要，那么他在自恋受伤时，表现出来的情绪往往和受到的伤害不相称。我们不妨**把**

成熟的自恋状态下，自恋受伤时所体验的情绪叫作自恋愤怒，把不成熟的、自恋发展受挫的人，在自恋受伤的情况下表现出来的愤怒叫作自恋暴怒。

除了自恋受伤，还有其他情况能引起人的愤怒。比如有的美国警察在执法的时候残酷地对待被拘捕的黑人，导致对方死亡，不仅很多美国黑人愤怒，很多白人出于同情也很愤怒。这种出于同情的愤怒，就不太是自恋愤怒，更不是自恋暴怒。这种愤怒是我们设身处地为他人着想的时候产生的愤怒，他人被伤害就仿佛自己被伤害，这种愤怒还包含了人们对他人践踏规则而产生的义愤。

自恋发展得不成熟，不单表现为容易自恋暴怒，还可能有一个特点，科胡特把它叫作"垂直分裂"。科胡特认为，人类在幼小的时候都有夸大的自体和志向，这其实是一种原始的能量，随着我们逐渐长大，这种能量就会被结合到我们的现实生活里，变成生活的动力。

一个 4 岁的孩子可能会向他父母宣告，他要成为"世界上最牛的人"，等他到了 20 岁，也许他的志向就是"我要成为世界上最牛的物理学家"或者"最牛的企业家"。当他更成熟一些的时候，他当下的目标可能是在某个领域里有所发现，或者自己的公司能够运转良好，或者能够把自己的生活过好，给自己和周围的人带来幸福。他仍然希望自己能做得非常出色，但是他已经能在具体做事、克服困难中获得乐趣。如果自恋没有向成熟发展，这个人的内心就可能是分裂的。

内心的两间房子

笔者在心理咨询工作中的来访者里有很多成绩优异的学生，这种垂直分裂在他们中间是很常见的。一方面，他成绩优异，而且可能多才多艺，看上去非常优秀；但另一方面，他可能告诉你，他不知道自己喜欢什么，对自己的能力充满怀疑，觉得自己的优秀是假的，自己是个骗子。他的成绩优异、多才多艺，实现的是他的父母亲塞给他的对他的期待，他只是照着做了。这些期待和他自己的天性与梦想可能关系不大。他自己真正想要发展的那部分，可能从来没有得到发展的机会，所以他会在为自己的优秀骄傲的同时感到虚弱和自卑。

来访者的内心仿佛有两间房子，它们之间用一堵垂直的墙隔开。一间房子是摆满各种奖状的客厅，符合别人的期待和要求；另一间则是沉闷的仓库，活力和能力都没有被开发，而且这个仓库里的人觉得自己无论如何都不可能也不应该让这些活力和能力施展出来。其实在这个仓库的地下室里，可能有他小时候自己做的木头汽车、塑料火箭，以及各种未曾进一步发展的潜力和努力。童年时梦想的东西与他成长环境的标准答案格格不入，所以他把它们埋藏在地下室中。

科胡特在20世纪六七十年代提出"垂直分裂"（vertical splitting）这个概念。那时的美国是嬉皮士运动的时代。年轻人在第二次世界大战以后出生，生活富裕，国家强大，但是**也越来越失去了真正的发展自由**。一个人出生于哪种社会阶层，他的未来基本上就被决定了。美国的中产阶级父母对孩子的未来也格外关心，送他们去读贵族学校，上好大学，以保住既得的社会地位。

所以，什么是优秀，什么是能力，突然都有了标准答案和定义。实现这些公认的优秀，并不需要发自内心地喜欢一件事情，而是要密切注意自己的努力是否朝向标准答案，是不是主流所主张的。只有符合了家长、老师、大公司的喜欢，自恋需求才能得到满足，否则就会处于劣势。所以在这种生存处境下，一个人的内心被隔成两个房间也就不足为奇了。**在一间房子里，他努力按照他人的标准去力争上游，**

而在另一间房子里，他感到虚弱无力，很多属于他自己的梦想根本没有得到生根发芽的机会，没有从自大变成实实在在的自尊的机会。

自恋的需求与主流价值观

符合主流的、标准答案式的活法不一定总是和人的内在自恋的发展相矛盾。在咨询中也经常能够遇到这样的来访者，他说自己出生在一个很偏远的山村，想要离开这个地方，唯一的出路就是好好学习。学习就承载了他成为自己的动力。从这里，你能看到自恋的需求和主流价值观的契合。

我在北京市海淀区做咨询师，很多这里的家长就是在上述这种情况下成长起来的。他们还希望自己的孩子能够把努力学习、考名校作为满足自恋需求的路径。他们对孩子有很大的误解。他们自己成长的环境和孩子的环境是不一样的。他们曾经生活在一个闭塞的地方，通过应试教育就能实现大量的需求，而他们的孩子很难把"成绩优异"和自身获得充分的发展、获得更多的自由、走出闭塞贫困的生活等自恋需求联系在一起。

垂直分裂在现在的社会里似乎会更常见一些。因为**在多元化的时代，年轻人的想法是多样的、丰富的，任何"标准答案"都涵盖不了。**

垂直分裂的人，渴望符合社会既定的优秀标准，同时会把发自内心的自恋需求压抑下去。深入了解这样的人，你就会理解他们内心的矛盾：有时表现得傲慢和爱炫耀，但是一旦一份重大的责任放到他们面前，立刻就表现出虚弱不自信的一面。所以他们的优秀之路有很强的依附性。即使他们手里有一张名校文凭，他们也会觉得只有供职于一家大公司，或者和一个富有的人联姻，才能实现人生梦想。虽然他们学习足够努力刻苦，但是他们的自主性、独立性、创造力，这些源自自恋需求的核心能量，并没有得到充分施展。正因为如此，垂直分裂的人经常会在自我控制和自我放弃之间来回切换。

科胡特在 20 世纪六七十年代看到了当时美国社会一种普遍流行的人格特点。当阶层逐渐固化，所有的事情都有"标准答案"的时候，科胡特主张有活力的人生。**对于这种垂直分裂状态，他的建议是，通过接受心理咨询和治疗，个人的自体可以发展与整合。**

寻找有滋养的关系

如何体验真正的关系

在本人看来，科胡特的理论对于人格成长的启发，首先是让我们意识到，人的成长不是个人的事情，不论你怎么特立独行，人都是活在关系里的。有的关系能够促进人的成长，有的关系则阻碍成长。**作为个人，我们需要有意识地寻找和建构能够促进成长的关系。**

我们已经知道，**能够满足镜映、理想化或者孪生移情需求的关系能够促进人格的发展。**在关系里，他人向我们提供这三种需求的满足，我们同时也满足他人的这三种需求，人和人之间可以形成互相滋养的关系。

这件事说起来容易，做起来难。因为我们每个人都处在自恋发展的不同阶段。别人提供给我们的未必是我们所需要的，我们提供给别人的也未必是别人所需要的。

既然每个人的发展状态不一样，那么他人和我们的关系都可能是不完美的。在心理咨询中咨询师经常听到来访者诉说各种不如意的关系，描述他们对理想关系的渴望。作为咨询师，我们当然希望自己能够尽量理解来访者，提供有助于成长的关系。但是我认为需要提醒在自我成长方面渴望有所收获的人，人的成长首先意味着能够接受一个事实：所有的关系都是不完美的。他人并不能完美地理解我们，也并不能扮演一个完美无缺的角色，我们也并不能总是体验到跟另一个人志同道合的感觉。**只有不再要求完美的关系，我们才能体验到真正的关系。**

如何对待无法滋养我们的关系

不追求完美的关系，并不意味着我们必须待在所有的关系里。**有的关系确实是我们暂时无法应付的。**一个年轻人告诉我：她上大学的时候，她的父母要求她一定不能谈恋爱。当时有男同学追求她，她也挺喜欢对方，但她父亲知道以后，就跑到学校来警告那个男生。等到这个女生大学毕业，她父母又催她，要求她一定要在 25 岁以前嫁人，认为一旦过了这个年龄，女儿就"掉价了"。这个女生大学毕业后回到父母身边，25 岁的时候和父母介绍的男孩匆匆结了婚，还生了孩子，但是不到 30 岁两个人就离婚了。后来，这个女孩离开父母所在的城市，独自出去工作，反倒活得越来越有生机。

不管我们如何提倡孝道，或者像前面讲的那样，告诫自己所有的关系都不是完美无缺的，但面对这位女性的亲子关系，我们很难想象她能够从中得到滋养。在她读大学以后，父母给她带来的是沉重的心理压力和生活的挫败。后来她通过远离父母得到了成长的机会。她和孩子去另一个城市工作以后，她父母过来找她，她避而不见。父母过来的目的是想要把孙子带回老家去养，并且给她提供各种相亲的机会，希望她在 30 岁之前再次嫁出去。

当然，不同的人读到这样的故事，反应是不一样的。有人会说："这孩子怎么这么不孝顺，再怎么着那也是你爸妈。"但是，古人提倡的孝，是"父慈子孝"，"父慈"是放在"子孝"前面的。**如果父母不尊重孩子的情感需求，单方面要求孩子去照顾父母的情感需求，那么亲子关系就成了剥削和被剥削的关系。**你跟这个孩子说，"你怎么那么不孝顺""怎么着那也是你爸妈"，那是在把她逼向绝路。

另外一些人可能很同情这位女性，觉得她很倒霉，摊上这种父母。的确，这种关系给人带来的心理压力和挫败感是巨大的。但是我们能发现，一旦从这种压力和挫败感里走出来，她对很多事情的理解要比在较为宽松的环境里长大的人更深刻。这是一种很值得反思的现象。

科胡特强调说，**促进人发展的自体客体是那种基本关系良好，但又能给人带来适当的、恰到好处的挫折的自体客体。但是科胡特也承认，极端的挫折会带来超乎寻常的成长和创造性。**科胡特一方面认为恰到好处的挫折才是最有利于人格发展的，但同时又承认极端的挫折会带来更大的成长。这是不是自相矛盾呢？

其实，**遭遇关系中的这种极端挫折，只有少数人不会被挫折压垮，发展出更睿智、更强大的人格。多数人会变得没有活力，被各种心理问题和神经症困扰。**上面提到的那位女性，能够走出**控制型父母**的势力范围，而且在外面的世界存活下来、有所发展，算是一件比较幸运的事情。我们甚至可以猜测，这对父母除了在女儿的婚姻问题上有此执念，在生存能力和面对挫折的态度方面，他们可能还是扮演了足够好的榜样的角色。

挫折之后的反向认同

当某个重要他人让我们基本不满意的时候，我们容易对他所有的品质一概否定，担心自己拥有这些品质——这其实也给我们的人格发展带来了困境。我经常能够碰到这样的年轻来访者，他们的父母在过去的二三十年时间里创业，成了很富有的人，但是在这个过程中，他们对儿女多有忽视，没有起到照顾和引领的作用。在这种环境下长大的人，往往对于创业、挣钱之类的事情嗤之以鼻，觉得这是天底下最不值得做的事情。

一位著名企业家曾在一个讲座里宣称"创业是最大的慈善"，却意外地遭到了年轻人的嘲讽。在一定程度上，这件事也许可以用下一辈人对上一辈人的反向认同来解释。上一辈人如果没有和后辈建立起足够好的关系，他们最引以为豪的品质都可能被下一辈人看成罪恶之源。但公平地说，若不是上一辈人把中国的商业和工业发展起来，年轻人的职业选择也不可能如此多元化，一些年轻人的职业发展和经济独立之路也不会走得比上一辈人更从容。

"现实感"与被灌输的价值观

如今在咨询室里，经常能见到这样的年轻人：他从小成绩优异，受人崇拜，从名牌大学毕业以后，进入到或大或小的公司里，薪水不低，但工作按部就班，琐碎繁重。他觉得这些事情一点儿意思都没有，体验不到那种在学生时代不断得到喝彩与崇拜的感觉。

但是他也并不敢放弃这种生活。他觉得自己有一份工作已经很不容易，生怕自己做不好，生怕一下子丢了工作，没法生存。他的父母和亲戚也都告诉他，有一份稳定的工作已是天上掉下来的福气，不要东想西想，赶紧结婚生孩子。但是他又不甘心，非常渴望获得大成就、大成功。

但如果你问他，他有什么打算，他也说不出来，不知道自己对什么感兴趣。他可能突然开了一个公司，立志 3 年就上市，5 年要达到多少亿的利润；或者突然辞职在家写作，希望一年就写出一本畅销书，实现人生的逆袭。虽然开公司或者写作本来都是实际的事情，但他希望发生奇迹，渴望活成传奇故事。

这就是垂直分裂的一种表现。一方面，个体可能会非常具有"现实感"，这是一个要加上双引号的现实感，他觉得若没有强大的组织去依靠，自己简直不能存活；另一方面，他渴望拥有有神话色彩的生活，其实这些神话又是主流社会所认可的标准答案：出身名校、身价上亿、一夜爆红……

所以那些曾经激励过一辈又一辈人的价值观，比如"在平凡的位置上做出不平凡的事情""千里之行始于足下"，似乎变成了过时的观念。然而这是不是就像前面所说的那样，当一代人把上一代人当成坏的自体客体去否定之后，连他们最有价值的品质也抛弃了呢？

延伸阅读书单

[1] 科胡特. 自体的分析 [M]. 刘慧卿，林明雄，译. 北京：世界图书出版公司，2012.

[2] 科胡特. 自体的重建 [M]. 许豪冲，译. 北京：世界图书出版公司，2013.

[3]　科胡特 . 精神分析治愈之道 [M]. 訾非，曲清和，张帆译 . 重庆：重庆大学出版社，2016.

[4]　WHITE M T，WEINER M B. 自体心理学的理论与实践 [M]. 吉莉，译 . 北京：中国轻工业出版社，2013.

[5]　LESSEM PA. 自体心理学导论 [M]. 王静华，译 . 北京：中国轻工业出版社，2017.

[6]　蔡飞 . 自身心理学：科赫特研究 [M]. 福州：福建教育出版社，2008.

[7]　訾非 . 感受的分析 [M]. 北京：中央编译出版社，2012.

只有当我们愿意承受打击时，
我们才能有希望成为自己的
主人

卡伦·霍尼

霍尼是一位关注大时代中人格的伟大女性心理学家，至今我们都在体验着她叙述的现代人的社会焦虑

许燕

第 3 章

卡伦·霍尼：
新弗洛伊德主义的开创者

本章作者 许燕

北京师范大学心理学部二级教授、博士生导师，原中国社会心理学会会长，获中国心理学会学科建设成就奖。

"如果我不能变漂亮，我将使我聪明"

我在大学里讲授人格心理学课程 30 余年，我喜欢我讲的每一位人格心理学家。然而，在女性心理学家里面，新弗洛伊德主义（也是社会文化学派）的开创者——卡伦·霍尼（Karen Horney，1885—1952）是我喜欢的唯一。我为什么如此喜欢她？因为她是我们女性成功者的样板之一。她与一群杰出的男性心理学大咖并肩而站，她的才华可以让人们忽视她的容颜。我最欣赏她的一句格言："如果我不能漂亮，我将使我聪明。"这句很励志的话出自小霍尼之口，这句格言让霍尼成为当今很火的成就目标定向理论的样板人物，该理论提出者德韦克以内隐智力观为基础提出了现代学习动机理论，她认为持能力增长观（能力是可变的）的个体会通过努力学习来提高自己的能力，不怕失败，努力进取；反之，持能力实体观（能力不可变）的人则学习主动性差，看重成绩，遭遇挫折会形成无助的行为模式，放弃努力。永远不服输的霍尼正是持能力增长观的代表人物，她不甘命运的摆布，通过顽强的努力成就了自己，也推进了心理学理论的发展。

霍尼是如何成就其辉煌人生的？在讲述霍尼的学说之前，我们先来了解一下霍尼的生平。因为人格心理学是人生的哲学，人格心理学家谈论的都是人生的问题，他们所建构的理论多是他们自己的人生体验与思考精华的总结。先了解霍尼的人生，有助于我们理解她的思想。

霍尼的生平事略

1885 年 9 月 16 日，霍尼出生于德国中上阶层的一个犹太家庭。她从小貌不惊人、资质平平，内心潜藏着深深的"丑小鸭"似的自卑及孤傲的性情。

霍尼生长在一个重男轻女的时代，她的家庭就是那个时代特征的折射。她的父亲是挪威人，是一位船长，他崇尚宗教，沉默寡言，对孩子要求严厉，而且重男轻女，让小霍尼十分畏惧。但是，霍尼从小就随父出海，这也培养了霍尼的冒险精神，霍尼一生都喜欢旅游，其探险精神也迁移到了她的学术探索活动中。她的母亲是荷兰人，美丽活泼，热情豪放。虽然母亲偏爱哥哥，让小霍尼感到被冷落了，但是，母亲还是给予了霍尼很大的支持与关怀，母亲对霍尼的影响更大。霍尼 12 岁因病立志学医，遭到父亲的激烈反对，但在母亲的支持下，她得以继续读书。

霍尼非常珍惜她得之不易的学习机会，她一路刻苦学习，学业超群，深受师生们的好评。1913 年，也就是在她 28 岁时，获得了柏林大学的医学博士学位。当时女性医者寥寥无几，男性医学博士更是罕见，别说具有医学博士学位的女医生了。从中也可以看出，霍尼在那个时代有多么杰出。毕业后，霍尼师从弗洛伊德的高徒卡尔·亚伯拉罕（Karl Abraham，1877—1925），全盘接受正统的精神分析理论与技术的训练。4 年后，她成为精神分析临床医生。十几年以来，她一直忠实地运用着弗洛伊德的理论。

1932 年，47 岁的霍尼离开柏林前去美国，她也成名于美国。异国文化，使她开始反思弗洛伊德理论中的缺陷，由于与弗洛伊德观点的分歧，她被清除出美国精神分析协会。随后，她自己创立了美国精神分析改进会，创办了美国精神分析研究所，发展出了社会文化学派，提出了神经症人格理论。霍尼的所有做法并非要推翻弗洛伊德的精神分析理论，而是要改进它，她倾其一生，对弗洛伊德理论进行改良与完善。所以，她被公认为是新精神分析学派的领袖，她的《精神分析的新方向》（*New Ways in Psychoanalysis*）一书就说明了这一点。

霍尼以她非凡的智慧、勇气和毅力给人们留下了深刻印象，她的学术成就为我们留下了宝贵的思想遗产，其理论至今仍显示出其深远的生命力。

1952 年，68 岁的霍尼死于肝癌。一个人的人生经历会对其理论产生深刻影响。霍尼从 13 岁开始写日记，一直写到 26 岁，其中记录了她真实的内心世界：这是一个年轻、备受煎熬、焦虑的灵魂。她一生都在与严重的抑郁症抗争，甚至还曾企图自杀，为此她接受了精神分析的治疗，也进行了深入的自我分析。这些个人经历对于后来她所提出的神经症人格的理论观点不无影响。

霍尼的人格画像

我们在深入理解霍尼的理论观点以前，可以先了解一下这位人格心理学家的人格是怎样的。我给大家描述一下霍尼独特的人格画像。

她，坚强又脆弱，富有同情心又冷漠，专横又谦恭，善于领导又顺从，耿直又和蔼，勇敢又自卑，聪明又勤奋，幽默又忧郁。霍尼的性格丰富且复杂，具有诸多互相矛盾且又能够共存的人格。但是，她身边的学生们则认为她有着相当均衡和健全的人格。

其中，霍尼最突出的核心性格是不服输的抗争个性，我用以下实例来说明这一点。

- 霍尼出身于宗教家庭，但十几岁就对宗教表达出强烈的不满和抗争，她认为宗教对女性有偏见。

- 在她所处的时代，女性地位很低，弗洛伊德的理论中充满了男性优越感，她反对弗洛伊德关于"人体结构就是命运"的观点。你弗洛伊德说女性有"阴茎妒羡"，我偏说男性也有"子宫妒羡"。她认为是社会给女性带来了各种局限和负担，而不是女性天生的劣势，男人和女人的人格差别是社会文化造成的。弗洛伊德强调个体内在的生物因素，而霍尼强调个体之外的社会文化因素。霍尼首次提出了女性心理学。

- 在学术推进上，霍尼说："我们必须迈出决定性的一步——超越弗洛伊德！"她创立了神经症人格理论。1941 年，由于她旗帜鲜明地反对弗洛伊德学说的弊端，被纽约精神分析研究所强制开除。被开除后，她成立了美国精神分析改进会。为了传播她的思想，她设立美国精神分析研究所作为教学机构，开设了精神分析技术的系列课程。她的《最后的讲义》(*Final Lectures*) 一书就是学生根据她晚期的讲课录音整理而成。霍尼独树一帜的举措，引发了美国精神分析界的大分裂，由此形成了以社会文化为主导的新精神分析学派。

霍尼写的书深受大众喜爱，每本书都有她精彩独特的思想。所以，她的许多书在今天都仍旧是畅销书，其中最具影响力的是《我们时代的神经症人格》(*The Neurotic Personality of Our Time*)，这本书是霍尼第一部重要的代表作，确立了她独特的理论思想体系。书中主要阐明了三个重要思想：第一个思想是社会文化观，强调社会文化对人格的决定作用，社会竞争对人性的扭曲，文化也是导致人们内心冲突，形成神经症的根源。第二个思想是描述了神经症的性格结构，焦虑与敌意，以及二者的往复交织，焦虑起源于童年，在亲子互动中，父母的基本罪恶诱发了孩子的基本敌意和基本焦虑。第三个思想是防御机制，提出了对抗焦虑的四种防御机制：爱、顺从、权力和退缩。霍尼在书中描述了与人类社会发展进程相对应的心理现象。

　　我推荐这本书的一个重要缘由是，霍尼在书中所阐述的思想极具现代感，我们当下所处的时代特征与她所描述的何其吻合，在不同时空下的"我们时代"进行着历史的轮回。看当下，激烈的竞争导致社会的内卷，人与人之间敌意增加，团队内失去和谐；大工业化生产让人不像人，出现了非人化现象：人如同动物一样没有自主性，无法掌控自己的命运；人如同机器一样没有情感，人类社会越来越冰冷；人如同工具一样被人利用，失去做人的尊严。在这种环境下生存的年轻人没有安全感，出现焦虑、敌意等心理病态反应（神经症人格），对抗环境失败后又形成了无助的行为模式，即我们现在年轻人的"躺平"。当环境让人越来越没有安全感时，会使得人一生都在追求安全感的满足，让我们永远都在用力"活着"，而不是"生活"。我们一生都处在各种不确定的状态中，从小就不敢输，长大后害怕失业，害怕被孤立，老时害怕无人养老，等等。霍尼于 1937 年出版的这本书如同预言一般，描述了 87 年后的"我们时代"的特征，以及我们当下年轻人的心理反应。关于我们的种种迷思和问题，霍尼在这本书中给出了解答。

大时代与现代人的焦虑

霍尼的社会文化观是对弗洛伊德生物本能说的一个重大改良。这也是我最喜欢的霍尼的理论观点，因为它气势磅礴。霍尼跳出了以往心理学家们从个体看个体的生物学视角，而是带我们从社会文化视野看个体与群体，霍尼给我们描述了大时代史诗般的特征，以及在大时代中现代人的社会焦虑。

霍尼的理论至今有八十多年历史了，但是，仍具有现实感与时代感。我们当今现代人的心理感受，在霍尼书中早有论述，她的著作读来丝毫不过时，读着读着，就好像霍尼也生活在我们这个时代中一样。

我们现在常说大时代与小时代，大时代是指社会环境对我们群体产生的巨大影响，就像这次新冠疫情对整个世界产生的魔幻般影响一样，对所有人具有共性特征；小时代是指家庭等小环境因素对个体的影响，影响特征具有差异性。霍尼是经历过大时代的人，她经历过两次世界大战、大工业生产、经济危机、富裕与贫穷的多元切换时代，她看到了社会环境对人类心理的冲击。这也为她提出社会文化学派奠定了基础。

新精神分析产生背景

首先，我们来了解一下社会文化观产生的历史背景。当时正值第二次世界大战（后统称为"二战"）爆发，人们的生命安全受到严重威胁，许多人都过着朝不保夕的生活，使得当时的社会普遍弥漫着恐惧和不安的气氛。二战结束后，随着大工业社会的到来，人们的物质生活提高了，可以过度消费了，但是心理问题由性压抑转变为精神空虚，物质丰富并没有给人们带来心理繁荣，而是出现了生活无意义感、焦虑、孤独、恐惧、抑郁等。20 世纪二三十年代爆发的大范围经济危机，使西方世界人们的生活发生了巨变，失业和贫穷冲击着人们的心理，精神疾病的发病率急剧升高。喜剧大师卓别林出演了一部经典电影《摩登时代》(Modern Times)，这部电影极具讽刺意味地展现了美国当时的经济大萧条时期，社会底层的工人们被非人化，如同机器一般日复一日疯狂地工作，直至出现神经症特征。从此片中可以看到新精神分析学派兴起的时代背景。此外，当时社会科学的兴起也对霍尼的社会文化观产生了巨大影响。

除此之外，霍尼社会文化观的提出，也与她的个人经历变化有关。成长于德国的精神分析学者们在法西斯的迫害下，大多数选择了移民美国，包括霍尼、沙利文、弗洛姆等。到了美国后，他们体验到了两个国家社会文化的差异。霍尼发现，这正是被弗洛伊德学说所忽视的一点，于是她开始关注社会文化对人格的作用。

当时西方社会的动荡不安，使一批精神分析学家深刻地意识到：此时人们精神痛苦的来源早已不是性压抑，而是困苦动荡的社会现实，传统的精神分析理论已经无法拯救当时人们的精神迷惘与空虚了。

以霍尼为首的社会文化学派的心理学家们，开始试图从人们赖以生存的社会环境中寻找精神疾病的根源。他们强调社会文化等因素对人格的影响，质疑弗洛伊德的本能学说和性恶论，他们认为，阻碍人格发展的是外界环境中的不良社会因素，而并非人性中固有的阴暗面，只有移除不利的社会因素，人格才能得到健康而充分的发展。

那么，当时的社会文化特征是什么呢？霍尼认为主要表现为引发人们内心冲突的三种文化矛盾。

- 竞争、成功与友爱、谦卑之间的矛盾。也体现为个人主义和集体主义之间的矛盾。在竞争激烈的社会环境下，人们为了成功要不断地竞争，人与人之间的关系变得更加充满敌意，这与以往所倡导的人与人之间的友爱和谦卑相背离。人们产生了强烈的内心冲突：要竞争就不能谦让，要成功可能就会失去友爱。

- 不断被激起的享受需要与满足需要所受到的挫折之间的矛盾。体现出欲望与实现的差距，二战后的社会恢复，使得人们的生活水平逐步提高，物质主义价值观开始盛行，人们不断追求日益增长的物质享受。然而，繁华并不永久，无限增长的欲望也无法都能得到满足，导致出现有需求但无法满足的内心冲突。

- 个人自由与现实局限之间的矛盾。换句话说，是决定自己命运的力量与现实中的无助之间的矛盾。大工业化生产对人类的控制加剧，人类的自由意志被限制，无法决定自己的命运，极易产生无助的感受。人们在追求自由与非人化之间的冲突下产生了无助反应。

以上三种文化矛盾会导致个体的内心冲突。一般来说，正常人能够解决这些冲突，降低内心焦虑，有效地应对环境的冲击，保护好自己的人格，而神经症患者体验到的是，更强烈的内心冲突，而且是无力解决的冲突，这就导致了以损伤人格为代价的生存状态。所以，霍尼在分析当时所处的社会环境时感受到，社会文化对个体产生着巨大影响。

社会文化对人格的决定作用

霍尼非常重视社会文化的作用，她认为社会文化的作用大于生理作用，社会文化对人格具有决定作用。她通过四个方面来阐明她的观点。

- 当认识到社会文化对个体的重要意义时，生物学因素与遗传因素的作用就变得没那么重要了。就像原本具有良好家庭血统的孩子，由于家庭变故，无依无靠，浪迹社会，他的人格也会变得野性而失文雅。2020 年新冠疫情泛滥的初期，人类还无力控制新冠病毒的肆虐，在这种环境下，不同国度的人们普遍体验到了无助感，这种无助感并非只局限于心理疾病患者。

- 社会文化会决定我们的人格。例如，在我们的社会结构中，人们不断地追求权力、声望与财富，因为这些会给人带来安全感，而当时的工业化社会与经济大萧条让人们失去了自由与财富，焦虑由此而生。霍尼还举了一个相反的例子，普韦布洛印第安人与我们现代人的文化是截然不同的，他们不提倡对权力、名望、财产的追求，所以这些对他们毫无意义，他们能在没有物欲的环境中安然生活。因此，两种不同的文化决定了我们不同的群体人格。个体人格体现的是不同人的心理差异，群体人格体现的是一个民族、国家、职业群体所具有的共同的特征。例如，中国人是勤劳而善良的，这就是群体人格。群体人格的形成由社会文化决定。

- 在某一社会文化中，当绝大多数人都面对同样的问题、出现相似的身心反应时，这不是个体人性所产生的问题，而是时代特征所导致的，社会文化是根源。当某个人出现问题时，我们要从个体身上找原因；如果群体出现同样的问题，我们就要从环境中找原因。就像我们现代人所面临的生存压力，高压状态已经成为我们百姓的生活常态。人类正处于一个社会流动加剧、社会变迁巨大、全球经济动荡的时代，这些时代特征给人类心理带来了巨大冲击。原本充满奋斗能量的一些年轻人开始变得"佛系"或"躺平"了。

- 神经症人格，是由我们的时代和文化所存在的种种困境造成的。例如，当时的大工业生产，虽然带来了社会进步，却也给人类的心理适应提出了挑战，严酷的社会竞争导致出现人际敌意，生活无助产生的社会焦虑，非人化带来的精神空虚等。

由此，霍尼非常强调一个观点：文化中的困境应该为我们所具有的心理冲突负责。霍尼提出的上述四个观点至今仍具有现实解释力。我们再看当下的时代，社会流动与变迁、城镇化进程中伴随而来的留守儿童——这种亲子分离就是社会文化给我们带来的需要思考的社会心理问题。此外，新冠疫情在全球的泛滥，让我们亲身体会到世界格局的变化给我们带来的生活方式的改变，很多人因不适应而出现心理疾病，疫情对人类的持续挑战，也带来了心理疾病的流行。

社会因素如何改变我们的心理

关于社会对人的改变力，霍尼做了这样的分析：从经济学的视角看，现代文化建立在个人竞争原则的基础之上。孤立的个体不得不与同一群体中的其他人进行竞争，不得不努力超越别人，甚至可能会排挤他人。一个人的利益往往就是另一个人的损失，这导致的心理后果就是，人与人之间潜在敌意的增加。这种竞争的潜在敌意已经渗透到了很多人类关系中，造成了人与人之间的分裂、妒忌、怨恨、仇视和敌对，也带来了个体的孤独感、荒谬感、不安全感。每个人都成了其他人的现实或潜在的竞争对手。这种情境在同一群体的成员之间表现得更为明显，不管他们多么努力地追求公平合理，或者多么努力地试图用彬彬有礼的体贴周到来加以掩饰，竞争都是不可避免的。竞争已经成为恶化社会关系的主要因素之一，它存在于职场、学校，甚至家庭之中。这种人与人之间潜在的敌意张力，会导致人产生恐惧感、不安全感。如今社会中的内卷现象就印证了霍尼的这一描述。

那么，在这种社会文化中，人格会出现怎样的特征呢？霍尼归纳出了三种人格表现特征。

- 对安全感的追求。霍尼认为，人生最根本的奋斗是对安全感的追求，为了消除焦虑感，人类产生了对安全感的需求，对安全感的追求会取代健康人格的自我实现。人刚生下来就是一个弱者，脱离安全的母体，新生儿对外部世界是无知与无控的，带给婴儿的最初感受是不安全，当个体无法获得安全感时，就会出现焦虑。特别是对于神经症患者来说，为了获得安全感，他们会使用各种防御行为，他们会去亲近他人，或者控制他人，或者顺从权威，或者逃避这个世界。

- 焦虑。焦虑最初是由弗洛伊德在他的人格结构理论中提出的，焦虑是自我与现实冲突的结果。霍尼接受了弗洛伊德的观点，但是她突出了社会文化对人格的决定性影响。正如霍尼在前面所讲述的，社会文化是社会焦虑产生的致因，当我们无以应对环境威胁时，焦虑油然而生。在现代社会里，社会焦虑是很多人普遍存在的共同问题。霍尼说，时代几乎会使所有的神经症患者身上出现共同的性格结构。正如我们当今世界的环境，社会动荡与变迁，也会使人们普遍出现压力应对方面的危机，产生焦虑。

- 内心冲突。前面介绍了霍尼所述的三种社会文化矛盾，它们会给个体带来内心冲突，以及与现实的冲突，如果个体无力解决这些冲突，就会产生焦虑。人们在这些内心冲突的烦扰下，忙乱又迷茫，心理缺少归属，精神无所适从。

霍尼的社会文化观给我们的启示

霍尼的这一思想依然适用于我们当今身处的现代化社会，她所描述的社会特征与我们所处的时代何其相似，人们要面对竞争与友谊的两难选择，欲望与实现之间的差距，自由与无助的冲突。此外，物质世界将人客体化，非人化现象越来越突出，人被动物化（无须思考）、被机械化（没有情感）、被工具化（被当成工具），人与人之间出现了被利用的冷漠关系，人失去了主体性，尊严被挑战，无休止的竞争让人间缺少温度。如果人们失去了人的属性，人类社会就会变得越来越冰冷。同时，冷漠成为恶性竞争合法运行的条件，敌意渗透在很多关系中。例如，当计划生育政策放开后，作为独生子女长大的孩子，习惯于独享家庭所有资源，弟弟或妹妹的出现，容易让他们感受到父母的爱被抢夺，因而他们很可能对弟弟或妹妹抱有敌对情绪。很多父母都会面对一孩的这一情绪，应该如何化解孩子的心结呢？一位父亲曾经对无法接纳弟弟出生的孩子说："弟弟是爸爸妈妈留给你的最好礼物，因为他是未来陪伴你的唯一亲人。"这或许能稍微减轻一孩的敌对情绪。

当敌意充斥在各种关系中时，敌意情绪进而会加剧竞争的残酷性，过度竞争使得社会更加"内卷"。"内卷社会"蚕食了年轻人巨大的身心能量，生活在"内卷环境"中的年轻人，承受了极重的心理压力，不安全感加剧，社会支持系统被撕裂。生活重负挤压着年轻人原本美好的期望，这让他们大都身心疲惫。年轻人群体弥漫着广泛的焦虑，有人选择在竞争中继续厮杀，有人选择了"躺平"——这也是霍尼所说的无助式的生存方式。无论选择哪种模式，都是社会焦虑的反映。渐渐地，一些年轻人变成了无情感、少思考的"工具人"，失去做人尊严的年轻人，精神价值在虚化，只为生存而活着。

新冠疫情的后效进一步加剧了"内卷"，在"内卷"下活着的人会产生什么样的心理症状呢？霍妮的回答是：神经症人格。

神经症人格：无法消解的冲突

神经症人格理论是霍尼的核心理论。霍尼有一个理论执念，她说："我关注人格而不是症状。"因为影响人类行为的是人格而不是症状，如果你只关注症状，就会变成"头痛医头，脚痛医脚"，病根不拔是无用的，症状会不停地反复。人格紊乱是患病的原因，是内在机制，精神失调会使一个人饱受内心冲突的折磨，充满恐惧、敌意、焦虑、无助等。

与神经症密不可分的两个重要因素是：个人经验与生活环境。

什么是神经症

神经症的双重标准

我先来谈谈神经症，这是霍尼使用的高频核心词。霍尼从两个层面的标准来界定**神经症**：在心理层面，它是一种由恐惧、对抗恐惧的防御措施、为了缓和内在冲突而寻求妥协或解决办法的种种努力受挫导致的心理紊乱；在文化层面，只有当这种心理紊乱偏离了特定文化中的常规模式时，我们才称之为神经症。霍尼所说的神经症并不完全是需要服药的临床病人才会有，正常人在高压下也会出现神经症特征。

霍尼在界定神经症时，一反以往只注重临床心理的鉴别标准，首次使用了心理与文化的双重标准。

从文化的标准看：社会文化是人类心理的决定因素，个体的内心冲突是源自文化矛盾的冲突，心理行为的正常与否取决于个体所处社会文化的规定，共同的文化背景会给人带来共同的心理问题。我用现实的例子来说明霍尼的这一观点，例如，2008年的全球金融危机，导致了人类焦虑和抑郁症检出率的上升。2022年3月2日，世界卫生组织（WHO）发布的科学简报中指出，在新冠疫情的第一年，全球焦虑和抑郁的检出率增加了25%。

霍尼关于心理疾病双重标准的思想在当时的心理学界是很超前的。之后，在相关研究领域中出现了心理健康社会学——强调社会文化背景塑造了心理疾病的不同类型。其中社会建构理论认为，一个人在一生中能在多大概率上保持心理健康状态，不仅取决于遗传、生理、人格等个体因素，还与他生活在一种怎样的社会环境有关。

神经症竞争

在现代社会变化所带来的心理问题中，竞争是不可避免的社会文化影响因素之一。针对社会竞争，霍尼独到地描述了与正常竞争不同的**"神经症竞争"**。

霍尼认为，在现代文化中，地位和财富无疑发挥着巨大的作用，要通过个体自身努力去获得这些，就需要与他人竞争。真正的竞争虽然是以经济为中心，但是会辐射到其他所有领域之中，比如爱情、人际关系、职场、学校、游戏。在我们的文化中，竞争对于每个人来说都是一个问题。霍尼发现，竞争在神经症冲突中始终占据着核心地位。神经症竞争的核心观点是："如果只有一个人能够成功，这个人就是我！"

霍尼指出神经症竞争与正常竞争有三个区别。

- 第一个区别：具有神经症竞争的人往往具有独一无二、卓尔不群的野心。只准自己一枝独秀，不许别人百花齐放，具有领域的独霸性。他们会说："走你的路，让你无路可走。"他们总是在与别人进行比较，即使是在非竞争情境中，也是如此，对非竞争对象也是如此。比如，"高校研究生投毒案"，当事人对与他无竞争关系的室友也会下毒手。我们可以看到，神经症竞争的去人性化与去道德化启动了人性之恶。

- 第二个区别：竞争中隐含敌意，他们的人生理念是"击败他人比自己成功更重要""别人的成功就是我的失败"，这种竞争充满了破坏性的"零和思维"，他们就是要把别人拉下马，诋毁他人，使别人痛苦。有些儿童也会如此，霍尼举了一个例子，当孩子对父母产生敌意时，孩子就会故意气父母，"父母希望我聪慧，我就装白痴"——就是要破坏父母心中的美好希望。所以，侮辱、剥削、欺骗别人成了他们追求成功与优越的手段。

- 第三个区别：用破坏性的冷酷无情的手段打压别人，以获取成功，看到别人成功了，就不择手段地让别人难堪。但是，他们在伤害别人的同时也会担心被别人报复，所以常处于焦虑与防御状态中。

上述的神经症竞争，反过来又会加剧我们环境中的残酷性，神经症竞争会导致敌意，敌意会诱发焦虑，焦虑又会加剧敌意，形成恶性循环，进而出现神经症人格。

神经症的分类

霍尼将神经症分为两种类型。

情境神经症，是一种暂时的、具体的神经症，没有出现性格的病态，仅仅是对特定的困难情境暂时缺乏适应能力的表现。例如，高三的学生和家长等待高考成绩时的焦躁不安状态，拿到成绩后就会消失。

性格神经症，是一种稳定的神经症，存在着人格病态，在遇到困境之前，其实它就已经存在了。具有性格神经症的人，会把正常人可应对的情境视为困境，原因来自事先已经存在的焦虑，他们无时无刻不在焦虑，焦虑又是敌意的结果，敌意又是焦虑的结果，如此循环往复，人格就是因为在这样的恶性循环中无法自拔而导致神经症。

霍尼认为，神经症会发生在人格异常的人身上，也会发生在正常人身上。对正常人来说，神经症是对充满冲突的外部环境的反应。对人格异常的人来说，神经症是潜在的慢性过程的结果，它起源于童年，会对人格产生长期的影响，是存留在个体身上的人格障碍，会加剧个体与外界的冲突，成为病原性冲突。

焦虑是霍尼的神经症人格理论中被重点描述的人格。

我们如何确定他人心理上出现了焦虑反应，有以下判断依据。

焦虑人格的特征

焦虑的种类

霍尼将焦虑分为两种：显在焦虑和基本焦虑。

显在焦虑是对真实发生的危险的应激反应，多数是正常反应。例如，面对新冠疫情或突发事件时，人们表现出的紧张不安属于正常现象。

基本焦虑是一种独自面对严重问题且完全无助时会有的感受，常常是病态人格形成的基础。

基本焦虑是一种主观的心理反应

通过把焦虑与恐惧进行比较，我们可以更加了解焦虑的特点。

二者的共同点：都是对危险做出反应。

二者的不同点：**恐惧**是对不得不面对的（显而易见、客观、真实存在的）危险做出的恰当反应。例如，如果我感染了新冠病毒，我会很害怕死亡。这是恐惧。**基本焦虑**是对（隐匿、主观的甚至是想象出来的）危险做出的不恰当反应。例如，一个人在没有感染新冠病毒的安全条件下，每日提心吊胆地怀疑自己被感染了，并且不断地找证据来证明自己的焦虑是有理由的。而且，他无法摆脱内心的焦虑，因为这种情境并不是真实存在的，而是一种内心所感受到的主观危险，这就是自扰性的焦虑。

逃避焦虑的方法

焦虑是一种很折磨人的情绪，所以，人们要逃避焦虑，霍尼认为人们会采取四种逃避方法。

- 合理化：给自己找一个好理由，这是逃避责任的最佳解释。例如，一位高龄未婚单身个体会因为自己的高标准而自豪，将自己一直未婚的责任归于外因，认为是别人不优秀，使自己无法找到心仪的伴侣。
- 否认焦虑存在：即使心里感觉不舒服，也不认为自己有焦虑情绪。
- 麻痹焦虑：有人用酒精和药物滥用来达到麻痹自己的目的，借酒浇愁只有暂时的麻痹作用，并不能彻底消除焦虑，所以才会导致酒后的愁更愁。

- 隔绝：彻底避免一切可能导致焦虑的元素（包括情境、思想、情感）。比如因为害怕被他人忽视，所以就杜绝一切社交来往。

逃避焦虑并不能消除焦虑，慢慢地，个人就形成了自己处理焦虑的习惯性应对方式，稳定后就定型为人格类型。下面我将谈谈三种神经症人格类型。

三种神经症人格类型

为了抵御焦虑，人们形成了自己惯用的应对周围环境的策略，逐渐将定型为神经症人格。正常人面对困境与冲突时会积极勇敢应对，而有神经症人格的人却表现出无助，无能为力地逃避，不作为。

在《我们内心的冲突》（*Our Inner Conflicts*）一书中，霍尼依据人们对环境的不同应对策略，将神经症人格分为三种主要类型。

顺从型人格

拥有这种人格的人表现为**"亲近他人"**（moving toward people）的行为方式，常使用**"自贬"**的应对方式来克服焦虑所产生的**"无助感"**。他们努力地去寻求别人的认可与帮助，为此，他们要去顺从和依赖别人，常通过贬低自己或示弱来取悦别人，让别人接纳自己。这类人的处世观是"如果你爱我，你就不会伤害我"或者"如果我放弃或屈从，我就不会受到伤害"。

攻击型人格

拥有这种人格的人表现为**"对抗他人"**（moving against people）

的行为方式，常使用"**扩张**"的应对方式来抵御焦虑所产生的"**敌对感**"，他们认为周围的世界充满了虚伪与敌意，缺少人际信任，所以他们会不择手段地通过强大自己来压制别人，权力会给他们带来安全感并使其强大，他们利用权力来操控他人，通过占有、剥削甚至掠夺资源来获取安全感。他们采取扩张的对策，表现出自恋、自傲、自大，一心要统治世界，他们的处世观是"如果我拥有权力，那就没有人能够伤害我"。

分离型人格

拥有这种人格的人表现为"**回避他人**"（moving away from people）的行为方式，常使用"**退缩**"的应对方式来降低焦虑所带来的"**孤独感**"。他们与世无争，离群索居，超然世外，通过限制自己的需要，来换取内心的自由，做生活的旁观者，也不求助于人，他们的处世观是"如果我向后退缩，就没有什么能够伤害到我了"。

表 3-1　三种神经症人格的特征

人格类型	基本焦虑	应对策略	行为方式	处世观念
顺从型人格	无助感	自贬	亲近他人	"如果你爱我，你就不会伤害我"或者"如果我放弃或屈从，我就不会受到伤害"
攻击型人格	敌对感	扩张	对抗他人	"如果我拥有权力，那就没有人能够伤害我"
分离型人格	孤独感	退缩	回避他人	"如果我向后退缩，就没有什么能够伤害到我了"

上述这三种人格是神经症患者消除焦虑时所采取的防御方式，并被其作为自己的生活方式，最终沉淀为自己的稳定人格结构。但是，正常人会灵活恰当地使用三种防御方式。霍尼说，当别人无理侵犯自己时，你就该给予反抗，而不是像神经症患者一样，一味地屈从。正常人

会依据不同情境采取不同的防御策略来保护自己，三种防御方式是处于变通的状态，互补为一个协调的整体，而不是一种一贯的行为方式。

所以，霍尼也描述了正常人的人格模式——依据不同情境灵活运用三种行为方式：一个人有时会遵从他人（采用亲近的行为方式），有时则敢于挑战权威和维护自我（采用对抗的行为方式），必要时能够自主自立（采用回避的行为方式）。

神经症人格理论给我们的启示

霍尼认为，神经症有不同的表现形式，正常人在高压的应激状态下也会有神经症的表现，这就告诉我们为什么有时正常人也会出现偏离性行为（暂时偏离正常的行为）。我们要去接纳社会适应中的这类反应，这是由不适应向适应的转化过程。我们不可轻易下结论说自己或他人有精神病，不要随意贴标签。霍尼对神经症判别的双维标准，也说明了神经症的起因有个体因素和社会因素。

在神经症人格理论中，最具现实解释力的是与神经症竞争有关的思想。在当今社会竞争激烈的环境下，如何区分正常竞争与神经症竞争至关重要。霍尼告诉我们，不必排斥社会生存中的竞争，但在团体内不可采用神经症竞争。神经症竞争的核心特征就是我们现在所说的零和思维，使博弈双方形成极端对立的关系，"你赢则我输""你的成功就是我的失败""你的获得就是我的丧失"，霍尼以神经症竞争说明了零和思维的非共赢关系。你会发现在现实世界里，很多领域存在着神经症竞争，尤其是只看重业绩的职场，会使人不择手段地达到目标。"内卷"的环境会让神经症竞争愈演愈烈，神经症竞争的敌意特征又会加剧社会生存环境的恶化。虽然神经症竞争有时会使个人成为即刻的赢家，但是由此可能引发他人的敌对心理，这不仅会使自己陷入被围堵的窘境，还会使自己的路越走越窄，树"敌"越来越多，最终可能成为人生的输家。要特别强调的是，团队内切忌使用神经症竞争，因为它会破坏良好的组织氛围，破坏合作，失去共赢的局面，产生反生产力的局面（破坏或降低生产绩效），例如良好的组织氛围被破坏，人心涣散，消极怠工，导致一个组织的整体绩效下降。

"应该"的专制：完美是良好的敌人

"应该"的专制——神经症人格的一个显著特征。这也是霍尼具有独创性的理论观点。

神经症人格具有强迫性色彩，不能随条件变化而变化，是一种令人无法忍受的尽善尽美的要求，这种要求暗含着一种敌意。这类人的处世哲学是："如果你不完美，就见鬼去吧！"这是一种强迫式的自我要求和人际互动模式，是过度竞争的代价。

这种强迫性特征与正常状态是有差异的。正常人会说"我希望被人爱，我享受被人爱的感觉"；相反，专制的人会这样想："我必须被人爱，为此我不惜任何代价""这是我为你做的，你将为我做些什么"。

"应该"的专制的内在机制是一个人的内心存放着很多极端的不合理观念，并肆虐横行，所以，也称之为"应该的专横"。例如，"我就应该得到我想要的一切""我的孩子不考全班第一就是失败""我不管他睡不睡觉，他必须这周完成这项工作"等。一个人被太多的强迫型思维所控制，很容易表现出神经症特征。

神经症需求的特征

"应该"的专制源自神经症需求，霍尼认为神经症需求（neurotic need）具有四个特征。

- 强迫性：带有必须的特点。"我必须要超越所有人，我必须要征服世界，我的同学们必须只喜欢我一个人"。强制自己或他人要这样要那样。
- 极端化：有过分夸张的想法。例如，"女人就该貌美如花""男人就该能挣很多钱""男孩不许哭""女人就该笑不露齿"，等等。
- 不合理性：是一种无法满足的需要。"所有人都应该服从于我，不能反抗""我深深爱着你，因此，你也应该以深爱我作为回报，并且为了我的爱，你要放弃一切"。
- 永不知足：贪婪成性，身在福中不知福，对爱、对金钱、对权力过度贪婪。贪婪的人不相信自己有可以创造出属于自己东西的能力，或者懒于自给自足，他们不得不依赖于外部世界来满足自己的需求，所以，会在资源上、在权力上、在关系上无休止和无节制地索取。"别人有的，我都要有。"不满足就会产生敌意，例如"斗米仇"。

"应该"的专制源于个体虚假的自负系统，认为自己的所有要求都是应该的，这是个体对自我的完美化期望。例如，一个女性认为自己应该是贤惠的妻子、尽责的母亲和优秀的职员的完美结合，隐含的意思就是，要求自己必须顺从所有人的期望，满足所有人的要求，或者要求所有的人都爱自己。一个孩子认为父母对自己的所有付出都是应该的，一个职员认为别人对自己的帮助就是应该的。但是，有时候强求并不一定实现，这时个体就会用虚假的方式让自己以为自己已经获得了成功，以此来回避内心冲突所带来的痛苦。

这种神经症需求常常以受挫为后果，进而导致焦虑反应。

十种神经症需求的表现特征

霍尼在《自我分析》(*Self-Analysis*) 一书中，描述了多数人会有的十种神经症需求，它们都带有强迫性的"应该"特征。

- **对绝对关怀和赞许的神经症需求**：这是指不加选择地取悦于他人，以他人为中心，极度需要他人的认可，无条件地迎合他人的期待，恭维权威，抬高别人，贬低自己。他们害怕别人的敌意，害怕自己在重要人物面前失宠。

- **对主宰其生活伙伴的神经症需求**：完全以生活伴侣（父母、孩子、配偶等）为中心，认为生活伴侣会满足自己的所有期望，为自己承担责任，认为爱会解决一切问题，"我爱他，他就不会抛弃我"。所以，他们害怕被离弃，害怕孤独。

具有第 1 种和第 2 种神经症需求的人，都属于顺从型人格，以"亲近他人"为行为方式，以"自谦"作为人生取向，体现出一种对"爱的渴求"的特征。

- **对权力的神经症需求**：相信权力的力量，盲目追求权力，支配别人，享受别人对自己的顺从，不尊重他人，藐视弱者。他们害怕自己失去控制，害怕自己软弱无力，反被人欺。

- **对剥削和利用他人的神经症需求**：与人交往具有工具性目的，看别人是否具有利用的价值，以剥削和利用别人为乐趣，捞取好处，霸占资源，看重金钱。但是，他们也害怕被别人利用。

- **对地位和尊严的神经症需求**：依据他人的赞许来评价自己的优劣势，依据社会地位与声誉来评价别人，极度渴望获得声望与社会认可，诱导和激发别人赞扬自己。他们害怕失去社会地位。

- **对自我崇拜的神经症需求**：表现出极度自恋，过分炫耀自己，希望被别人恭维，依靠别人的称赞来生活，而不是靠自己的真实自我形象来赢得赞誉。他们害怕失去别人的认可，哪怕是虚假的称赞，他们也会信以为真，喜欢过"皇帝的新衣"式的自欺欺人的生活。

- **对非凡成就和个体野心的神经症需求**：执着地追求至高无上的成就，生活目标就是击败对手，成为最强者。他们最害怕的是被超越，害怕低人一等，以不如人为耻。

具有第 3 种至第 7 种神经症需求的人，属于攻击型人格，以"对抗他人"为行为方式，以"夸张"作为人生取向，体现出一种"征服一切"的特征。

- **对限制自己人生的神经症需求**：对生活无奢望，内敛，不出风头，压抑自己的才华，生活节俭，无欲无求。他们不愿向别人提要求，麻烦别人会让他们内心不安。

- **对自给自足、独立自主的神经症需求**：追求绝对的自由，拒绝别人对自己的束缚，拒绝别人的帮助，也不受他人影响，疏远人群。害怕与别人有瓜葛，不希望亲密关系捆绑住自己。

- **对完美无缺的神经症需求**：追求完美，通过保持良好形象来维系自身的优越感，遮掩自身的缺点，对自己的不完美反复自责，害怕出错，害怕受批评和指责。

具有第 8 种至第 10 种神经症需求的人，属于分离型人格，以"回避他人"为行为方式，以"退却"作为人生取向，体现出一种"渴求自由"的要求。

每个人都有对声誉、权力、地位、爱、成就的需要，但是如果盲目、偏执地追求其中一种或几种，就会陷入一种强迫的、不由自主的、无法自拔的地步，从而有神经症的表现。

表 3-2　十种神经症需求的特点

神经症需求	神经症人格	行为方式	人生取向
绝对关怀和赞许	顺从型	亲近他人	自谦
主宰其生活伙伴			
权力	攻击型	对抗他人	夸张
剥削和利用他人			
地位和尊严			
自我崇拜			
非凡成就和个体野心			
限制自己人生	分离型	回避他人	退却
自给自足、独立自主			
完美无缺			

霍尼关于"应该"的专制这一观点，后来被阿尔伯特·埃利斯所继承，发展出理性情绪疗法。

"应该"的专制给我们的启示

霍尼洞察到了在激烈竞争的时代下人们心理的方向，极端的环境塑造了心理的极化。生活在当前这个处处"内卷"的时代，我们被迫更加苛刻地对待自己，认为只有自己完美无缺，才具有竞争力，"没有良好，只有最优"成为一些年轻人的人生奋斗准则。然而，我们"应该"遵循的不是极端的要求，而是检测自我需求的恰当性、合理性与可行性。对自己不苛求，对别人不蛮横。让自己心理软化下来，变得更加富有弹性与变通性，思考世界更具开放性，这样我们的生活才会真正变得美好，我们与他人的关系才能更为融洽，具有长久的联结，我们才能真正成为活得不沉重、活得不纠结的人，为自己卸下心理枷锁，成为一个人格健康的人。

父母的基本罪恶与儿童的基本焦虑

神经症起源于童年早期

霍尼认为，神经症起源于童年早期，所以她很重视童年经历，因为那是孩子出生后最无力、最软弱的时候，孩子长大后，童年经历与成年生活的冲突会影响个体的身心健康发展。

在童年期，孩子神经症人格结构萌发的根源是亲子关系的失调、父母之爱的错位，也就是说，父母有意或无意的不恰当的教养方式，会给孩子造成终身伤害。所以，霍尼用了极具警示性的语言——"基本罪恶"来描述父母不当教养方式的恶果，"爱之深"的父母用自己的手，造就了"恨之切"的孩子。

幼儿有两种需求——被满足与安全，这两种需求的满足都要依赖于父母。但是，孩子从小就被随机"抛掷"在一个家庭中，他们无法选择自己的家庭，无法挑选自己合意的父母。有时，人生下来就注定了自己的命运多舛。一些幸运的孩子可能有着教养良好的家庭环境，有些不幸的孩子可能遭遇分离或冷漠的家庭。霍尼认为，孩子如果遇到一个专断的母亲（专制型人格）或"自我牺牲"（失去独立自我的人格）的母亲，就会对其早期人格的确立产生重要影响。然而，父母又是文化的产物，家庭文化被浸染上了时代的色彩。霍尼的父母重男轻女是那个时代的产物，文化通过父母的观念影响了小霍尼。也正是由于小霍尼的对抗型人格，加上妈妈的支持，她抵抗了环境的压抑，争取到自己的读书权利，为成就自己打下了基础。

　　霍尼所阐述的这一理论观点，依然可以解释我们生活的现在。正如我们当下所处的 VUCA 时代⊖，在重压下生活的成人，会将自己的压力传递给孩子，为了让自己的孩子不输在起跑线上，出现了众多"过度教育"的妈妈和只顾拼命挣钱的爸爸。社会文化通过父母之手扼住了孩子的生命之喉，让孩子在窒息的状态下痛苦地生活，有些孩子则可能在无法忍受下选择自残甚至自杀。我们会在我们生活的周围看到这样的家庭悲剧，这难道不是竞争文化下的父母之罪吗？所以，霍尼指出，焦虑症的形成源自家庭，家庭环境让儿童感到不安全、不被喜爱、不受重视，这也是儿童形成神经症人格的原因。

　　很多家长可能不认可霍尼关于父母基本罪恶的这种极端的表述，因为父母都是爱孩子的，但是霍尼却说，父母经常以爱的名义来损害孩子的未来发展。一位过于保护孩子的母亲，深信她所做的一切都是为孩子着想，无微不至地照顾孩子，处处安排好孩子，但是她却忽视了孩子的自主需要。一直生活在溺爱型家庭中的孩子，被剥夺了独立成长的机会，直至成年后都无法自立，一些"啃老族"就是这种教养环境塑造的产物。

　　⊖　VUCA 时代指的是变幻莫测的时代。VUCA 是 volatility（易变性）、uncertainty（不确定性）、complexity（复杂性）、ambiguity（模糊性）的首字母缩略词。

其实，父母之爱，不仅包括父母对孩子的爱，同时也包括孩子对父母的爱。你的孩子爱你吗？ 2020 年，一个女儿杀死了教养过严的律师妈妈，我相信妈妈太爱女儿了，以至于用心过重，致使孩子滋生了敌意与仇恨。新手父母们应该认识到，亲子之间的爱应该是双向流动的，既包含父母对孩子的爱，又包含孩子对父母的爱——每个新生儿最开始都能做到无条件地爱自己的父母，作为新手父母应该好好呵护这份纯粹的爱。

基本罪恶 – 基本敌意 – 基本焦虑

霍尼关于父母的基本罪恶是如何让孩子产生基本敌意，最终又形成基本焦虑的呢？

基本罪恶

霍尼对父母的基本罪恶（basic evil）的描述是：作为父母，你不能给予孩子爱与温暖，或者只有缺少真情的虚假之爱。这种父母具体的表现特征为：对孩子漠不关心、忽视、冷漠、拒绝，甚至抛弃孩子，不尊重孩子的愿望，轻蔑、嘲笑甚至羞辱，对不同子女亲疏不等，通常会有偏爱、宠溺、嫌弃、不公正的责骂、歧视、敌对等表现，反复无常，不守信用，控制，甚至残暴，等等。

父母的基本罪恶会致使子女产生不安全感，由于孩子自身弱小，无奈又无助，由此唤起的敌意，让孩子处于一个既依赖父母又敌视父母的内心冲突之中。

基本敌意

被唤起基本敌意（basic hostility）的孩子，常见的表现特征是轻视与妒忌。基本敌意是人格中的破坏性力量，是焦虑症的产生来源。

需要特别强调的是，对孩子性格形成有害的因素，不是孩子感受到的父母的不当言行以及产生的敌意，而是孩子对父母敌意的压抑。**压抑敌意**，是孩子假装认为父母所说所做的一切都是正确的，"我不应抵抗父母的批评，我不能反抗"。孩子的想法是：我必须压抑我的敌意，因为我怕你。

孩子为什么要压抑敌意？

霍尼分析了压抑敌意的几种心态：

- **无能为力感**：孩子无法独立生活，所以要依赖父母，孩子心里想的是：因为我需要你，所以我必须压抑我对你的敌意。
- **恐惧**：面对强势的父母，孩子不敢反抗，孩子认为，因为我怕你，所以我必须压抑我对你的敌意。
- **爱**：父母会用不恰当的爱来绑架孩子，父母常说"如果你再不听话，我就把你扔出去""你不听话就是不孝顺"。孩子的想法是：我必须压抑自己的敌意，否则我就会失去爱。
- **内疚感**：孩子常常被教育，对父母的敌意是不对的，所以孩子会心存内疚。孩子的自我告诫是："我必须压抑敌意，否则我就是个坏孩子。"

孩子的敌意是由父母的不良教养方式引发的，父母常常不会去反思自己的不当，反而会去制约孩子。如果这种亲子关系持续下去，就会致使孩子出现另一种危险心理——敌意泛化。**敌意泛化**，是敌意的溢出现象，置身于被谩骂、被攻击、被屈辱世界中的孩子，会将不断积累的敌意蔓延，由父母扩展到所有人，由仇恨家庭泛化到仇恨社会。他们认为整个世界都是危险和可怕的，对所有人都不信任，极易产生仇恨。孩子长大后，会认为：这个世界让我别无所恋，我要报复社会，或者离开社会，甚至自杀。国外一个女人连续杀死了几位老妇人，追问原因时她说："我恨这个世界！"她将自己人生的悲剧归结为她的母亲，她的母亲将少女的她交给一个男人后离去，她被强奸后生下了一个女儿，一直过着贫苦的日子。她杀死的几位老妇人实际是她母亲的替身。

如何判断一个人的敌意？

霍尼认为，内心充满敌意的人，他们会表现出三种敌意倾向：支配他人（去威胁他人的权力），侮辱他人（去诋毁他人的声望），剥夺他人（去掠夺他人的资源）。正如前面所述，霍尼认为权力、声望和资源会给人带来安全感，充满敌意就会想毁灭别人的安全感。

压抑敌意就会产生基本焦虑，从而开启神经症的发展进程。

基本焦虑

基本焦虑（basic anxiety），主要指孩子的不安全与无助的感受，自觉渺小、无足轻重，有被抛弃的感觉。如果父母不能化解孩子心理上的焦虑情绪，孩子就会产生不安全感。基本焦虑源于孩子所体验到的内心冲突、内心的孤独感与不安全感，还有在敌对世界中无助的绝望感。前面所谈到的性格神经症主要源自这种基本焦虑，也就是说，焦虑对神经症具有决定性作用。

图 3-1 所显示的是孩子形成不良人格的发展轨迹，由于父母教养不称职（基本罪恶），导致孩子的安全感无法满足，孩子因此产生对父母的不满意或敌意（基本敌意），敌意心理不断积累，就会产生焦虑（基本焦虑），如果焦虑无法缓解，他们就会将敌意由家庭泛化到学校

或社会（敌意泛化）。对整个社会产生不安全感的人，一直（甚至一生）都在寻求安全感的满足，这样就会阻滞人的高级需求的发展，孩子的神经症人格就逐渐形成了。

图 3-1　人际关系中基本罪恶、基本敌意、基本焦虑的发展进程

基本焦虑意味着安全感的丧失，为了追求安全感，儿童会采取三种防御方式来对抗基本焦虑：

一是"**亲近他人**"的防御方式，实质是无助状态。

二是"**对抗他人**"的防御方式，实质是敌对情绪。

三是"**回避他人**"的防御方式，实质是孤立脱群。

其实，原本三种行为应对方式可以相互补充、和谐统一。但是，神经症的孩子则陷入了内心冲突之中，他们的爱与恨、屈从与反抗、驯服与支配交织在一起。长久如此，就定型成了有三种神经症人格的人。

神经症的心理循环过程

作为成人，我们要了解潜藏在霍尼所讲述的神经症下面的一个完整的心理循环过程：父母不当的教养（基本罪恶）会给孩子带来不安全感，导致孩子出现基本敌意，产生基本焦虑，进而出现神经症需求，形成神经症人格特有的行为方式与人生取向，产生神经症的内心冲突，再次形成新的焦虑，开启下一个循环（见图 3-2）。这种焦虑会渗透在一个人一生的所有关系中。

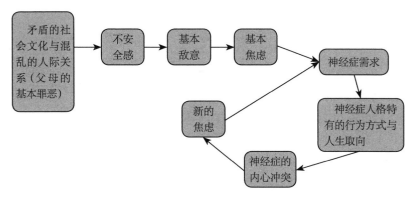

图 3-2　霍尼神经症的心理循环过程

最后，霍尼还强调一点，虽然童年不良经历为神经症的形成提供了决定性条件，但是并不一定是个体成人之后出现问题的唯一条件。我们知道，个体成长是多因素的交互作用，随着个体的成长，多数主体的自立品质会减少童年的负面影响，显示出自我的再塑能力。但是，有一少部分人终身无法摆脱童年的心灵阴霾，被神经症人格所扼喉。每一位家长都希望自己的孩子一生健康幸福，不希望他成为那少部分的神经症人格个体，所以，认真思考霍尼的"基本罪恶"和"基本焦虑"的观点，对于我们防患于未然是至关重要的。

神经症人格形成机制的理论对家庭教育的启示

社会的激烈竞争，使父母极易将压力传递给孩子，并以爱的名义对孩子实施严苛的教育模式，在"不要输在起跑线上"的口号下，不仅有"虎妈"，还有"豹父"，使孩子从小就在重压下成长。这样一来，孩子们感受到的是父母的"心理暴力"，体会不到父母别样的爱。

也许，人们会发出灵魂拷问："做父母难，第一次做父母更难，面对身心有问题的孩子更是难上加难。我们该如何做父母？"

霍尼说，要防止孩子被基本焦虑困扰，父母能否给予孩子真正的温暖与爱是最关键的。所以，每位年轻的家长应该去自检自己给孩子的是怎样的爱。

我也给大家一些灵魂自问。

- 你忽视过孩子吗？例如，对孩子的自主要求熟视无睹，不能有效地引导孩子。
- 你冷落过孩子吗？例如，当你不满意孩子的学习成绩时，你会不理孩子。
- 你嘲讽过孩子吗？例如，总是拿别人家的孩子对比自己的孩子，讽刺孩子不如其他人，摧毁孩子的自尊。
- 你溺爱过孩子吗？例如，对孩子的所有要求都无节制地满足，特别是在生活照料上，不让孩子吃半点苦。
- 你占有过孩子吗？例如，你认为孩子是自己的，可以安排孩子的一切，甚至将孩子作为自己"未竟事业"的实现者，将孩子客体化——让他成为实现自己愿望的工具。
- 你尊重过孩子吗？例如，尊重孩子自己的想法、需求等，耐心倾听孩子的内心表达。
- 你强制过孩子吗？例如，让孩子依据你的意愿去做他们不愿意做的事情。
- …………

我认为，年轻的父母或未来的准父母们，在进行家庭教育时要注意思考三条原则。

- 你对孩子的要求是他们能做到的吗？
- 你对孩子的关爱是他们所需要的吗？
- 你对孩子的奖惩是他们能理解的吗？

自我分析与自我探索

"对社会环境的适应"与"神经症人格的痛苦"不断地折磨着现代人，从霍尼时代到当今时代，人们该如何自救？霍尼提出了一种人格建设性功能——自我分析能力。

一个人的生命的高度取决于他对自己有多大程度的觉醒。倡导自我分析是霍尼对精神分析治疗的一大贡献，她认为自我意识是健康人格的重要成分，是一种积极的人格建设性力量。健康的人能够有效地自我分析：了解自己，检视自己的优劣势，审视自己的需要是否恰当，有没有各种"强求"与"应该"，尝试去体验自己真正的感受和情绪，具备自我管理能力，能够制订自我改善的计划，实现可行的目标。

神经症患者则缺乏自我分析的能力，对自我的认知存在错位，导致社会适应不良。对于神经症的心理治疗，就是要挖掘患者身上的自我分析能力——霍尼认为这是一种与生俱来的自我建设力量。

神经症患者会将完整的自我撕裂得支离破碎，各种子人格你争我夺，使内心无法安静，终日被不安、焦虑所包围，无法发挥个人潜能。内心冲突最悲惨的特征是：当一个人在追求完美和最佳人生目标时，自身却被神经症需求和内心冲突所摧毁，以无效的甚至是自我摧残的方式来满足需求，到最后，大多数基本需求都无法得到满足。

霍尼关注两种内心冲突：一种是三类行为方式（亲近他人、对抗他人和回避他人）之间的冲突；另一种内心冲突则是自我冲突，即真实自我与理想自我之间的冲突。

自我的基本形态与冲突

在《实现自我：神经症与人的成长》（*Neurosis and Human Growth: The Struggle Toward Self-Realization*）一书中，霍尼阐述了自我的三种基本形态。

真实自我（real self）/ **可能的自我**（possible self）　它是指个体的发展潜质，具有自发性、主动性和创造性，更多的是由遗传基因决定。如果一个人具有某些遗传素质，成长环境适当，就能达到自我实现。例如，科比的运动素质（身高的遗传基础是他成为篮球运动员的优势条件）使他可以实现作为一名篮球运动员的真实自我。

理想自我（ideal self）/ **不可能自我**（impossible self）　它是为逃避冲突设想出来的虚假自我，是个体幻想出来的尽善尽美的"应该的自我"形象，但不可能实现。例如，一个天生个子矮小、没有篮球运动素质的人，一直梦想成为 NBA 球员，这就是不可能的自我，具有自负的特征。理想自我实现不了，就会产生自卑、自恨和自毁。一个人在追求理想自我（不切实际的要求）时，屡屡受挫，会消耗建设性的力量，疏远和脱离真实自我，进而形成神经症或病态人格。虚假的理想自我揭示了自我逐渐异化的过程。霍尼所描述的理想自我与罗杰斯的论述是不同的，主要差异在于是否可以实现，霍尼认为理想自我是不可实现的，是虚假的，因此会导致神经症的产生，而罗杰斯认为理想自我是可以实现的合理目标。

现实自我（actual ego） 它是个体此时此地所拥有的和表现出来的一切存在的总和，是一种暂时的、可变的自我，但是会受到不现实的理想自我的苛责、鄙视、憎恨及疏远。例如，有很多孩子具有良好的运动素质，但是由于缺少发展的条件与伯乐，不能发挥出其运动潜能，原本可以成为运动员，现在可能正在做着搬运工人、快递员或者模特的工作。

自我是一个动态过程。因为真实自我、理想自我与现实自我三者之间经常存在差异，所以需要不断地变化与协调。正常人的真实自我与理想自我的差距不大，而且是动态可调节的。但是，神经症患者的真实自我与理想自我的差距很大且不可调节，这会带来两种自我冲突。

一种是理想自我与现实自我之间的冲突。在虚假的理想自我的引导下，为了实现不可能的自我，对自己或他人提出无理要求，也就是"应该的专制"，在实施"应该"的要求时，会使人备感痛苦，扼杀自发性。例如，我一心想成为一名宇航员（理想自我），遨游太空，但是我的眼睛高度近视（现实自我），无法满足成为一名宇航员的条件，所以总是心存不甘，甚至痛苦万分。

另一种是理想自我与真实自我之间的冲突。这种冲突会导致个体脱离自我，个体不是去实现真实自我（这是依据个人潜能来发展的可实现的目标），而是去实现理想自我（这是虚假的不可实现的目标），使人由建设性力量转移到虚假能力上。例如，我原本具有绘画的素质（真实自我），可是父母偏偏让我学钢琴（虚假能力），使得我无法实现做钢琴家的梦想（理想自我）。

自我分析就是去衡量和调整这三者之间的关系。霍尼一生都在进行自我分析与成长，她从 13 岁开始写日记，一直写到 26 岁，其中记录了她自我探索中的真实内心世界。我们以霍尼的自我成长历程为案例，看一个饱受抑郁症折磨的人是如何走向成功巅峰的。

霍尼的自我探索历程

霍尼的自我探索经历了三个时期。

第一个阶段是审辨期。这一阶段的主要任务是**看清自己、接纳自己**。

霍尼是如何准确分析自己的优势与劣势的？霍尼小时候容貌一般，资质平平。在那个重男轻女的时代，人们看重的是女性的容貌而不是才能。霍尼在她的成长时代是不具备优势的，但她并没有屈服于自己先天的基因，以及那个充满性别歧视的环境，而是接纳了自己的平常容貌。她说"一个人要想真正地成长，必须在洞悉自己并坦然接受的同时又有所追求"。自我探索的初期会经历痛苦的过程，如同诗人卡尔·桑德堡（Carl Sandburg）所说的："生命如同洋葱，当你剥掉它一层外皮，有时你也会为它流泪。"人如果停滞在第一阶段审辨自己而不去改变自我，就会痛苦不堪。无以自拔地沉浸在其中，就会导致神经症人格。

第二个阶段是反转期。这一阶段的主要目的是**找准定位、实现反转**。

霍尼在准确分析自己的"现实自我"的基础上，没有选择"理想自我"，让自己美丽无比，因为这是不可实现的目标，只会让自己痛苦不堪。她寻找到了自己的突破点，选择"真实自我"——努力学习。9岁的她发誓："如果我不能变漂亮，我将使我聪明！"12岁时，她立志学医，冲破重重阻力，经过顽强的努力，取得优异的成绩，最终成为医学博士。

第三个阶段是成长期。这一阶段的主要任务是**树立目标、自我实现。**

霍尼的一生顽强而卓越，在学术上不断创新与攀升。她独具慧心，另辟蹊径，但她不认为自己在背叛弗洛伊德，而是改良和完善弗洛伊德的理论。她不惧排挤，独树一帜，建立学说，坚持自己的学术取向，最终成为社会文化学派的领袖人物和女性心理学的先驱。

霍尼就是经历这三个阶段成长起来的，有痛苦有喜悦。

苏格拉底说过一句非常著名的话："认识你自己。"所有人格心理学家都有一个共识——自我探索是人一生的工作。霍尼认为，认识自我是一个痛苦而漫长的过程，但是，它是可以实现的。虽然自我探索的过程是痛苦的，但自我探索的结果是令人喜悦的。自我探索是自我成长的必经之路。

最后，霍尼也说明了自我分析的局限性，非常严重的神经症临床患者很难清醒地认识自我、解决自己的问题，硬要他进行自我分析，反而会产生更大的伤害。这类患者需要临床医生的治疗与心理指导。

霍尼自我探索的成功给我们的启示

霍尼的成功告诉我们一个人生道理：生命的高度取决于你对自己有多少程度的觉醒。真正的成长是自我探索的过程，而非外力的生拉硬拽。自我探索的过程不是让错觉迷幻住自己，在舒适区享受，而是要艰苦奋斗，要有绝地逢生的勇气；自我探索的体验是痛并快乐着，是一种由面对自我的痛苦向实现自我的喜悦的转化：由自我探索初期面对自我的缺陷所产生的痛苦情绪，到自我探索后期接纳自我与改变自我的成功所带来的喜悦，再到最终获得自我实现后的高峰体验。青年时代是一个奋斗者的最佳年华，个体可以通过多种人生尝试去准确定位自我，找准人生可实现的目标，付诸努力去实现它。不要将自己的美好年华浪费在无效的目标上，更不能放弃人生追求。在"自我欺骗下的躺平"依旧是在挥之不去的压力体验下的无助反应。但是，多数年轻人的"躺平"，只是疲惫不堪状态下的暂时休整，用以重新思考人生目标或人生转向，储备身心能量，蓄势待发。

霍尼在分析真实自我、现实自我与理想自我之间的冲突时，告诉我们如何有效地平衡三种自我、达成自我实现。她自我探索的过程与查尔斯·斯奈德的希望理论（hope theory）"不谋而合"，希望——决定一个人能否拥有卓越人生的人格品质，希望由目标思维（可实现的有效目标）、路径思维（实现目标的有效方法）和动力思维（努力实现目标的信念）构成。具备希望品质的年轻人更可能成为人生赢家。

霍尼的一生向我们展现了一位早期女性心理学家的人生志向与学术品质，她以自我实践来证明心理学知识对自我成长的促进作用，她用宏观的视野和深刻的思维解读社会文化对人类行为的影响。霍尼就像生活在我们时代中的同龄者，描述着我们今天的心理感受，我们现代人所体验到的很多心理感受，在霍尼的著作中早有论述，这就是霍尼的理论极富时代感，现在读来也不过时的原因。她的理论对我们当今社会所出现的林林总总的现象依旧具有解释价值，特别是对社会治理和社会心理服务体系建设依然具有参考意义。

延伸阅读书单

[1] 霍尼.我们时代的神经症人格 [M].郑世彦，译.上海：上海文化出版社，2021.

[2] 霍尼.精神分析的新方向 [M].梅娟，译.北京：译林出版社，2016.

[3] 霍尼.自我分析 [M].徐娜，译.北京：世界图书出版公司，2016.

[4] 霍尼.我们的内心冲突 [M].郑世彦，译.杭州：浙江文艺出版社，2019.

[5] 霍尼.神经症与人的成长 [M].李明滨，译.上海：上海译文出版社，2016.

[6] 霍尼.女性心理学 [M].武璐娜，任慧君，译.北京：台海出版社，2022.

[7] HORNEY K D. Final Lectures: Karen Horney[M]. New York: W. W. Norton & Company, 1987.

只要做到真诚、共情和无条
件的爱，疗愈性转变就一定
会发生

卡尔·罗杰斯

建立良好的关系是心理健康
的核心要义

李明

第 4 章

卡尔·兰塞姆·罗杰斯：

一位温和的革命者

Psychology
and Life

本章作者 李明

北京林业大学人文学院心理学系副教授，著名叙事疗法治疗师。

尊重天性的自然发展

卡尔·兰塞姆·罗杰斯（Carl Ransom Rogers，1902—1987）无疑是当代特别有名的心理学家之一。可是对他的误解和对他的赞誉同样多，本章将介绍他的思想的渊源，以及从当今这个时代来看，罗杰斯的思想可能给我们带来什么启发，在哪些方面值得我们进一步拓展。

罗杰斯可以说是第一位在美国土生土长的心理学家。因为，之前大家熟悉的一些有名的心理学家，要么是欧洲人，要么是从欧洲移民到美国的心理学家，**而罗杰斯出生在美国，成长在美国，所以他身上很充分地体现了美国精神与心理学的结合。**

罗杰斯身上有很多矛盾的地方：他看上去很温和，但是他也有很刻薄的时候；他看上去好像很浪漫主义，有很多主张让人们觉得只是一些美好的愿望，可实际上他是学农学出身的，非常严谨。所以他很瞧不上那种毫无基础、毫无根据的主张。

我们要了解一个心理学大家的思想，最好的途径可能未必是看他的专著，而是去看他的传记。因为他专著里的观点是他说出来的，而他传记里边的故事是他活出来的。我们可以从很多心理学大家的观点

里了解其成长经历。所以如果我们结合他的传记和专著去读，我们就可以在一个平等的灵魂的位置与他对话，而不是像一个小学生一样，对他的观点不加批判，全盘吸收。

在秩序中重建温情

罗杰斯出生在一个商人家庭，是妥妥的"富二代"。很多人都知道罗杰斯是在一个农场长大的，但那根本就不是一个普通意义上的农场，而是一个大庄园。这肯定会让我们联想到，罗杰斯会是一个养尊处优的人。恰恰相反，他的父母对于孩子们的教育是一种清教徒式的教育，严格约束他们的享受。

所以罗杰斯小时候是一个很悲伤、孤独的小孩。他的爸爸认为远离城镇、减少社交会让孩子们的灵魂更为纯洁，所以他没有什么朋友，也没有什么玩伴。他更多的时候是在农场里和他养的那些动物待在一起。罗杰斯从小就是一个很敏感的人，想象力非常丰富，特别喜欢读书，所以他可以坐在那个地方，靠自己的想象给他的兄弟姐妹们讲很多故事。

他的兄弟姐妹既欣赏他这个特点，又会经常拿这一点取笑他。对于小小的罗杰斯来说，他好像一生都不太能够理解那样的取笑竟然是被视为没有恶意的，所以他跟兄弟姐妹之间的关系既亲近又疏远，充满矛盾。他举过一个例子，当他的姐姐第一次去约会的时候，姐姐男朋友的名字曾被他的兄弟们拿来称呼他们家的狗。那个姐姐好像终身未嫁，罗杰斯认为跟这件事是有关系的。

还有一件事情对他的影响也很大。他的爸爸希望孩子们能够有一种科学的精神，负责任地生活。所以他们搬到大农场之后，给了孩子们一人一块土地，罗杰斯非常用心地在土地上种了一些他喜欢的东西。但是在庄稼快要成熟的时候，他的爸爸准备把土地挪作他用，于是就毁掉了他的那些庄稼。这让他对权威有一种发自内心的厌恶。

这件事也让他有一种对于秩序的渴望，对于约定的渴望和对于爱的不安。一方面，他非常渴望那种亲密的关系，另一方面，他又特别渴望这种关系应该有秩序。所以**罗杰斯曾说，他全部的理论有一个基本的动力，就是要在秩序当中重建温情**。所以他所讲的人本主义心理学的观念，那些温情的背后其实都是有规矩的，这非常像别人对孔子的评价：温和但并非没有力量，也叫"温而厉"（《论语·述而》，意为内心温和，而仪容举止庄重严肃）。

罗杰斯看上去很容易让人亲近，但实际上有一颗不容易深入的灵魂。他跟同事们的关系并不是很好，但是他有一大帮追随者和学生。因为追随者和学生与他的关系，恰恰就是那种有秩序的温情，他们之间有距离，没有办法平等对话。他非常鼓励大家能够表达自己，但同时他有一种绝对的权威的定位。

顿悟者和革命者

另外，在读大学三年级的时候，他曾到清华大学参加国际基督教青年会议（International Christian Youth Conference），他还到中国很多地方游历过。在上海城隍庙吃饭时，据他说，有一个老太太的英文很好，跟他聊天，讲了很多道家的理念。这段经历对于他思想的成熟起着举足轻重的作用，**其实他在某种意义上接受了道家"无为"的思想，并在这个基础之上延伸出了"以人为中心"的疗法**。他认为，每一个人都会有一种与生俱来的智慧，就像植物一样，终将会长成它应该长成的样子。

当然，他能够在这一点上有长足的进展，也跟他小时候在他们家农场地下室里的一段经历有关。有一次他非常孤独，一个人坐在农场的地下室里，里面有好多土豆。他坐在那里，发现有一颗土豆长了一根很长的芽，芽正朝着地下室里小小的窗户那个方向努力地长。他有一种顿悟体验，即便是一颗土豆，也会向着阳光不遗余力地去成长，更何况是个人。**所以，他觉得人性里可能就有这么一种与生俱来的要向着阳光、向着自由、向着幸福、向着自己不能不向着的东西去成长的动力。同时他认为，那种成长的动力是心理健康或者心理成长的基础。**没有人给土豆什么，它只是具备了非常基础的简单条件，它都会努力地去成长。大概人也是这样，只要我们不在一个人的成长经历里，经常用各种各样的要求、各种各样的教化和指导去扭曲他本来的成长路径，他大概就会长得好好的，这是他的理念来源。

罗杰斯是一位温和的"革命者"，他一生都在做着温和的反抗。比如从学术的层面来看，他是世界上第一个完整记录并且发表咨询过程中对话逐字稿的人。在他之前的心理学工作者，都会认为这个对话是隐私、秘密，是不可以公布的。这是具有颠覆性的，因为他会让那些觉得这个过程必须保密的人感到很愤怒，他在权威的层面是反叛的。单纯从学术的角度来讲，其实一直到今天，我们有很多人写学术文章，主语都不习惯使用"我"这个字，要用"我们"。就好像我写出来的学术文章应该是指向众人的，是共识，是全然的真理。罗杰斯认为这是不妥的，因为一个人没有办法代表别人去说话。所以他是用"I"作为主语来写学术文章的，而且也能发表，这也是很有革命性的。

此外，他提出了不要给来访者提供指导的观念。所以"以人为中心"的疗法，早期的时候被称作非指导疗法（nondirective therapy）。在他那个时代，心理学家的工作往往就是给建议、做分析、给建议，但是他发现那并没有什么作用。敢于在公共空间说出真理，这本身就是挺有挑战性的一件事。

另外，在那个时代，心理学工作者的对象大部分都是孩子。当他在纽约罗切斯特市主持儿童防虐待中心的工作时（1939～1940年，罗杰斯担任罗切斯特市防止虐待儿童协会的儿童研究室主任），当时全美的心理咨询中心也没有多少，他算是很前沿的。他在工作当中发现，有一些孩子的困扰跟爸爸有关，他跟父母聊一聊之后，发现孩子反而变好了。于是他判断他的这些理念是可以延伸到成人身上去的。但在一个保守的社会里，说孩子有病更容易被接受，说爸妈有问题不容易被接受。

罗杰斯具有革命性的另外一个表现是，他主张把心理学的原理和实践，延伸到社会生活的其他方面。他认为，凡是有人的地方就有心理学，这也与基于精神病学的心理学的视角很不一样。所以严格地讲，他打破了很多过去心理治疗的设置。比如，咨访关系当中的一些规律是否可以延伸到教育活动当中？疗愈方法是否可以延伸到亲子关系，乃至延伸到管理关系，比如延伸到领导和下属的交流里边去？他认为可以，而且他确实都做了这些方面的探讨。在这个意义上，他是一个体现了人性的光辉，以及热衷于探索人性的心理学家。

所以，他被评为 20 世纪最有影响力的心理学家，超过了其他很多大名鼎鼎的心理学家。他的影响力并不只是体现在心理学的圈子里，在那个时代，他曾接受电视台和电台的采访，对一些社会现实、社会现象加以评论，这是一个心理学家的社会责任和担当的体现。

了解了这些，大家对罗杰斯的印象又会更丰满一点。他似乎不是一个柔顺温和、逆来顺受、接纳人生的人。其实他的人生充满了张力，以及他对自己所认同的东西的一种奋争。

人性是纯然善的吗

罗杰斯的观点曾引发很多争议，比如他有一个根深蒂固的信念（faith）——"人性本善"。关于性善－性恶的争议，在东西方思想史上都尚未有定论，甚至有人会反问，这种争议真的有意义吗？一个善良的人，有时候也会做一些邪恶的事，而邪恶的人似乎也有他内在的逻辑，似乎可以论证他也有善的一面。

这种争议将罗杰斯对于"人性本善"的信念纳入性善－性恶的争议当中，认为罗杰斯是采取了这种对立立场的一种，其实这种理解本身是基于对罗杰斯的误解。**罗杰斯所谈的那种善良，与其说是善恶两极之一意义上的"善"，不如说是一种纯然、没有对立面的善，这种善是不依存于恶而在的。**可能我们在概念的层面不太容易理解，什么叫纯然的善？"善"本身不就是与"恶"相对立的吗？在语言层面是的，但是罗杰斯不是在语言层面说的，这也能帮助我们更好地理解罗杰斯。

罗杰斯有一些思想是超越语言的。在何种意义上说它们是超越语言的？当我们借助语言去描述他的感受的时候，就会不可避免地落入一些矛盾或者是概念上的冲突当中。罗杰斯讲的很多话像极了一些禅诗，或者一些经典当中的句子。它们是大白话，也很简单，但是它们有更深的蕴意，我们需要静下来体会才能够理解。

罗杰斯把每一个生命体想成为自身的那种原始动力，那种要成为自身的与生俱来、近乎本能的智慧叫作善。当他说我们要相信人性的时候，他并不是说我们要相信某个人。当他说我们要相信人性，相信人性本善的时候，他不是说人不会做恶事，而是他相信人是有良心的，是有良知的。即便某人做了坏事，也不影响他是有良知的。在这个意义上，罗杰斯所说的善超越了善恶两极之一意义上的善。

大家可能也有体会，在社会生活当中，有一些在别人看来十恶不赦的人，在他的家人看来却是另外一种人。有一些表面上看上去凶神恶煞的人，在他的内心深处却有一种完全不同的人格。你或许会说，这有什么关系呢？这仍然不能够抵消他做了邪恶的事，或者看上去凶神恶煞的事实。是的，没错。但是当你看到人的多面性，当你超越了对他的行为的善恶评判时，你可能会看到一种至善，而这种至善与他的行为没有关系。

这里引用一个王阳明的例子来回应关于至善的认识。王阳明曾经在剿匪时抓到过一个杀人如麻的江洋大盗。王阳明审他的时候，江洋大盗笑话王阳明说："你不是说人人皆是尧舜吗？"因为王阳明有一个类似的主张，认为人人皆是尧舜。"那你抓我岂不是抓了圣人？"王阳明说："我主张人人皆是尧舜，但是我仍然可以抓你，而且你确确实实是圣人。"这个人哈哈大笑，他觉得王阳明精神有问题。

当时天气很热，王阳明问他："你感到热吗？"这个人本来是个读书人，因为考功名不顺才落草为寇，是个穿着大褂的土匪。土匪说热，王阳明说："热你就脱了褂子（衣服）。"土匪就脱了。然后王阳明说："你把裤子也脱了吧。"土匪就把裤子也脱了。王阳明接着说："你把内裤也脱了。"江洋大盗脸一下就红了。他说："大堂之上，多有不便。"王阳明拍了一下桌子说："那便是圣人气象，因为你的羞恶之心还在，所以你依然是圣人。"

所以回到我刚才所说的，不管我们面对的是一个孩子、老人、男人还是女人，在面对生活困境的时候，或许他做过一些道德上有所欠缺，或者认知、行为上有一些欠缺的事情，但**这并不能抹杀他的内心深处有一种要做好、要行善、要成为一个好人的动力。罗杰斯是在这个意义上讲人性是善的。我们要相信人性。**

如果我们没有这种基本的"信念"，心理咨询工作可能就没有存在的必要了。其实不只心理咨询工作，可能连法律、警务工作、教育工作也没有存在的必要。为什么？如果你坚信，聪明的人必然聪明，不聪明的人必然会愚蠢，邪恶的人必然会邪恶，而善良的人终将会善良，你还教他干什么呢？如果一个犯人，因为他做了邪恶的事，你就坚信他是一个邪恶的人，那他就没有再去收容改造的必要。所以你要先相信他有改造的可能，你才有改造他的必要。

所以在这个意义上，罗杰斯所说的善是"至善"，是一种与生俱来的向善、向上、向着光明、向着自己完满的样子成长的原动力。

现实自我和理想自我

接下来，我来讲讲自我实现的潜能——理想与现实之间的张力。

我们可以做一个比较。有一些同行学者认为，弗洛伊德揭示了人类潜意识当中一些被压抑的、黑暗的甚至是邪恶的或者冲动性的心理内容。所以有人会说，弗洛伊德好像让我们看到了我们人性中那些不太为人接受的、恶的或不美的方面。罗杰斯和马斯洛则强调另外一端，就是我们的善或美。但实际上，这种争议或者这种观点是对罗杰斯和弗洛伊德双方的误会。

弗洛伊德是一个高度理性的人，他的自我认同是一个医生，他穷尽其一生的力量，想去呈现自己科学、理性的一面。所以当他指出人的压抑、人的恶的时候，他并非主张人在潜意识层面是恶的。不是这样的。他主张，有很多恶，我们是不知道的，但是这并不表示我们不知道的都是恶的，强调"意识不到""不知道"的一面和主张"潜意识内容是恶的"是两码事。

弗洛伊德认为完整的人格结构由 3 大部分组成，即本我、自我、超我。超我的一部分也是潜意识层面的，而且那象征着道德准则。所以有一些良心层面对于善的追求，连我们自己也不知道。有时候我们甚至会觉得自己是一个邪恶的人，那是因为我们没有看到自己有多么好。

马斯洛在这点上就讲得比较清楚，他把人性当中光辉的那一面也指出来了，罗杰斯继承了这样的思路。我们有时候说，我们不知道自己有多坏，但是有时候我们也可以看到，我们不知道自己有多好。**所以对于心性的探索，我们要如实知道那些我们所不知道的好和不好，而不是简单地主张"人是好的"或"人是不好的"。**

在这个意义上，很可能心理学大师们其实是在做同一件事，就是让我们更加自知：可以自知我们的恶，也可以更加自知我们的善；让我们可以看到人性当中更暗的地方——暗的深处，也让我们看到人性当中更亮的地方——亮的高处；让我们看到更多的内在，看到灵魂当中被淡忘已久的内容。他们都是在拓展我们对于人性的认识，但是我们往往只选择通过他们语言上的立场来理解他们的思想，这样对他们来说是不公平的。所以在这个意义上，当我们说我们要成为自身的时候，"自身"本身可能是我们要去理解的第一个问题。

我们很多人会把"自身"理解为"自我"。认为"自我"就是自身、自己，但事实上，"自身"的所指可能比"自我"要复杂一些。我们就说"自我",我们称为"我"的那些东西,在罗杰斯看来并不是铁板一块,至少有两层含义:一个是我们想要成为的"自我",一个是我们所感知到的"自我"。概括来讲,就是"理想的自我"(ideal self)和"现实的自我",这二者是能够区分出来的。我们每个人几乎都能够体验到,我希望我是哪一种人,但我觉得自己实际上是哪一种人。

那么,为什么在我们的体验里会形成这样一种区分呢?罗杰斯认为,很可能在我们的成长经历里边,并没有全然的、无条件的、任你自由成长且使你成为你自身的环境,比如父母、老师、社会习俗等。并不是说这些没有价值或者不正确,而是说,确确实实因为这些外部要求,你没能按照你本来的样子去成长。

但是谁能知道你本来要成为的那个样子是什么样子的呢?这需要在现象层面提供一个判断的场域。所以罗杰斯就提出了一个中间的地带,他认为,理想的自我和现实的自我之间的这种区分,恰恰是我们自我成长的动力的来源。如果一个人的理想自我和现实自我完全重合,他会是最健康的人吗?未必。或许他会很愉悦,但同时也失去了活下去的动力,因为他不再有所希翼,也不再有所不满,于是他也就不再有任何的动力。

《李尔王》[⊖]里有一个说法:人生有两个悲剧,一个是你所有的愿望都没有实现,一个是你所有的愿望都实现了。**所以罗杰斯的自我观主张,我们如实地看到至少两个层面的自我,然后我们试图去弥合这二者之间的距离。这个弥合的过程可以让我们更加接纳自己,置身于**

⊖ 《李尔王》是莎士比亚创作的戏剧,是其四大悲剧之一。故事来源于英国的一个古老传说,故事本身大约发生在8世纪,讲述了年事已高的国王李尔王退位后,被大女儿和二女儿赶到荒郊野外,成为法兰西皇后的三女儿率军救父,却被杀死,李尔王伤心地死在她身旁的故事。

一条更加符合我们成为自身的路径，但是同时我们也不要期待我们的理想自我和现实自我有一天完全重合，因为那未必是什么好事。

你是否活成了别人希望你成为的样子

成为自身的冲动

那种与生俱来的要成为自身的力量恰似本能。其实马斯洛早有论述，并将其称为"instinctoid"，意为"与生俱来的，类本能的"。这个说法既规避了它就是"本能"这样的定论，同时又呈现了它与生俱来的特质。因为如果说它是本能的话，可能就会显得过于生物决定论，与人本主义对自由意志的强调相悖，但是它又有点类似生物的特征，不能完全忽视其生物属性。

这个特征是什么？就是**我们每个人似乎都有这么一种原始的力量，要让我们成为我们自身**。如果这个过程被打扰，我们就会产生不当感（wrongness），从心理治疗和咨询的视角来看，我们就是会遇到这样或者那样的心理困扰。我们有心理困扰不是因为我们病了，而是因为我们没有成为自身本来应该成为的样子。

这就好比我们要种一棵盆栽，我们做了一些设计，没有让它长成它本来应该成为的样子。它最后会长得弯弯的，以满足人类的感官，但是对于树来说，它是病了，是所谓的病树。在高山顶上，生存条件极其恶劣，但是就会有松树、柏树在岩石的夹缝里茁壮成长，而且长成和别的地方生长得不太一样的树。大家可以看到，特别是树、草等一些不太需要人照顾的植物，它们在长高长大的时候，与环境之间有一种被动的适应。

人也是这样的，我们没有办法生活在一个完全没有外部干扰的环境里，但是这并不影响我们永远保留那种要成为自身的冲动，这个力量被罗杰斯称为机体的智慧。而这个智慧有一个特征，它会根据内外环境是否适合我们成为自身，来做一个好坏的判断。它是直觉性的判断，而不是推理性的判断。在别人看来特别好的环境里，你未必是愉悦和满足的，因为那里无法让你成为你想要成为的样子。所以在他看来，这种判断力是一种与生俱来的、伴随着机体的智慧。这种智慧有如下几个特征。

第一，它具有流动性，不会停留在定论上。你或许在这个阶段觉得某种环境适合你成为自身，过了一段时间说不定又觉得它不适合。就好比你曾经努力追求的一个环境，当你获得的时候，你又发现他不是你追求的了，这并不影响你之前的判断是对的。就像有的人觉得一定要赚很多钱才会幸福，然后等他赚到了的时候，他发现自己并不幸福。从机体的智慧的层面来说，这两个判断是不矛盾的，但是从逻辑上，我们经常会说之前的判断是错的。比如说你爱上了一个人，尽管你没有什么理由爱他，但是你非常爱他，似乎没有什么理由，你觉得和他在一起后，你成了自己最好的样子。但是过了一段时间你移情别恋了，这从机体的智慧的角度讲是没有问题的。因为机体的智慧是流动的，你在不同的阶段所需要的环境是不一样的，但是如果从人类道德的角度去讲就有问题了。所以它是和我们通常所说的道德评判不一样的智慧。

第二，它不受制于他人。当你有了一个"这个适合我"的判断的时候，你是很难被说服的。整个世界都告诉你，那不是你应该要的，你仍然可能会根深蒂固地觉得"那就是我想要的"。这也是它的特征。

第三，它不受制于童年的经历。这是非常神奇的体验。我们通常会觉得，你有一个什么样的童年，就会有一段什么样的人生。比如，你的童年非常卑微，不代表你没有傲骨。也有人说，可能恰恰是因为童年很卑微，所以才有傲骨。不过，因为不是所有童年卑微的人都有傲骨，所以机体的智慧具有高度的个体差异。从这个意义上讲，每个人都能且只能成为他本来应该成为的样子。

知觉学习是毕生的历程

可是话说回来，我们为什么还会有那么多不当感呢？因为我们在成长过程中受到了价值条件作用的误导，并没有按照我们机体的智慧的判断去行事。我们在生活当中会遇到这样或者那样的权威，他的观点会影响你的人生，他掌握了一些资源和权力，会让你感觉到如果按照本心行事，你会受到生存的威胁。在这种情况之下，人的存在性焦虑和恐惧就会让你不按照机体的智慧的判断去行事，所以你就活成了别人所希望的那个样子。在这种情况之下，你就会感觉到那种不当感。

那么我们是怎么学会不按照我们的本心去生活的呢？我们小时候是不太管这个的，你会发现孩子在道德发展的过程里，有一个阶段是全能感具足的。孩子会觉得自己说什么是对的，什么就是对的，而且也不太有生存恐惧，会说"你打死我，我也要吃冰激凌"。但是慢慢地，随着人的成熟，我们越来越愿去接受别人对我们的一些引导，我们把这称为成长。

但事实上，很多成长从机体的智慧的角度讲是"反成长"的，或者说是不利于成长的。我们对于世界的知觉，这种形式的变化、整体的变化，就是知觉学习（perceptual learning）的含义。

我们通常会把学习理解成是对知识和技能的掌握，但是罗杰斯认为，那种对于知识的记忆和技能的掌握，如果不带来人格的改变，它就不是真正意义上的学习。它是肉身的一种训练，但不是真正意义上的学习。

学习应该指向人格转变，而人格转变是你对世界知觉方式的整体转变。简单地说，譬如一朵花，你去了解这朵花的门、纲、目、科、属、种，知道它的属性和特征。如果你依然对它没有任何审美体验，你便只是增加了一些关于它的知识而已。但是有的人不是这样，他在了解了花之后，他会和花建立某种心理关联，他会跟它有一种亲近感。在看到那朵花的时候，他想到的不是那些概念层面的东西，而是一种高度个人化的审美体验，这个时候他便产生了人格的差异。

同样是学植物学的人，有的人热爱大自然，有的人讨厌大自然，甚至可能最讨厌的就是去野外，因为会碰到小虫子。他学的是植物学，而不是动物学。但是话又说回来，也有人学得多了之后，他便对自然有了一种亲近感，这个时候他的人格就发生了改变。这个例子可能放在心理成长当中去讲会更为恰当。我们学了很多心理学的知识，但是如果人性的基本观点没有改变，我们便没有学习。知觉学习就是从这个层面来讲的。

我们学了心理学，不只是观点变了，而是整个体验的参照系变了，如此我们才算处于一种知觉学习的过程。而且知觉学习是毕生的历程，没有完成这一说，我们一直处在变化的过程中。

有时候你读了一本书，见了一个人，听了一次课，甚至你做了一个梦，你的突然发现你的世界从此不同了，你的体验方式发生了很大的改变，这也是知觉学习。不见得非要有一个老师、权威来告诉你该如何学习，你才可以学习到知识。所以知觉学习的过程是一个人与环境之间积极互动，使个体更加贴近自身或者成为自身的过程。

可是话又说回来，**要实现这种知觉学习有一个前提：学习的自由。**所谓有学习的自由，你需要有一些条件。

首先，你的安全感足以支撑你的改变。如果你的改变对你来说是致命的，你便没有学习的自由。比如说你有天突然发现，"世界那么大，我要出去看看"。你发生了一点改变，但是看了一下钱包后又回来了，你便没有学习的自由。

那么你可能会问，机体的智慧不是与生俱来、类本能的吗，怎么还需要学习呢？知觉学习也是本能的。你总在发生着些微的变化，然后在能与不能、成与不成的中间地带活出一条自我独属的路，绝不可能完全不顾一切地跳跃到你的理想自我或者现实自我的一面上去。你总在现实自我里打上理想自我的烙印，也在你的理想自我里带着现实自我的那种痕迹。所以我们的成长历程就一直处在这样的张力里，这种张力也是我们在成长过程中必经的体验。

那么，我们怎样才能够尽可能让这个历程更加顺畅一些，更好地或者更容易地成为我们自身呢？这是我下一节要跟大家分享的内容。

爱是无条件的吗

爱是可以无条件的吗？即便是父母，恐怕也很难做到无条件地爱孩子。孩子不听话的时候、故意捣乱的时候、学习成绩不好的时候，家长们都能像平常一样地爱他吗？恐怕不容易。

罗杰斯所说的"无条件的爱"究竟是在一个什么样的语境下提出

来的，这要结合上一节的内容。我们在成长过程中总会受到一些外部因素的影响，外部因素的影响在罗杰斯看来即价值条件（condition of worth）。价值条件是说，如果你不够好，你便没有价值，你便不值得被爱。就是因为害怕自己不值得被爱。害怕自己不够好，很多人会放弃自己本来在意的东西。比如说你在身体的层面有一种强烈的体验，假设你特别喜欢吃卤煮，但是你所处的环境或许会由此而评价你不够高雅。你为了保持高雅，就没有去吃你特别想吃的东西，或者穿特别想穿的衣服，说特别想说的话等。

因为这些外部的价值条件，你便逐渐扭曲成为一个别人期望的你，你可能做得很成功、很优雅、很美好，但是你觉得那不是你。所以有的人说现实自我都是不好的，不一定。现实自我在外部评价看来，有可能比你的理想自我还好。

就像有很多人会抱怨，我有正常的工作、家庭、收入，但是我觉得自己不正常。当我拥有一切的时候，我发现我自己没有了。当拥有一切这样的体验呈现出来的时候，那是你的现实自我。但是你的理想自我或许适合远方，而不适合当下的现实。

有句话叫"理想很完满，现实很骨感"，实际上多数人是把理想和现实变成了一种对立的关系，理想的一定是好的，现实的一定是不好的。其实这个是外部评价，而你的内部评价机制才决定着你的幸福感。可是正如前面所提到的，你不是那么敢用你的内部评价来指引你的生活，因为总会有一些外部价值条件在起作用。所以罗杰斯说，我们人为什么会病，大概就是因为这些外部条件作用太多了，这些价值条件作用让我们的潜能不是以一种变了形的方式实现，而是让它根本实现不了的时候，我们就病了。

就好比我们的人生是一条小溪，虽然不是很宽阔，但是它从未止步。如果我们修了一个大坝，这个地方只有水足够多才是好的，那么它便不再是一条小溪，而变成了一个水库，然后逐渐有沉沙，很多东西不再是它想要的。但是它只要还有一息生存的动力，它便会不停地积累，一直漫过大坝，然后再次成为一条小溪，那正是它理想的样子，它不需要变得很宽，也不需要变得开阔，它需要的是活着，人的生命就是这样。

我们或许会因为教育、经济，或许会因为权威的眼光的影响，逐渐成为另外一种人。这个时候，我们的内心就会有一种声音，"这不对，这不对，这不是你想要成为的样子"，而这个声音将会引导你去成为你本来应该成为的样子。在这个过程中，你需要有一种无条件的爱作为支撑才可能抵达终点。为什么？因为所有这种内在的诉求都同时伴随着一种对虚无的恐慌。有舍才会有得，在这条路上，你必须要放弃你曾经为之努力奋斗过的很多东西，才能够成为那个你想成为的人。但是，恐怕你身边的很多人都会劝你："你怎么可以去做这样的事情呢？你努力为之奋斗了，马上就要见到一生的成果了，你现在要放弃这条路，你是不是不够理性？"这样的评价全部是价值条件作用的体现，不管它是以爱的名义，还是以控制的名义出现，并没有差别。

或许有人会说，难道我们作为对方的家人，不应该去劝我们的家人理性地面对生活吗？应该，如果你觉得那样会让你感到舒服的话。因为在那个过程中，你在让他成为你想要他成为的样子，可是你很可能同时忽略了他想要成为的样子，你在努力地让他成为你想要他成为的样子。心理学工作者在这个时候也可能会成为帮凶。因为心理学工作者也生活在一个充满了价值条件作用的社会文化之中，在他的心里也会有一个是非对错的基本判断，而当基本判断成为工作指南的时候，他就会用指导性的方法去工作。

罗杰斯的重要贡献就是提醒心理咨询师们，他们的价值在于不要去做价值条件作用的帮凶。换句话说，在收了咨询费之后，咨询师要做的是，即便整个世界都离你的来访者而去，你也选择跟他在一起（工作），这就是无条件的爱。你可能会说，咨询师并没有表达爱，但是最长情的爱的表达形式不就是陪伴吗？作为咨询师你跟他待在一起，陪着他，那种**无声的陪伴可能是爱的最长情的表达**。如果这种做法在家人和朋友当中也能实现，那么它的疗愈作用比咨询师还要大。

你可以设想一下，如果你的爱人知道你某个做法从外部评价的角度来看是错的，但是如果你不去犯那个错误，你就会良心不安，认为自己这一生就是不完美的，所以他愿意陪你去做，那是一种什么样的体验？他并非不知道那么做会有风险，但是那是你毕生追求的目标，他愿意去陪你去犯这个错。在心理层面，你就会感觉到自己不再是一个人。

可是话又说回来，这是不是鼓励我们不去遵循任何道德准则呢？如果我们爱的那个人做的是一件坏事，这个时候就要看你的定位。如果你爱他，而不是想教他，你便跟他一起去走那条"不归路"。如果你的定位是他的老师，是他的指导者，你必然就要告诉他，他错在哪里，而且要尽最大的努力让他不要犯错。

可能你会问，究竟应该怎么定位呢？其实在问这个问题的时候，你的内心就已经有定位了，否则你就不会去问这个问题。因为在观察当中，我们可以看到，那种不顾一切陪伴的、生活中无条件的爱是客观存在的，只不过它需要在特殊的场景下才能够体现出来，它并不容易，因为主动去爱的人需要放下一些自我在意的东西，才可能实现对另外一个人的无条件的爱。

实际上，罗杰斯用的是"无条件积极关注"（unconditional

positive regards）这个词，无条件积极关注和无条件的爱略有差别，无条件的爱涵盖的范围要广一些，无条件积极关注则是其中的基础。此外还需要有两个附加条件。

第一，要内外一致，你是真诚的，你的爱是真的，而不是假装的。第二，你还要共情理解。你和另外一个灵魂平等对话，在这种情况之下，你需要同时具备真诚、一致、无条件积极关注和共情理解。在关系当中，具备这两个条件，这个关系便是具有疗愈作用的，这两个条件统称为无条件的爱，或者说是一种疗愈性的深情。

罗杰斯曾经在一次讲座中谈到，根据他几十年的工作经验，他认为关系是疗愈的全部。建立这样一种独特的关系（包含内外一致、共情理解和无条件积极关注这三点），是求助者或者来访者产生建设性改变的全部条件，他把它称为充分必要条件。如果咨询师和来访者之间能够产生这样的一种场，让来访者感觉到咨询师对自己是真心实意的、实实在在的、对他无所求的陪伴，那么他的"变化"就会不可避免地发生。进而他认为，如果其他关系（比如说亲子关系、上下属关系）中的某一方能够做到这三点，那么另一方的改变也是不可避免的。所以他把这个视为良好沟通或者疗愈性关系的核心和充分必要条件。

这也是他后来将他的心理学理念延伸到其他社会生活领域的理论支撑——**无条件的爱，对这个世界的深情**。我们并非不知道这个世界有不完美的地方，但是我们不因为它的不完美就与之为敌。譬如说你种了一朵花，花开的颜色不像你想象的那么好看，那你也不必把花剪掉，你可以去欣赏它虽不完美但生机勃勃的样子，这个爱就是无条件的。如果你有一个非常刻板的印象，这个花必须得开成什么颜色，我才留着它，那么便是有条件的。

我们再说孩子，如果你的孩子生下来，不像你想象的那么乖巧，那么你便去欣赏他不太乖巧但富有生机的存在。我们每个人都会对孩子有自己的期待，但是我们不要把我们的期待强加在孩子身上。当你试着用自己的价值条件作用去控制你的孩子的时候，你也可以回忆一下，在你小的时候，当你的父母试图把你塑造成他们想要的样子的时候，你有一种什么样的体验？想到这里，或许你对孩子的态度会更温和一些。当他被别人的价值条件控制的时候，或许你可以跟他一起面对，在这种情况之下，你的孩子可能会跟你更亲近一些，而他改变的可能性也会更大一些。

如何过上理想的生活

罗杰斯在他的整个理论的脉络里有一个基本的判定，那就是生活是一个动词，而不是一个名词。当我们通常讨论何为良好的生活、什么是理想的生活时，我们似乎把生活理解成了一个状态，我们如果达到那样一种状态，似乎我们就过上了理想的生活。罗杰斯似乎不太认同这个观点，他认为我们的生活一直处在一个改变的过程里。前面讲了知觉学习的概念，在从出生到死亡的这个脉络上，我们一直处在改变当中，只要我们还没有到生命的最后一刹那，我们就还有一些潜能没有实现，我们总是在改变。

那么这个观念对我们有哪些重要的启发呢？我认为至少有三个启发。

第一个是，我们永远有希望。不管你此刻和过去过得有多么不幸，多么虚伪，只要你还有时间，你便有可能过上你想要的生活。所以从这个意义上讲，我们永远都有希望，这点很重要。

第二个是，我们永远要对别人怀抱希望。佛教里有一句妇孺皆知的话，叫"放下屠刀，立地成佛"。一个坏人拿着屠刀杀了那么多人，还能成佛吗？按照罗杰斯的观念，当他领悟到自己做了很多错事，并且明白那并不是自己想要的样子时，那一刹那，他便不再是之前的他。当然，这是从人格的层面讲的，从社会学的层面讲，他还是他，必然要为之承担后果，但这不表示在人性的层面，他没有成为善人的可能。"放下屠刀，立地成佛"是有一个故事作为支撑的。

孔雀王朝有一个国王杀人如麻，战场上有一个士兵在濒死之前想要喝水，国王看他很可怜，就给他倒了一杯水过去。结果士兵恶狠狠地看着他，宁死不喝国王倒给他的水。这个时候，他突然意识到自己做了错事。他一直以为自己攻城略地，杀人如麻，成为一个霸王统一天下，是一件了不起的事情。可是当士兵因为即将失去生命，而憎恶战争，进而憎恶他这个人的时候，他才意识到，也许他错了，也许他更看重的是一个普通人对他的认可和关爱，而不是自己叱咤风云，做一个霸王。

你可能会说，这怎么可能呢？其实有很多事就是这样，一个可以号令天下的人，有可能被他妻子的一句贬低而打倒，因为他更在意的可能是家人的认可，只不过他自己一直不知道而已。当他知道的时候，他就会变成另外一个人。所以按照罗杰斯的观念，我们相信任何一个人不管犯了什么错，他都有成为更好的自己的希望。

可能大家会觉得罗杰斯太理想化了。有些人是病人，他可能是偏执的，或者有成瘾症，他已经做了各种努力，都改不了他的毛病，怎么可能有一天突然就改掉了呢？但也请你观察一下，是不是有这样的人，他有一个毛病，一生都改不了，直到老了仍然有这个毛病，尽管他老了，却可能因为一个小小的契机改掉这个毛病。洗心革面、重新做人是可能的。所以**当我们把生活视为一个动词的时候，我们就会放过自己，也会放过别人。**

这并不容易。当你形成这样一种理念的时候，你可能在知觉改变的路上，对于整个世界、对于整个关系的看法会逐渐发生改变，但是你不太可能在领悟到这一点之后立刻就改变了，觉得可以原谅周围那些不能原谅的人。这恐怕没有那么容易，但是毕竟罗杰斯给了我们这样一种可能性。

当然，这个观点在人类思想史上并不是第一次出现，但是罗杰斯以心理学的形式让它变得更为可信、更为可用，或者说更为贴近我们的生活。

第三个非常大的启发是：我们可能要以一种新的视角看待这个世界，放下期待，面对未来。我们不会停留在一个理想的、被我们投射了很多期望的时代，我们不会觉得"人心不古"，我们不会觉得有一个黄金时代已经过去了，未来将充满各种不确定性和恐惧。**罗杰斯的理论观会给我们塑造一种新的世界观：无论未来如何，我们都欣喜地接受。**

就像《阿甘正传》里，阿甘的妈妈跟他说的："人生就像是一盒巧克力，你永远不知道你接下来拆开的那颗是什么味道。"我们也是这样，我们一年一年地过，每一年都不一样，每一年都和我们的期待不一样。如果我们放下我们的期待，是不是每一年都是我们想要的？

比如说 2020 年爆发了新冠疫情，它改变了我们生活的方方面面，可能与过往的那种生活方式相比，过去两三年的生活不见得更好，或者不见得是你更想要的。或许你已经习惯了每天早晨起来去上班，但是领导突然说，特殊时期，你千万不要到单位来。你或许还有点不适应，但是等你适应了之后，你会发现那样似乎也挺好，你终于有机会去过之前你抱怨自己过不上的那种生活：居家工作之余，你有大把的时间可以做自己喜欢做的事情，可以在家做饭，可以陪陪家人，可以看看自己想看的书。换句话说，无论这个世界是怎样的，我们都欣喜地接着，这样我们也就差不多领悟了罗杰斯的"以人为中心"的疗法所传递的那种世界观。美好的生活是什么呢？我们明天看看就知道了。

延伸阅读书单

[1] 基尔申鲍姆. 卡尔·罗杰斯传记 [M]. 熊然，译. 北京：中央编译出版社，2016.

[2] 罗杰斯. 个人形成论：我的心理治疗观 [M]. 杨广学，尤娜，潘福勤，译. 北京：中国人民大学出版社，2004.

[3] 罗杰斯. 卡尔·罗杰斯：对话录 [M]. 史可鉴，译. 北京：中国人民大学出版社，2008.

像高成就动机的人一样去行
为和思考，我们也能拥有成
就动机带来的福利

戴维·麦克利兰

从微观的细胞层面到宏观的
国家层面，成就动机是推动
人类社会前进的动力

陈祉妍

第 5 章

戴维·C.麦克利兰：

探求成就动机，引导卓越成长

Psychology
and Life

本章作者　陈祉妍

中国科学院心理研究所教授。

动机研究的集大成者

戴维·C.麦克利兰（David C. McClelland，1917—1998）是美国著名的社会心理学家。他在 20 世纪美国最杰出的百位心理学家里位列第 15 名，这个排序来自他学术文章的影响，以及他在各个学科上对后来学习者的影响，还包括一些社会方面的影响。

我们知道，入门心理学的第一本书一般是《心理学导论》或者《普通心理学》，麦克利兰在各类心理学教材里的提及率非常高，排名大约在第十名。这是因为他的研究影响非常广泛，我们不仅能在普通心理学课上了解他的理论成果，教育心理学和管理心理学领域的发展也都离不开他。

他最主要的贡献是动机方面的研究。1987 年，他获得了"美国心理学会杰出贡献奖"，主要就是因为他在动机方面提出了很多研究理论。有人把他的动机理论称为"三种动机理论"，但实际上，三种动机里最突出的是"成就动机"，所以也有人说他最主要的贡献就是成就动机理论。

鉴于麦克利兰在动机方面的贡献，我把他称为"动机研究的集大成者"，因为他对整个领域的研究程度，达到了今天很多心理学家所梦想的高度。

今天的心理学家会怎样畅想自己的职业生涯呢？一方面，很多心理学家可能希望自己的工作是以一个研究问题为中心，同时所采用的方法非常广泛，但全都聚焦于一个研究问题，麦克利兰就是这样做的。在他活跃的年代，即20世纪五六十年代，他在动机方面的研究，在当时就已经达到了相对微观的层面。他甚至研究了各种动机的唤起状态对血液中的免疫细胞的影响，以及不同的动机类型涉及的生理激素会有什么不同。

当今世界我们能够涉及的最宏观的层面就是国家与国家之间的差异，或者各个国家对应的各种文化之间的差异。麦克利兰比较了不同国家在不同年代的动机类型、动机水平，并将其与国家宏观层面的发展（比如一个国家的经济发展、人口出生率等方面）联系起来，所以他真是既擅长研究微观层面的问题，又对宏观层面的研究十分感兴趣。

另外，麦克利兰所做的研究也并不仅仅停留在象牙塔里。他的研究明确地指向应用。他不仅曾经在大学里担任教职，而且后来创立了管理方面的咨询公司，他的很多研究都指向对现实问题的解决。我们今天所重视的很多问题，他都从动机的角度探究过，甚至做出了干预和促进，比如我们最根本的一个关注点可能是"我们能不能健康地活着"。身体和心理状态，乃至长久的身心健康是我们每个人都关注的基本问题，麦克利兰很早就研究过动机与这些问题之间的关系。

现实生活中，当我们不再担忧基本的生存问题时，我们肯定会开始关注发展。在当今社会，我相信父母们都会非常关注孩子的学习，希望自己的孩子能有一个光明和有成就的未来，这些与毕生发展相关的问题，也是麦克利兰的研究对象。

麦克利兰是哪种科学家

麦克利兰的研究贡献建立在扎实的科学基础之上。有这样一种说法，科学家可以分成三类。第一类科学家能够把人类的认识从完全黑暗的地方带入有一线光明的地方，这类科学家所做的贡献实际上是界定一个领域，表示这个领域值得研究，给出基本的定义，让人们意识到某些问题。比如，"人类拥有广袤的无意识"这一发现对心理学专业学者们产生了深远的影响，很多创立理论的先驱都属于此类型。

第二类科学家则能把人的认识从有一线光明但是模糊不清的地方带入光明地带。也就是说，通过使用科学的方法，他能验证一些处于草创阶段中的理论，从而建立一个完整的科学体系。我个人认为这样的科学家非常难得。而且在我们人类的历史上，能够原创理论的学者其实有很多，但是如果只有这种学者，我们会停留在大量的争议中间，而无法辨别到底哪个才更接近真理。但是当第二类科学家建立一个科学体系的时候，他们会用科学的方法检验各种理论的细节是否符合实际。麦克利兰正是这种科学家，借助科学的方法和研究程序，他能够把一个模糊、内在甚至多变的概念——动机量化，所以这是一个很了不起的贡献。

第三类研究者或科学家实际上是在已有光明的领域里工作。例如在麦克利兰已经把与动机相关的科学研究做得比较扎实之后，其他的研究者可以在他的基础上研究一些更具体的问题。这三类科学家我们都需要，但是我认为像麦克利兰这类科学家是非常稀少和宝贵的。

人的动机可以被量化和计算吗

麦克利兰之前的动机研究

动机研究并不是从麦克利兰开始的，在这之前已经有很多学者探讨过这方面的问题。但是在这之前，心理学家关于动机的大部分研究都比较关注状态性动机。所谓状态性动机就是指，当个体有动机的时候会指向一个目标，而在目标达成之后，动机就得到了安抚，个体的动机水平就会降低。比如，人最基本的一些生理需要，像饥饿，如果我有饥饿的动机，往往是因为我已经饥肠辘辘，所以我会去寻找食物。当我吃到了食物之后，我的注意力就会转移，同时饥饿的动机也会大大减弱，直到我再次体验到饥饿的感觉。

在这之前，学者们也会关注人的社会属性方面的很多动机，像我前面提到的"亲和动机"，有人把它叫作亲密的动机或者关系方面的动机，它在当时也被认为是一种状态性动机。比如和多年没有见的老同学聚会时，我们会产生很多的感情，也容易回想起当年亲密如兄弟姐妹般的同窗情谊，在这种状态下，我们的亲和动机水平比较高。然而，当我们专注地完成工作或作业的时候，我们的亲和动机水平就会比较低，因为此时没有唤起亲和动机的刺激。

在麦克利兰之前，亨利·A. 默里（Henry A. Murray，著名心理学家）于 1938 年出版了《人格的探索》(*Explorations in Personality*) 一书。这本书对于人格心理学的发展有很大的影响，主要体现为它对很多动机类型进行了界定。

默里在这本书里界定了后来麦克利兰关注的所有重要动机，也就是说，默里界定了成就动机、权力动机和亲和动机这三个概念，只是当时他把它们称为"需要"。他认为个体有成就、权力、亲和以及很多其他需要。比如个体有稳定的需要，也有变化的需要。当稳定的需要比较强的时候，个体就会希望每天的生活安稳不变，强到一定的程度，甚至会希望牙刷头每天都向左摆，永远向左摆。变化的需要体现在个体希望生活中有所改变。如果变化的需要比较强，个体可能会很喜欢去各地出差和旅游，获得新的体验。

默里在界定的时候认为，这些需要存在个体差异，也就是说，每个人可能稳定地表现为某几种需要比较强，或者某几种需要的平均水平比别人高。因此成就需要比较强的人在生活的各个方面都追求卓越，以期超越自己原来的水平。同时也会有其他需要比较强的人。

默里还做出了一个贡献，他研发了一种测量动机的工具——"主题统觉测验"[⊖]（thematic apperception test，TAT）。这个测验是默里和他的一个女助手共同研发的。

因为动机存在于一个人的内心，所以当我们直接去询问一个人的动机水平时，往往会受到很多因素的干扰，难以有效、全面地获得自己想要的信息，况且大多数人有时候还会刻意掩饰自己内心深处的动机。默里的女助手叫摩根，她是一位妈妈，喜欢给孩子讲故事，而且她发现讲故事时，孩子会补充这个故事，他会猜测故事中人物的言行和故事的结尾，而这恰恰体现了孩子的心理状态。

受到这个启发，默里和摩根共同编制了一个看图讲故事的测验。测验的基本做法就是呈现一组标准化的图片，让被试回答每张图片中的人物有什么样的特征，以及构成了一个怎样的故事。而且研究者通常

⊖　主题统觉测验属于"投射"测验，类似于看图说话，参与者所写的故事会投射他们的想象、思想和需要，从而可以分析、判断他们意识中或潜意识中的需要、动机、冲突及愿望。

会隐瞒测试的真正目的，不会事先告诉参与者这是测量性格或者动机的测验，而是说"这是一个关于想象力的测验，请被试看图编故事"。

默里和助理共同研发的主题统觉测验的施测过程相对来说比较主观。虽然他也提出了很多分析故事的方法，但是只有那些经验丰富的临床心理学和人格心理学学者才能进行准确的分析，而且最终的结果并不能被量化。

麦克利兰测量动机的方法

在上述这些工作的基础上，麦克利兰开始把测验做成一个定量的科学的动机计分系统，他是如何做的呢？

首先，麦克利兰认为应该找出两组被试，这两组被试之间的动机状态有差别，然后分析这两组被试围绕同一张图片讲述的故事之间有什么样的差异。最后，逐条地找出两组被试所讲述的故事之间的差异，并且再次经过验证，就可以将其确立为动机计分系统。

但是内在的成就动机并不是那么容易操纵的，所以麦克利兰谨慎地从一种特别容易操纵的动机开始，也就是饥饿动机。饥饿动机可以很好地被量化，比如一个人刚刚吃完饭后的半小时绝对不会有强烈的饥饿动机。但如果一个人已经9个小时没有吃东西了，那么他一定会有比较强烈的饥饿动机。所以，麦克利兰决定让一组被试写两次故事，一次是在刚吃饱之后，一次是在距离上一次进食9个小时之后。然后，比较这两个故事有什么不同。

同一个人写的这两个故事有什么不同呢？有些人会猜想，一个人在饿的时候是不是会写很多的食物？麦克利兰也是这样猜想的，但是结果却不是这样。

　　麦克利兰发现，人在饿的时候写出的故事提及最多的不是食物，而是与食物有关的工具，比如锅、碗、瓢、盆。这实际上奠定了麦克利兰整个计分系统的基础。后来他建立成就动机和其他动机计分系统的时候提出，其中最关键的一个计分内容便是工具性行为。比如当一个人的成就动机很高的时候，他固然会描述一些获得高成就、感到兴奋和幸福的状态，但是他会用更大篇幅描述自己为了获得成就而付出的大量努力，那些努力克服困难的过程会成为故事里的核心内容。

　　所以，麦克利兰通过测量饥饿动机验证了两点：第一，动机的变化真的会体现在被试即兴创作的故事里；第二，动机的变化主要体现在工具性行为上。进而，麦克利兰又建立了成就动机的计分系统，也是通过先后让人处在低成就动机和高成就动机的状态下。

　　他是如何操纵这种状态的呢？他的一个假设是，对目标的剥夺会致使动机被唤起，就像一个人如果吃不到东西，他的饥饿动机就会很强烈。如果一个人很想获得成就，但他又得不到，就很容易唤起他的成就动机。所以，麦克利兰给被试提供了一个虚假反馈的情境，也就是让被试去完成一些成就任务，但是总是告诉他们没有成功，"这个任务很简单，但是你没有成功完成"。然后，让被试在这种状态下写故事，再把这个故事与他在平静状态下所写的故事进行比较。

　　当然，只招募一组被试还不够。这个计分系统需要经过多次验证。例如，再找一组被试，让他们分别在高成就动机和低成就动机状态下写故事。然后，把故事打乱，用计分系统去计算故事的得分，再根据得分区分高成就动机和低成就动机状态下的故事。最后，与原来的实验情境进行核对，发现根据计分的分类基本上比较准确，由此交叉验证了计分系统。用类似的方法，麦克利兰最终也建立了亲和动机和权力动机的计分系统。

麦克利兰的动机计分系统的应用

麦克利兰开发的计分系统，使得大量研究者都可以准确地计算成就动机分数。这个计分系统会考虑故事的字数对动机得分的影响。因为如果一个人讲的故事非常啰唆，可能一句话会讲好几遍，如果不考虑这一点，就会导致分数偏高。所以如果一个句子表现出了某种动机，就只计一次分。但是，如果连续两个句子都是同一种动机的表现，就不会重复计分数，而是间隔一个句子才能再计分，并且最后的总分要除以字数再乘以1000，以获得每千字的动机分数，从而进行均衡的考虑。因此他可以对主题统觉测验得到的文本进行跨故事、跨图片的比较。他又进一步把这种计分系统应用在其他文本中，只要文本的类型近似，就可以进行相互比较。

比如，我们的语文课本里有很多的故事。只要故事是来自语文课本，不管是中国的语文课本，还是美国或日本的语文课本，都可以计算动机分数，并且进行横向比较，这大大拓展了动机研究的资源。无论是单个的人，还是使用同一文本的一个群体，都可以用这个计分系统获得动机分数、做比较研究。因此，麦克利兰通过建立一个科学的计分系统，把对动机的研究带入了更科学、更定量的阶段。

不过，与此同时他也受到了一些质疑。因为，他开发的计分系统比较新。大约在十几年前，已经有了关于动机研究的心理学问卷。这些问卷基于默里对动机定义的划分，编制了很多题目。

在心理测量领域有一个常规做法，那就是把新编制的测量方法和过去已经存在的测量方法进行核对。通常是同一个人先后接受两种方法的测量，然后看两次得分是否一致。有人把来自麦克利兰开发的计分系统的分数与之前的问卷得出的分数进行核对时发现，二者之间完全不相关。也就是说，哪怕一个人在问卷上拿到了较高的成就动机分数，我们也根本无法预测他在麦克利兰的动机计分系统里获得的是高分还是低分。

一般情况下，这会证明新的计分系统无效。但是麦克利兰通过一系列的研究证明，自己的计分系统才是真正的动机计分工具，之前用问卷法研究的是与动机有关的价值观。这是因为当被试回答问卷上的问题时，会受到意识的影响。某个被试可能会在"我愿意为了获得好的成绩克服很多困难并坚持不懈"这一栏勾选"是"，但当他勾选"是"的时候，并不代表他一定真的会这样做，而是代表他真的认为这是一个好行为。所以被试在回答问卷的时候，很容易受到他的价值观和态度的影响。当麦克利兰用主题统觉测验和文本分析的方法收集被试的动机水平数据时，被试相对不那么容易操纵他的作答结果，所以最后的分数更能代表人的真实动机水平。

作为科学家，麦克利兰不仅要提出假设，还要用一些有数据支持的实证研究验证这些假设。于是麦克利兰进行了一系列研究，证明了借由他的计分系统获得的动机分数，可以很好地预测一个人未来的行为。动机最基本的一个特征就是能激发、维持、指引一个人的行为。如果一个人的成就动机比较高，那么他就会受到成就类任务的吸引，例如会很愿意去挑战一个智力任务，而且当他遇到困难的时候，他会坚持更长的时间，同时由于这些特点，他往往更容易获得更高的学业成绩和职业成就。

问卷法与计分系统

麦克利兰的学生后来对很多相关的心理学研究进行了元分析，发现使用问卷法测量的动机水平，也可以预测个体在未来的成就，但是能够准确预测的时间比较短，只能维持半年左右。比如，如果你在一个学期刚开始的时候请学生填写成就动机问卷，那么问卷的得分和学生的期末成绩是存在相关的，但是问卷得分是否可以预测一个高中生上大学以后的成绩，是否可以预测一个大学生工作之后的职业成就呢？其实，问卷是不具有长期的预测能力的。但是，麦克利兰开发的这套计分系统可以做比较长期的预测。个体在学业状态和工作状态下的动机水平其实非常不一样，但是在学业状态下测量的动机水平仍然可以预测他未来在工作中的成就水平。

麦克利兰进行了一系列扎实的研究并证明他的计分系统更能准确地反映一个人的动机水平。在这样的基础上，他的学生以及未来的研究者可以更广泛地研究动机到底有哪些影响，以及它对个人和社会有什么样的作用。

成就动机高的人会更优秀吗

麦克利兰对三种主要社会动机（成就动机、权力动机和亲和动机）的研究之所以影响深远，是因为这些动机对于我们生活的很多方面都十分重要。

高成就动机：追求卓越

成就动机，是指一个人努力克服困难、达到预期目标的内在动力和心理倾向，进而不断地追求更高的标准，包括要比过去的自己更优秀，要在与别人的竞争中获胜等。汇集成一句话，就是追求达到优秀或者不断追求卓越。

有一部我十分喜欢并且也值得很多教育工作者看的印度电影《三傻大闹宝莱坞》（3 Idiots）。电影里的主人公是一个很喜欢学习、成绩也非常好的人。他曾说过一句这样的话，"不要追求成功，要追求卓越，这样成功就会跟着你"。"追求卓越"其实描述的就是高成就动机的一种内在状态。如果我把成就动机做一个方向上的比较，它更像是推动人类前进的车轮。亲和动机和权力动机则与人际关系有关。

亲和动机描述的是，我们希望人和人之间的关系更近，而不是更远。权力动机描述的是，在人和人的交往中间，我希望自己比别人高一点，而不是比别人低一点。

麦克利兰后来对权力动机越来越关注，这是因为当他研究领导者的时候，他发现对于中小企业来说，领导者的成就动机固然重要，但是权力动机的影响甚至比成就动机还要大。

对此，他认为当领导者处在领导职位的时候，权力动机很重要，因为他要施加对他人的影响。另外，亲和动机在从个人到社会的层面也都很重要。麦克利兰在微观层面做过这样的研究，先唤起实验参与者的动机类型，然后再检验他血液中免疫细胞的时候。研究发现，当一个人的权力动机被唤起之后，免疫细胞是受到抑制的。

也就是说，如果一个人经常处在权力动机很高的状态下，可能免疫水平会受到损害，这其实不太利于健康。当然，有时候我们可能需要做出这样的牺牲。此外，他发现当一个人的亲和动机被唤起的时候，比如遇到多年不见的好友，或者看一些表达人和人之间的关怀与友爱的影片的时候，其免疫细胞的数量和活力是增加的。也就是说，亲和动机的唤起有利于人的免疫水平，利于人的健康。

也许，这会提示当我们太劳累，生理水平处在比较低下的状态时，我们应该选择看什么样的影片。但同时，这也意味着，动机是一个对于人的健康有着重要作用的研究领域。

麦克利兰进一步发现，当人的亲和动机被唤起的时候，多巴胺的分泌水平会提高，而很多其他生理激素的水平并没有变化。也就是说，亲和动机真的会让人快乐，甚至说不定有一些止痛作用。当权力动机被唤起的时候，去甲肾上腺素分泌水平会比较高，也就是说，它可能给人带来一些负担（例如心血管上的负担），所以在个体层面会影响到健康。如果推广到群体层面，它可能会带来我们社会的疾病负担。

不仅如此，麦克利兰还发现，亲和动机有可能会影响到一个社会未来的人口出生率。

综合来看，虽然亲和动机和权力动机对我们人类的繁衍和组织都有很重要的作用，但是推动我们人类社会进步（从钻木取火到今天的科技创新）的一个重要驱动力就是成就动机。成就动机会让我们在个体层面不断追求把事情做得更好，这意味着我在学习的时候，虽然已经掌握了一种解题方法，但我接下来可能会继续思考有没有更快、更聪明、更巧妙的解题方法。在工作中，我可能也会寻找更高效的工作方式，或者希望创造性地研发出一个能够普及更高效、更聪明的工作方式的渠道。因此，成就动机很可能是创新和进步背后的驱动力。一个拥有较高成就动机的人，不仅会寻求更好的方法、更优秀的成绩，同时也会在面对困难时坚持更长时间，更努力地解决它。

成就动机高的人有一个特点，那就是他会选择中等难度的任务。什么叫中等难度的任务？意思是这个任务不可以太容易，也不可以太难。这部分研究是麦克利兰和约翰·威廉·阿特金森（John William

Atkinson，1923—2003，美国心理学家）共同合作完成的，阿特金森也凭借这部分研究获得了美国心理学会的"杰出贡献奖"。

他们一起研究了成就动机的行为特征。首先，他们在一个实验中给出了不同位置的套圈。当被试去套圈的时候，如果选择距离很近的那些目标去套，就比较容易成功，如果选择手边的套圈，那成功率几乎是百分之百。如果被试选择很远的套圈，那么就无法精准地套住，当距离远到一定程度时，失败率就会很高。

麦克利兰和阿特金森测量了参加实验的人的成就动机水平，然后让他们自由地选择要套哪里的目标。结果发现，高成就动机的人往往集中在一个位于中间距离的目标上，也就是这个任务可能会失败，但是如果付出最大的努力，尽量控制好自己，就比较可能成功，而不是能确保成功或者很可能失败、完全靠运气。

麦克利兰认为，高成就动机的人之所以会选择中等难度的任务，是因为这种难度最能够挑战自己，真实地反映出个体的水平极限。这种任务往往需要一个人调动自己最大的努力，因为高成就动机的人在面对挑战的时候，喜欢充分调动自己付出最大的努力。同时他们还希望能够测量出自己能力的边界，并且愿意通过努力把这个边界不断地推远，从而提高自己的水平。所以，当他们选择中等难度的套圈时，能够同时得到"我的力道增加多少或者方向怎么样掌握得更好一点才能精准套住"的信息，这样他们就能够提高自己的成功概率，这是最有利于练习和提高水平的。

低成就动机：希望成功和害怕失败

为什么低成就动机的人会选择比较容易或者比较难的任务呢？麦

克利兰和阿特金森认为成就动机有两个子成分，一个是希望成功的动机，一个是害怕失败的动机。希望成功的动机是真正健康的成就动机，当我去做一件事情的时候，追求达成成功。害怕失败的动机往往也同时存在，但是它对于人的努力往往会有一定的伤害。

所谓"害怕失败"，指的是当我在做套圈任务的时候，我担心的是我套不中怎么办。如果我套不中，会不会显得我很笨？如果我套不中，周围的人会不会嘲笑我？这些想法会干扰一个人的努力。害怕失败的动机会致使一个人想要为自己的失败找借口，或者力图避免任何可能的失败。当一个人选择特别容易的任务时，他可以完全避免失败。"我是一个已经能够套到两米之外的圈的人，但是我只套手边的这些圈，我几乎不可能失败，因此我不会显得愚蠢，也不会丢脸。或者我就套那些特别远的目标，谁都无法成功。所以即使我没有成功，我也不丢脸"。

从这个角度来说，阿特金森认为，真正的成就动机等于希望成功的动机减去害怕失败的动机。

当一个人具有积极的成就动机的时候，他在做任务时会努力地追求成功，愿意承担一定的风险，也不会过多地考虑失败对自己的影响。我们可以想象，这样的一种内心状态，对于我们的学习和各种能力的提高有多么重要。因此当一个学生具有积极健康的成就动机的时候，他在学习时会很愿意解决有挑战性的题目。当他去解决这些题目的时候，他会更充分地调动自己的能力。

很多关于神经心理学的研究发现，在不同的唤醒水平下，人的大脑处在不同的状态，当一个人的唤醒水平较高、兴趣很强的时候，大脑活跃的水平远远优于他充满焦虑或者缺乏兴趣的时候。所以当一个人充满兴趣、努力追求成功的时候，能够更好地提高学习效率，并且能够不断地进行练习。也可以说，当一个人在选择中等难度的任务时，他也是不断地在"最近发展区"尝试⊖。

当一个人追求较高成就时，他当然也会在工作中不断地提高自己的能力，有更高的工作水平。如果一个企业由这样的人聚集而成，那么这个企业整体的工作效率就会提高。

麦克利兰研究发现，高成就动机不仅能预测一个人长远的学业成功和事业方面的发展，还可以预测一个企业的发展。他研究了一批中小型企业，在半年之后追踪这些企业的规模扩张，他发现当这些企业的领导者的成就动机比较高时，企业的发展就会更好。

如何培养高成就动机

高成就动机不等于学业成绩出众

很多人可能会认为，当孩子上学之后，就需要好好培养孩子的学习习惯和学习态度。我有一个朋友，她就希望生完孩子之后交给老人养，然后趁自己年轻好好地在工作上奋斗一下。等老人在老家把孩子带到 6 岁，再接回来，她再带着孩子上小学，由此培养孩子的学习态度和学习习惯。但是我跟她说，这样实在是有点晚了。

因为对于学习来说，虽然影响力很大的一部分是智力，但是智力难以在后天进行太多的提升（这是一个悲伤的消息），而成就动机是一

⊖ "最近发展区"是教育心理学的概念，它是由苏联著名心理学家维果斯基提出的，认为学生的发展有两种水平：一种是学生的现有水平，指他独立活动时所能达到的解决问题的水平；另一种是学生可能的发展水平，也就是通过教学所获得的潜力。这二者之间的差异就是最近发展区。

个对学习成果影响力很大，父母又可以去培养的因素。成就动机的培养并不像我们想象的那样，只有在学业领域里才能培养出来。

麦克利兰对于成就动机的研究发现，成就动机的萌芽早在两三岁的时候就出现了。这一点和精神分析的理论其实也有一些联系。麦克利兰研究发现，孩子在幼儿阶段时，母亲对他的养育包括规律的喂食、排便训练等，也就是说，孩子开始需要学会按照合理的时间、地点和方式排大小便，这些活动会影响到一个人的成就动机。不难发现，童年早期的成长奠定了成就动机的基础。

为什么像排便训练这样的活动会影响一个人的成就动机呢？因为成就动机并不仅仅体现为对学习或者工作的重视，它是一种内在模糊的状态，也就是"做任何我认为重要的事，我要做到很好"。它并不仅仅指向学习，如果一个人的价值观认为学习不重要，哪怕他是高成就动机的人，也可能完全不努力学习，因为他只会在自己认为重要的领域调动自己，不断追求更好。

我有一个高成就动机的女性朋友，她在学习中非常放松，但把才华都用在了做菜上。她能够跟我聊很长时间，告诉我如何把吃剩的面包切下边后，切成小丁，然后在太阳下暴晒，做成好吃的面包干，又如何加入其他的配料一起做成沙拉。她会自己创造各种各样的菜式，不断追求做到更好，但她并不是很重视学习。所以高成就动机是一种做事情追求不断迭代、做到更好的内心倾向，它可能指向任何领域，即任何重视在开始时获得成就并不断地想获得更多成就的领域。

再举一个例子，有些人会认为游戏成瘾的孩子成就动机应该不高，但我们过去对游戏成瘾非常严重的孩子做过一组测试，测量他们多方面的心理特征。结果发现，这些孩子不仅智力水平很高，而且成就动机水平也很高。

如果我们多想一下，就能找到其中的合理性。如果一个人在游戏里不够愉快，他可能也不会在游戏世界里严重成瘾，所以那些成瘾非常严重的孩子，事实上在游戏的世界里混得很成功，而成功的动力就是成就动机。成就动机高的人追求准确的反馈，希望自己做出的努力都能够有反馈——关于自己做得对不对、有没有获得一些进步。

事实上，游戏世界比我们现实世界要更加符合"一分耕耘，一分收获"的规律，你付出的时间和努力能得到很精确的计量反馈。游戏中的积分利用了这部分人性。而我们的学习有可能因为方法或者复习方向错误，"三分耕耘，没一分收获"，甚至在悲惨的情况下，"十分耕耘，不到一分收获"都有可能。因此，成就动机可能指向任何领域。虽然我举了一个负面的例子，但总的来说，高成就动机可以使人调动自己去付出好的努力。

当我们希望孩子学习好的时候，他需要有与学习有关的动机，比如认为学习有意义，拥有有价值的价值观，还需要掌握能助力提升学习成绩的技能，这样他才能够在学业领域里初步获得成就，然后不断地获得成就动机的激励。

如果在成就动机萌芽的时期就想把事情做好，那么在萌芽的最开始，小婴儿可以做些什么呢？小婴儿没有太强的身体活动能力，做不了什么，但是当婴儿开始成长为幼儿的时候，有一件很重要的事情可以做到——按要求大小便。这其实是人类成长中一个标志性的人生成就。

我们会看到妈妈和其他养育者在宝宝如厕训练成功后的情绪反应，甚至有时候比孩子上学后考 100 分的快乐还要强烈。因为当孩子能够开始正确按照要求，在固定的小便盆小便或者定时去大便的时候，养育者极大减少了清洗的负担，而且从此感觉孩子开始能够独立完成一件事情了。这方面的喜悦和赞赏是发自内心的。当孩子控制不了大小便致使裤子或者尿不湿弄脏时，养育者很可能表现出挫败、沮丧甚至其他的不满情绪。这些情绪反应是非常原始和强烈的，它影响到孩子对成就感的体验，同时也是孩子真正第一次完全靠自己成功做到的一件事，或者自己失败的一件事。

当然，这只是这个阶段的一个标志性事件，两三岁的时候还发生了很多其他事件。其他领域的成功可能没有这么突出，但总的来说，如果教养环境适宜，两三岁时个体的成就动机就会开始萌芽。因为在这个阶段孩子有了很多身体运动的能力，他可以爬到更高的地方，主动摸到更多的东西，接触更大的环境。在这些情况下，他能否努力和成功也会影响他萌芽状态的成就感的发展。

在这个过程中，如果父母或者其他的养育者给予孩子足够的支持，顺应孩子成长的节奏，孩子就能够感觉到"我能成功，我又成功了"，这样的心态一再重复，将使得孩子对于成就有较强的体验，而且有较强的信心，这和他日后愿意克服困难去追求成功有一定关系。如果在这个时候，父母着急对孩子提出严格的要求，孩子就会较少体验到成就感，更多地体验到失败所带来的羞愧和耻辱，这更可能激发孩子害怕失败的动机，而不是追求成功的动机。

成人如何培养成就动机呢？

虽然成就动机从我们两三岁时就开始萌芽了，但是当我们长大成人之后，仍然有机会去训练。

在我们从两三岁到成年这个漫长的成长过程中，我们也可以在各种方面获得成就动机的发展，包括在我们的求学期间，其他人的示范和潜移默化的影响，以及对一些故事和文本的学习。

麦克利兰为了更加有效地培育成就动机，专门建立了一套程序，叫作"成就动机训练"。后来的一些学者也使用一些训练程序，包括重新归因训练的方式，辅助成就动机的提高。

那么，成就动机是如何训练的呢？麦克利兰的做法其实很直接。第一，要让想要提高成就动机的人去了解高成就动机的人是如何想的；第二，让这些人去学习高成就动机的人是如何做的。也就是从想法和行为两个方面，让人们去模仿、贴近高成就动机的人。那么高成就动机的人是如何想的呢？这就涉及他们会写出什么样的故事。

麦克利兰的培训实际上是让参加培训的人充分学习整个成就动机的计分系统，所以他培训了一群企业中的职员，让他们来学习成就动机的计分方式。

高成就动机的人会写什么样的故事？首先，他们的故事里会提到优秀的标准，比如，他们会写"小明的学习成绩非常优秀"或者"他各科成绩都非常好"，也就是说，"好""优秀""出色""杰出"等显示成绩很好、表现很优秀的表述在他们的故事里都会比较多地使用。

其次，他们在描述一个人或一件事情的时候，蕴含着优秀的标准。比如"人类首次登月，这实在是很了不起的科技发展成果""他发现了可以治愈癌症的药物"，这种独特的成就描述中藏有他们对优秀的标准的理解。

然后，他们在描述一个活动时也蕴含着优秀的标准，比如"这道题别人用了 10 分钟还想不出来，他只用了一分钟就找到了正确的解法，飞快地解出来了""跑步竞赛时，他像兔子一样跑得飞快"。

最重要的是，高成就动机的人所写的故事里，一般会有这样的表述："某人失败了，体验到了强烈的负面情绪，但在困难面前还是会坚持努力，不断地想要做到最好，追求成功"。如果一个故事里只提到"小明期末考试没有及格"，这并不代表他有很强的成就动机，但是如果提到"小明期末考试没有及格，感到很沮丧"，那么有负面情绪就意味着他在追求成就，这体现出来了成就动机的内心状态，或者提到"小明这道题没有解出来，觉得很着急，然后他鼓励自己一定要继续想办法把它解出来"，这也是一个典型的克服困难、追求成就的标准。所以这是各个成就动机故事计分里最核心的，也是培训中最重视的一点。

通过培训，这些职员能够了解成就动机高的人是如何想的，学习写出这样的故事，充分把这种想法内化。通过这样的训练，他们在生活中会更多地想到高成就动机有克服困难和追求优秀这两个标准。

接下来，就是学习高成就动机的人如何做，这是在行为层面的学习。高成就动机的人有两个典型的特点：追求中等难度的任务；完成任何任务后都希望能够及时得到反馈。

我们知道这两个行为特点对于一个人提高自己的重要性，所以当研究者培训这样的行为的时候，也就是在提醒那些希望提高自己成就动机的人，日后当你遇到各种挑战时，你可能要先评估挑战的难度。比如，领导交代给你一个工作，让你去学习一个新的技术，以前你会觉得太困难了，或者不了解，根本不想去尝试。但是经过成就动机培训之后，不管内心是否完全调试到了高成就动机的状态，你便可以对自己说："我去了解一下这个任务的难度，如果是我完全无法完成的难度，那么我可以放弃。如果是一个我有希望通过付出最大的努力去完成的任务，这就属于中等难度任务。"

这听起来好像挺难的，中等难度任务的标准是什么——难度系数为 0.4 ~ 0.5。也就是说，当一个人竭尽全力的时候，有 40% ~ 50% 的成功的可能性。如果难度系数特别高，比如 0.1，那么付出最大的努力也只有 10% 的可能性成功。这种任务如果做得多，消耗的时间也会很多，但是对人的成长的帮助不多，所以我推荐中等难度的任务。

你可以选择一个自己虽然觉得有挑战，要付出很大的努力，还不能保证百分之百的成功，但自己要去接受的任务。通过改变未来行为上的选择，你更可能会主动地提升自己，同时通过调动内心——在困难面前仍然坚持努力，也更能够提高自己成功的可能性。

另外一个行为特点就是注重反馈，这意味着什么？高成就动机的人注重的是很具体的反馈，而不仅仅是分数本身。

一个有经验的老师，考试之后通过观察就能很快发现，长远来说，哪些是更容易提高学业成绩的学生。当发下考卷之后，如果一个学生看了一眼成绩就把卷子扔到抽屉里，显然并不重视细节的反馈，而那种无论自己的成绩是多少，都会仔细看哪道是错题，错在哪里，并耐心订正错题的学生，才能够有效提升自己的能力，提高成绩。

其实所有你完成了的题目并不能给你新的学习，而恰恰是那些你会失误的，或者你真的不知道怎么做的题目，当你学会怎么做它们之后，才会提高自己的知识水平和能力。如果，我们要培养一个孩子有更高的成就动机，我们需要提醒他注意加强这个部分的行为——"你一定要充分认识到自己的错误究竟是出于什么原因，然后学会改正这些错误"。

在工作中，也许这种重视并不那么普遍，所以在我们想要提高一个人的成就动机时，应该强调让他学会更多地收集反馈。比如，当某个职员完成了一份领导要求的报告之后，他要去主动寻求他过去做过类似任务的同事，以及不同层级的领导对这个报告的反馈，并且确保自己能够重视和读懂每一条具体的反馈。这些做法会逐渐地内化。

在心理学里有一个规律，行为反过来也会影响一个人的内心。当我们想要成为一个很有韧性、很有毅力、不断追求成功的人时，虽然偶尔内心还会胆怯，遇到困难可能还是总想退让，但是可以在行为上先尽量地调控自己，做到面对困难尽力多坚持一会儿。当一个人觉得难以坚持的时候，可以去寻找其他人的帮助，听从其他人的意见，但仍然坚持下去。通过这样的努力，我们最终将有可能成功，此时成功获得的成就感将非常强烈，而这种成就感会反过来加强我们下一次面对困难时的信心。

当我们不断地通过这样的行为努力的时候，我们的内心就会变化，变得越来越觉得自己是有能力克服困难的。当我们再想去克服困难的时候，我们在行为上也会相对变得更加容易，这就会带来一个积极的循环。

麦克利兰在给被试做了成就动机训练之后，检验了训练的效果。当他用主题统觉测验收集被试的成就动机分数时，由于某些被试学了成就动机的计分方式，因此他们自然写出了能反映高成就动机的故事。

权力动机高的人更适合做领导吗

动机是一种比较复杂的人格特征。在整个人格心理学里面，研究动机的学者并不是很多，这与动机本身既有稳定性又有状态性且复杂多变的特点有关。

我们通常研究的人格特点（比如内向和外向）是比较稳定的，不会随着某种状态有太大的起伏波动，但是成就动机就会有一定的起伏波动。成就动机和其他动机往往都有一个特点，那就是在相应的需求得到满足之后，它的水平会略有降低，所以在生活中，比较突出的其实是多种动机竞争、交替浮现。所谓成就动机高的人，指的是平均来说，那些成就动机总是在相对较高的水平的人。

三种动机除了竞争，还可能会有"融合"的特点。当两种动机竞争的时候，我追求此目标的时候必将牺牲彼目标。比如成就动机可能与亲和动机竞争，当我忙着工作的时候，我真的没有时间去谈恋爱，因此可能牺牲亲密关系的部分。但是这两种动机也有融合的可能性，在某些情况下，两种动机会融合在一起，追求同一个行为就可以同时满足两种动机，比如，当我想要制作一个非常精美的礼物送给我的爱人时，我把这个礼物做得非常精美、精巧，它是一种成就动机。在我做礼物的同时，我又充满着爱去展示我的爱意，它就表达了我的亲和动机。再比如，"酒香不怕巷子深"这句话背后其实就有两个动机。因为"酒香"的"香"代表一个优秀的标准，酒要很香醇才是好酒。与此同时，"不怕巷子深"是指当酒非常好的时候，它就能够影响到别人的行为，别人愿意走很远的路，寻寻觅觅来到这里买酒，这种对他人产生影响的现象表达的就是权力动机。所以在有些情况下，同一个行为的背后可能是多个动机同时在驱使。

另外，多种动机之间可能也有从属的关系。所谓"从属"，指的是我做出的行为看似在满足 a 动机，实际的深层原因是 b 动机。比如，我努力学习是为了不让我的家人失望，为了让我的奶奶将来能够看到我挣大钱，给她买个大房子，那么我最深处的动机其实是孝顺和关爱我的家人，这是亲和动机。但是我短期的表现则是努力学习，这是一个成就动机。在这个例子里，成就动机从属于亲和动机。

在每个人身上，三种动机类型都有一个相对的强弱。不同的职位和工作可能需要不同的动机类型，比如很多的科技工作者，特别是研发部门的人，需要不断地去探索新的技术。在这种情况下，追求卓越的成就动机非常重要。成就动机高的人也喜欢很明确的反馈，所以很多商业领域的工作为了吸引成就动机高的人加入，在规模和经济收益上都给出了非常直观的反馈。

当一个人的亲和动机比较强烈的时候，他能够更好地与人友好相处、为人服务、给别人带去快乐，因此他会更多地从事与人有关的工作。并非所有与人有关的工作，都一定处在愉快的气氛中。有些需要去调动、影响别人的工作就更容易吸引权力动机高的人。权力动机比较高的人更喜欢做领导类的工作，因为领导者往往对更多的人有影响力，所以很多人都会关心什么样的人是好的领导者，应该符合什么样的动机类型。如果动机类型不匹配，这个人做领导工作会既痛苦又失败。

在日常生活中，大家可能看到过这样的例子。一个专业技术出色的人在外因和内因的双重驱使下升任为领导。但他当了领导后，发现管理工作十分繁杂，很多细节工作让他感到困惑和痛苦。成为领导之后，他觉得自己的幸福感反而比原来单纯做技术工作的时候更低了，而且他的能力也没有在这个职位上得到更好的发挥。这就说明，高成就动机的人可能并不一定适合做领导工作。国际上的研究也证明了这一点。

好的领导者需要具备哪些动机？

麦克利兰奠定了三类主要人类社会动机的研究基础，并制订了这些动机的计分手册，他的学生进而把这些计分应用在了很多研究领域。温特（David Winter），麦克利兰的学生之一，他的很多研究集中在特殊的管理者（政治人物）上。他研究了美国历任总统的动机类型，发现有些人的成就动机水平高，有些人的权力动机水平高，有些人的亲和动机水平高。

成就动机比较高的总统，在历史上是比较默默无闻的，而且似乎挫败感是比较高的。因为成就动机高的人更喜欢清晰的反馈，而在政治领域，或是管理领域中，人和人之间的活动和关系，常常并没有明确的计分和反馈。它是混沌的，这种混沌容易让成就动机高的人感到挫败，而不是不断地接收到反馈，感受到成就。

那么，什么样的人更适合做领导者呢？如果以总统为例，温特研究了历史上大家公认的最伟大的美国总统，比如人们评分比较高的罗斯福。同时，他对应总统们在就职演说等文本中的计分，得到了他们的计分类型，发现这一类总统往往权力动机比较高，但是不能过高，恰当地说，他们具有中等偏高的权力动机。权力动机中等偏高，意味着这个人愿意自己比别人的地位高一点，对别人施加影响，他愿意贯彻自己的意志让别人去执行。在这种情况下，他会不断地训练出来一些行为特征，就像我们说高成就动机的人，喜欢中等难度的任务，喜欢在困难下坚持，喜欢获得准确的反馈。

高权力动机的人有一个特点是，特别喜欢说服别人，让别人按照自己的想法来行动，让别人信服自己的论点是合理的。所以权力动机高的人会有意无意地发挥自己的影响力，而且随着练习，这种技能会越来越强，因此在他们做领导职位的时候，更能够调动其他人的能力，让整个团体和组织中的人朝向一个目标努力。

为什么好的领导者的权力动机应该是中等偏高而不能过高呢？因为如果有过高的权力动机水平，他们走向极端的时候就会出现"顺我者昌，逆我者亡"的情况，绝对不能接受别人对自己有任何的影响。他们希望只有自己能影响别人，别人不可以影响他们自己，同时，他们会把别人提出的充满善意的意见当成是一种反叛，所以拥有过高权力动机的领导者会趋向于独裁，从而带来一些风险。

那么，亲和动机比较高的领导者又会怎样呢？温特研究发现，这方面的例子是尼克松。尼克松是亲和动机水平比较高的领导者。研究发现，当一个人亲和动机比较高的时候，他会更容易受到与他感情关系比较好的小圈子的影响，这里不见得一定是异性的影响，还包括他身边比较亲近的朋友的影响。

当一个领导者容易受到一小群人的意见的影响时，他的决策往往就会出现偏差。每一种动机都有让人类社会发展进步的驱力，但其实每一种动机也都有它的消极面。当一种动机走向极端的时候，它可能会呈现一些缺点。

上文提到过，当权力动机高的人走向极端的时候，他很可能会独裁，不能接受任何有益的意见，那么成就动机走向极端会怎样呢？麦克利兰研究发现，成就动机高的人如果走向极端，可能会倾向于走捷径，不考虑规则。比如他们有可能会作弊，因为过于追求成就的时候，他们会做出一些违反伦理道德的行为。

亲和动机也有它的消极面。当一个人太过重视他人的感受、太想和他人保持友好的关系时，他的决策就有可能会受到影响，失去自己的独立判断。如果某人结交了不良的朋友，他就更可能出现一些伤害自己或者违背社会规则的行为。

我们都希望自己能够适度、均衡地发展，同时每个人一定会有自己的特点。当一个人的动机类型吻合他的职位要求和环境要求的时候，这个人就能最大化地发挥自己的潜力，同时也能够在成就、健康、幸福领域都获得比较好的发展。

为什么不要夸孩子"你真聪明"

麦克利兰和阿特金森的研究已经对成就动机划分了类型，即"希望成功的动机"和"害怕失败的动机"，前者是积极的，而后者是消极的。

　　这个划分能带给我们非常重要的启发，因为害怕失败的动机，对于努力会有一些损害。当然，害怕失败的动机并不总是会阻碍一个人在学业或事业方面努力。因为害怕失败可能导向两种做法，一种做法是你什么都不做，这当然不会失败，但这是阻碍性的。有时候如果你能够确保成功，永远得第一名，那么在这种情况下也可以继续努力。通过努力，得以保持自己的绝对优势，所以害怕失败并不是在所有的时候都会阻碍一个人的成就。

　　最开始，麦克利兰和阿特金森认为，一个人的成就动机应该是希望成功的动机减去害怕失败的动机，但是后来的学者发现，这二者可以同时出现在一个人身上。也就是说，可能会存在一个人，他希望成功和害怕失败的动机水平都高。双高双低或一高一低的情况都有可能出现，由此在教育领域里，可以区分出 4 类学生。

　　当然，最健康的是希望成功的动机水平高而害怕失败的动机水平低的学生。这类学生热爱学习，勇于迎接挑战，面对困难能够坚持，遇到挫败也不会气馁。最有问题的一类学生表现为希望成功的动机水平很低，害怕失败的动机很强，在学习中会表现出很强烈的考试焦虑，碰到任何任务，总是先担忧，"会不会丢脸，显得自己很笨"。可以说，这类学生的学习目的有一点偏差，因此他们即使智力水平较高，也不能够很好地发挥自己的水平。

　　还有比较罕见的"双高学生"，这类学生如果给他们一个名称，可以叫"过度努力的学生"。因为两种动机都在驱动他们，为了成功，他们在努力，为了避免失败，他们也在努力，那么过度努力会带来什么坏处呢？会牺牲生活的其他领域。他们可能会牺牲娱乐、人际交往，甚至牺牲睡眠和健康。而且这类学生还有一个特点，当他们学习很好的时候，他们仍然在努力，但是如果他们遇到重大打击，可能从此一蹶不振。因为面对重大打击，他们觉得自己无法确保成功，害怕失败的动机就会发挥更大的作用，于是他们很可能通过逃避来避免失败。

那么"双低学生"是什么情况呢？他们希望成功和害怕失败的动机水平都不高，因为他们根本不在乎学习，所以他们的重心不在学习领域，可能在其他的领域。

更重要的发展来自教育心理学家卡罗尔·S.德韦克（Carol S. Dweck）的贡献。她认为，在这两种动机背后潜藏着不同的成就目标，并且潜藏着不同的内隐智力观。

什么是内隐智力观？当一个人希望成功的动机居主要位置的时候，他的学习目标是掌握目标，也就是说，他希望真正地掌握知识和技能；当一个人害怕失败的动机居主要位置的时候，他的学习目标是成绩目标，也就是说，他希望获得好成绩，而不要获得坏成绩。也就是我们所说的，只注重学习结果，而不注重学习的真正本质。

在这两种目标背后潜藏着两种思维模式。如果一个人希望成功的动机居主要位置，他对失败不太介意，他的内心深处认为一个人的能力是弹性的并且可以增长，当遇到失败的时候，他得到了一个获得更多的信息的机会，告诉他应该在哪方面进行更多的学习，增长他的知识和技能。他越学习，越增长知识和技能。这种叫成长型思维模式。

当一个人害怕失败的动机居主要位置的时候，他认为智力是僵化的，他的能力水平已经固定在这里了，如果他成功了，就证明他聪明，如果他失败了，就证明他笨，所以他尽量想要避免每一次失败，因为每一次失败都在证明他很笨。持这种态度的人认为一个人的能力是固定的，所以又叫作固定型或者僵化型思维模式。

　　这两种思维模式的形成与我们如何与孩子说话、如何教育孩子有关联。所以这些年来，教育心理学的一个非常重要的启发就在于家长不要告诉孩子"你真聪明"。

　　当我们对孩子的成功给予表扬的时候，说话的方式会影响到孩子未来在成就领域的心态。如果孩子成功了，我们对他说"你做到了，你真聪明"，那么孩子也会自然做出一个推论，既然成功是因为聪明，那么失败就是因为不够聪明。

　　卡罗尔·S.德韦克做了一系列的实验，她把学生分成两组，一组学生在成功之后，她说的是"你真聪明"，另外一组学生在成功之后，她说的是"你认真了，你努力了"，也就是说，她把学生的成功引导到了不同的归因上。接下来，她又让两组学生自己选择难度不同的任务。如果我们凭直觉猜想，可能会认为聪明的学生当然会选难一点的任务，但结果并不是这样。实验结果发现，被表扬聪明的那组学生反而会选择平均来说更容易的任务。为什么会这样？因为他们想要避免失败，想要避免自己显得很笨，想要继续显得聪明。

　　作为家长，如果我们对孩子的成功不断地给予"你真聪明"的反馈，那就是引导孩子越来越重视"聪明"这一外界评价，而不是重视学习本身，以及克服困难和解决问题本身。

　　卡罗尔·S.德韦克的实验进行了很多轮，不仅仅包括任务难度的选择。当表扬学生很聪明的时候，学生在后续遇到困难时，消极情绪会更多，认为自己责任太大以及自己能力不行。也就是说，表扬学生聪明会削减他未来应对挫折和困难的能力。所以我们哪怕是出于良好的愿望，也不要再过多地强调聪明这件事情，而应该引导孩子把他的成功归因到未来可以成为经验的部分。

　　因为聪明这件事我们不可控，未来不一定能够被有效利用，那可以被有效利用的是什么？例如，可以对孩子说，"外面虽然有很多嘈杂的声音，但你并没有跑出去看，而在专心解决这道题目，所以你能够正确地答出题目，也没有因为粗心而犯错误"。像这样控制自己的注意力、保持专注就是未来可以去学习的经验。

我们对于孩子所有的表扬和批评，其实都是为了让孩子在未来的生活中有所借鉴，因此我们给他们提供未来能借鉴或用上的表扬会更好。同时，我们也希望通过引导孩子的归因，让孩子不要对自己的人生设限。如果一个人认为自己可以通过学习和努力，不断提升自己的能力，而不是固定地认为自己就只有这样聪明或者这样笨，那么他未来会有更大的成长空间。所以通过恰当的表扬和反馈，我们可以培养孩子成长型的内心状态，这不仅有利于培养健康的成就动机，也有利于他未来长远的生活成功。

延伸阅读书单

[1] 德韦克. 终身成长 [M]. 楚祎楠，译. 南昌：江西人民出版社，2017.

[2] 马斯洛. 动机与人格（第三版）[M]. 许金声，等译. 北京：中国人民大学出版社，2012.

[3] SILVER D. 激发学生的成就动机 [M]. 吴艳艳，译. 北京：中国轻工业出版社，2016.

你所体验到的情感，皆来自
你对自身经验的解读方式

阿伦·T. 贝克

打开心理治疗的"黑匣子"

王建平

第 6 章

阿伦·T.贝克：
认知疗法的创立者

Psychology and Life

| 北京师范大学二级教授、博士生导师，美国贝克研究所认知行为治疗国际顾问委员会委员，美国认知行为学院会士和认证治疗师，中国心理学会首批注册督导师，中国心理卫生协会认知行为治疗委员会副主任。 | 王建平 | 本章作者 |

| 南方医科大学心理学系副教授、硕士生导师，北京师范大学临床与咨询心理学博士、中山大学博士后。 | 余萌 | 本章作者 |

那个研究抑郁症的人

阿伦·T. 贝克（Aaron T.Beck，1921—2021）生前是宾夕法尼亚大学精神病学系的退休教授，他被称作认知疗法（cognitive therapy）和认知行为疗法（cognitive behavioral therapy，CBT）之父。他职业生涯的早期是从抑郁症的治疗和研究开始的。

此外，他还开发了相关的量表，最被人熟知的便是"贝克抑郁量表"（Beck Depression Inventory，BDI），用以测量抑郁严重程度。在他有限的职业生涯里，他发表了超过 600 篇学术期刊文章，出版过 25 本书。1989 年，他被《美国心理学家》杂志称为"美国历史上改变精神病学的人之一"以及"最有影响力的五位心理治疗师之一"。贝克还曾担任非营利组织"贝克认知行为治疗研究院"（Beck Institute for Cognitive Behavior Therapy）的荣誉主席，该组织是由她女儿朱迪斯·贝克（Judith Beck）于 1994 年创立的。

精神分析解决不了的矛盾

1942 年，他以全优成绩毕业于布朗大学，1946 年，他从耶鲁大学医学院毕业，并且获得了医学博士学位。他原本主修的专业是神经学，但因为精神病学人手短缺，便被安排去精神病学科室轮转了6个月。正因如此，他接触到了精神分析。1946～1950年，他完成了实习和住院师训练，1954年，他加入了宾夕法尼亚大学精神病学系。时任系主任是一位非常有影响力的精神分析师，因此，当时在这位系主任的鼓励和支持下，贝克开始在美国精神分析协会的费城研究院接受精神分析的训练。虽然他顺利地从费城训练基地毕业了，但是令人惊讶的是，1960年美国精神分析协会却拒绝了贝克加入的申请，怀疑他所宣称的一种较简单的治疗方法（认知疗法的雏形）的可靠性。

贝克最初的一些研究都是在精神分析领域进行的。比如，他的第一项研究就是和一位精神分析师合作完成的。之后，贝克与一名研究生编制了一个新的测量工具，用于测量梦境中的细节，想看看患者梦境里是否会出现与"敌意"相关的内容。

在20世纪50年代末和60年代初，作为精神分析治疗师且在医院工作的贝克博士决定去检验这样一个精神分析概念：**抑郁是一种敌意指向自我内部的攻击。**他调查了抑郁症患者的梦，并且预测，抑郁症患者带有敌意主题的梦会更多。但是，令他惊讶的是，他最终发现抑郁症患者的梦境中只有很少的关于敌意的主题，相反，他们的梦中有很多**关于缺陷、剥夺和丧失的主题。**此外，他还意识到这些主题与患者清醒时的想法是相对应的。同时，贝克进行的其他一些研究的结果使他相信，相关的精神分析的观点可能是不成立的。这样的理论和观点遭到了质疑和挑战。受训背景与临床实践和研究结果的不一致，让贝克开始思考这些矛盾之处。

临床心理学家阿尔伯特·埃利斯和精神病学家阿伦·T.贝克是认知行为疗法的两位先驱。埃利斯和贝克都是以精神分析的训练和实践开始的，可以说，埃利斯是影响贝克最深的心理学家。

　　早在 20 世纪 50 年代，埃利斯对于精神分析的信念就已受到冲击。在 20 世纪 50 年代中期，他便开始践行自己的"理性疗法"（rational therapy）。20 世纪 60 年代早期，埃利斯开始关注想法和观念对心理问题的影响。他认为，人们常常因为不合理的想法而自寻烦恼，若用一种更合理的方式来考虑事情，便可以解决多数问题。最初，他的这种心理治疗方法被称作"理性情绪疗法"（rational-emotive therapy，RET），后来又加入了行为，称为"理性情绪行为疗法"（rational-emotive behavioral therapy，REBT），REBT 的目的是运用理性的思考和行为来改变情绪反应。此外，REBT 还认为，行为也会影响情绪，治疗的目标除了想法还包括行为。

　　后来贝克回忆道，1964 年，他曾在期刊《普通精神病学档案》（*Archives of General Psychiatry*）发表了相关研究结果，这之后，埃利斯就联系过他。此时，贝克才发现埃利斯已经发展了一种比较成熟的理论和实证的治疗疗法，在某种程度上，可以与自己的发现整合在一个框架下。贝克强调**苏格拉底式提问法**，这是一种采用对谈的方式，以澄清彼此观念和思想的方法，但是埃利斯强调"辩论"（disputation）（在埃利斯看来，这种辩论并不是非实证的，而是教会人们如何进行内在地辩驳）。

　　1967 年，依然活跃在宾夕法尼亚大学的贝克仍将自己及自己的新治疗方法称为在自我心理学体系下的"新弗洛伊德学派"。他把认知治疗工作视为一个相对"中立"（neutral）的空间和通向心理学的桥梁。**1972 年，贝克出版了一本关于抑郁症的专著，此后认知疗法进入了大众视野。**

　　贝克对 CBT 最初的贡献在于其对抑郁症病因和治疗的探讨。他观察到抑郁症患者具有错误或歪曲的思维模式。之前一系列的临床发现和研究，让贝克不禁开始思考这样一个问题，如果这些精神分析概念是不准确的，那我们还能如何理解抑郁症呢？贝克博士决定去倾听他的患者，以知道他们在想什么。随着不断地倾听，他意识到他们会报告**两类想法：自由联想过程中所呈现的，以及快速评价自己的想法。**比如，一位女士在详细描述她被性剥夺的经历时，她报告说自己有焦虑情绪。

贝克博士对此做了一个解释："你想到了我会评价你。"患者承认道："不，我是很害怕我会让你感到很烦。"在之后询问其他患者的基础上，贝克博士意识到，所有这些患者都经历了这类"自动的"负性思维。他开始帮助患者识别、评价及应对他们不现实、适应不良的想法。当他这么做了之后，患者很快就得到了改善。

紧接着，贝克博士开始教宾夕法尼亚大学的住院精神科医生们运用这种治疗方法。时任总住院医师的医学博士约翰·拉什（John Rush，现为治疗抑郁症领域的泰斗）和贝克博士曾一起讨论过进行追踪研究的结果。于是，他们在 1977 年发表了对抑郁症患者的干预研究，证实了认知疗法与丙咪嗪（一种常见的抗抑郁药）具有同等疗效。这是一个令人震惊的发现，这次研究首次将谈话治疗与药物治疗进行了比较。两年后，即 1979 年，贝克、拉什、肖（Shaw）和埃默里（Emery）出版了第一本认知疗法手册。

CBT 的其他应用场景

20 世纪 70 年代末，贝克博士及其宾夕法尼亚大学的同事开始一起研究焦虑。他们发现有必要关注不同的焦点。焦虑患者需要更好地评估他们担心的情境（环境）、考虑他们内部和外部的资源，他们还需要减少回避、面对他们害怕的情境，这样他们才可以从行为上去检验他们的歪曲想法。

1978 年，贝克和埃默里博士开始编写有关焦虑的治疗手册。在完成该治疗手册的第一版后，他们便开始在费城的认知疗法中心的患者中对各种治疗技术进行检验。通过不断地得到反馈和修改，于 1979 年完成了治疗手册定稿，即《焦虑症和恐惧症：一种认知的观点》（*Anxiety Disorders and Phobias*）的最初版本（截至 2005 年，该书已修订到了第 15 版）。

从 20 世纪 80 年代末开始，贝克开始将认知疗法运用到其他临床领域以及非临床领域中，比如，如何与伴侣更好地相处、愤怒情绪的管理，以及物质滥用的治疗。贝克主要参写的代表作包括 1993 年出版的《物质滥用的认知治疗》（*Cognitive Therapy of Substance Use*），以及 1999 年出版的《愤怒的囚徒》（*Prisoners of Hate: The Cognitive Basis of Anger, Hostility, and Violence*）。

其实从 20 世纪 90 年代开始，贝克及其团队已经开始研究人格障碍，第一本关于人格障碍的专著于 1990 年出版。从 21 世纪初开始，贝克及其团队继续对一些难以治愈的精神疾病发起"进攻"，探索认知疗法结合其他疗法的可能性。比如，《人格障碍的认知行为疗法》（*Cognitive Therapy of Personality Disorders*，2015 年，这本书的英文版已经修订到了第 3 版）[⊖],2008 年出版的《自杀患者的认知治疗：研究与应用》（*Cognitive Therapy for Suicidal Patients: Scientific and Clinical Applications*）。

⊖　2018 年，本书由王建平教授团队翻译并已在人民邮电出版社出版。

除此以外，贝克也开始探索青少年及团体治疗的可行方案，比如2011年贝克参与编著了《学校环境下青少年的认知疗法》（*Cognitive Therapy for Adolescents in School Settings*），2012年贝克参与编著了《成瘾团体的认知疗法》（*Group Cognitive Therapy for Addictions*）。

出现心理问题是因为心情不好吗

让我们一起来看看是什么触发了情绪变化。设想一个情境：当你阅读到本节内容时，刚好可能其他读者也在读本节内容。针对这个情境，不同的人会出现非常不同的情绪及行为反应。

- 读者 A：感到有些激动并且非常认真地读书，还做了详细的笔记。
- 读者 B：感到很失望，决定跳过本书的这节内容，去看下一章的内容。
- 读者 C：气呼呼地合上本书，甚至想要投诉。
- 读者 D：感到很担心，尝试找更多的方法帮助自己。

对于同样的情境，大家表现出非常不同的情绪和行为，那么是什么引发了不同的情绪及行为反应呢？

认知疗法认为，人的情绪、行为及生理反应受到了他们对情境的知觉，也就是他们的想法的影响（见图6-1）。

事件或情境 ➡ 想法 ➡ 情绪、行为、生理反应

图 6-1

我们带着这个观点，来看看各位读者对同一个情境——看这节内容的不同的想法。

- 读者 A 想：这节内容讲得很有道理，它将会教我如何去处理和面对我生活中的各种情绪困扰。她因此感到有些激动并且非常认真地看书，还做了详细的笔记。
- 读者 B 想：这种取向太简单了，它是不会有效果的。他感到很失望，决定跳过本书的这节内容。
- 读者 C 想：这本书不像我所期望的，简直是浪费钱。他气呼呼地合上书，甚至想要投诉。
- 读者 D 想：唉，书里讲的例子说的就是我啊，前面的很多方法我都尝试了，我还是无法调整我自己，我可能是有严重的心理问题。他感到很担心，尝试找更多的方法帮助自己。

正因为各位读者脑中有不同的想法，才对同一情境表现出了非常不同的情绪及行为反应。也就是说，情境本身并不直接决定感觉和行为，人的情绪和行为都与我们对情境的理解和想法有关。

想法或自动思维

通过前面的例子，大家都已经知道，我们的心理问题往往会通过心情不好表现出来，但引发情绪波动的其实是我们对事情的想法，负面情绪是由我们的一些不合理的想法引发出来的。

也正因如此，认知行为治疗师对思维层面尤其关注，也就是关注头脑中闪现出来的任何想法。

例如，当你在读书的时候，你可能已经注意到了自己有两个层面的思维。你的一部分精力集中在书本的内容上，因为你正试图理解和整合这些信息。然而，你的另一部分精力可能正在产生一些快速的评价思维，正如我在前面给大家列举的那些不同读者的想法。此时此刻，你对现状的一个评价，就是自动思维。

它们不是深思熟虑或推理的结果。这些思维似乎是立即自动涌现的，通常迅速而简短。

除了现在大家读书中会产生不同的自动思维从而引发不同的情绪和行为，再给大家举一个自动思维影响我们情绪的例子。

一个有抑郁情绪的人接到了妈妈的电话，当妈妈询问他为什么忘记了妹妹的生日时（事件或情境），他会感觉非常悲伤（情绪），这个时候你去问他："当你悲伤的时候，你的头脑中想到了什么？"这时我们会知道，他悲伤可能是因为他当时有这样的想法：我又搞砸了，我什么事情都做不好。（见表6-1）。

表　6-1

事件或情境	自动思维	情绪
接到妈妈的电话，问我为什么忘记了妹妹的生日	我又搞砸了，我什么事情都做不好	悲伤

我们的头脑中随时会产生大量的自动思维，但我们常常觉察不到，如果稍加训练，我们就能将这些思维带到意识层面。

当情绪发生变化的时候，尤其是情绪明显变化或者负面情绪增强的时候，是捕捉自动思维最佳的时机。这个时候你可以问自己："刚才我想到了什么？"通过这个方法，你就能识别自己的自动思维。

比如现在正在读书的你可能会有一点难过，你问问自己："刚才我想到了什么？"你可能会发现自己有这样的想法："这太难了""我可能没法掌握这些""这让我感觉不舒服"等。如果这些没有涵盖你的想法，你也可以把它们记录下来，然后把注意力拉回到本书中来。

在生活中，我们不免会有被负面情绪困扰的时候，基于认知行为疗法的特点，在读本书的过程中，我希望你可以拿自己练习一下，在你的情绪出现波动的时候，用书中讲到的理论和方法来分析自己的行为或者朋友向你倾诉的问题，我相信这些练习能够帮到你自己和你的朋友。

练习　识别自动思维

通过这个练习，你将学习如何通过"捕捉情绪的变化"，顺着情绪线索找到情绪背后的想法。

请大家一边做一边想。

（1）如表6-2所示，在纸上画一张表，并将横表头分别标示为"事件或情境""自动思维"以及"情绪"。

表　6-2

事件或情境	自动思维	情绪

（2）现在开始回想一个近期的情境（或者关于一个事件的记忆），这个情境中发生了一件曾经使你体验到焦虑、愤怒、悲伤、紧张等负面情绪的事情，如果这样的情境没有浮现在你的脑海中，你可以分析一件你的家人或者朋友曾经遇到过的事情。由于你是刚刚开始练习，建议你选择一个没有引起特别强烈的情绪的情境，这个练习的目的是学习在情绪变化时，捕捉我们的自动思维。

（3）尝试回到这个情境中，就如同那个事件曾经发生过一样。在这一情境中，你当时的情绪是怎样的？或许你可以参考下方的负面情绪清单。

【负面情绪清单】

悲伤、低落、孤独、不悦、焦虑、担心、害怕、恐惧、紧张、愤怒、暴怒、恼怒、烦恼、羞耻、尴尬、羞辱、失望、嫉妒、羡慕、内疚、受伤、疑虑……

（4）产生这些情绪的时候，你分别想到了什么，依次记录在表 6-2 里。将你的自动思维和情绪对应上。

确认自动思维的要点

区分情绪与想法

情绪是你体验到的，它通常是一个词，比如悲伤、愤怒、焦虑等；想法指的是你对这件发生的事情的看法，通常是一句话，有的时候也可以是脑海里浮现出来的图像或画面。

区分自动思维和事件或情境

刚刚开始练习的时候，有人容易把自动思维写到情境那一列中，我们来看这样的一个例子。

小 A 在和同事们举办早茶聚会时经历了一件伤心事，一个同事要另谋高就，便组织大家聚一聚，小 A 自告奋勇出去买蛋糕，结果小 A 回来后，聚会已经接近尾声，他觉得自己受到了伤害，他认为"他们不喜欢我"。他最初的表见表 6-3。

表　6-3

事件或情境	自动思维	情绪
和同事们举办早茶聚会，我自告奋勇出去买蛋糕，回来后聚会已经接近尾声。他们故意针对我	他们不喜欢我	伤心

在表 6-3 里，小 A 的事件或情境一栏中的"故意针对我"是小 A

主观上对同事们的猜测，而不是情境本身（客观观察到的），应该放到自动思维那列里面。

我们确实很多时候活在自己的自动思维里，会把自动思维写成事件或情境。在填这张表的时候，要区分自动思维和事实（客观情境）。

调整后的表如表 6-4 所示。

表　6-4

事件或情境	自动思维	情绪
和同事们举办早茶聚会，我自告奋勇出去买蛋糕，结果回来后聚会已经接近尾声	他们不喜欢我 他们故意针对我	伤心

自动思维通常会表述为比较简单、直接、陈述的判断句。详见下方示例。

- 潜在的想法是：我怀疑他是否喜欢我。实际的自动思维：他不喜欢我。
- 潜在的想法是：我不知道去见教授是不是在浪费时间。实际的自动思维：去见教授是浪费时间。
- 疑问句：我能应付吗？转成陈述句：我无法应付。
- 疑问句：如果她离开了，我怎么办？转成陈述句：我无法忍受她离开我。
- 疑问句：这事怎么落在我头上了？转成陈述句：这事不该落在我头上。

现在，你可能完成了这张表，你可以从认知 - 行为的视角对你的某件事情进行分析：在发生这件事情的时候，你之所以产生了负面情绪，是因为你头脑中对发生的事情有了某些想法。

贝克的观点是：人的情绪、行为及生理反应会受到他们对事件或情境的知觉，也就是想法的影响。

在日常生活中，我们不免会有被负面情绪困扰的时候，想要了解是哪些自动思维诱发了消极情绪，最好的办法就是在意识到情绪变化时，运用我们刚刚练习的表 6-2，记下当时发生的事件、对应的想法和被诱发的情绪、行为、生理反应。本节最后，我希望你可以试着以这种方式记录至少三件事情（可以记录在表 6-5 中）。相信通过有意识地、有规律地练习，你也能慢慢学会用认知行为的视角解读你的情绪。

表　6-5

事件或情境	自动思维	情绪、行为、生理反应

常见的"认知歪曲"

由认知歪曲引发的消极情绪

上文讲到引发情绪变化的根源是我们对特定事件的想法，这些想法在认知行为疗法里面叫作自动思维，通过前面的练习，你应该了解了如何顺着情绪线索找到情绪背后的想法。

在记录的过程中，你有没有想过，那些诱发消极情绪的自动思维是对的吗？它们在多大程度上符合事实呢？

让我们来看一下小梅的例子。小梅的同事已经有两个星期没跟她说话了，他们本来很聊得来，所以小梅暗想同事肯定生她的气了，因为她一直想申请一个职位，而这个同事对这个职位也很感兴趣，她越想越生气，生气了好几天，直到后来才知道，原来同事的女儿生病了。

对事情做出不符合事实的推论在日常生活中十分常见，就像小梅，她认为同事肯定生气了，事实上，同事是因为女儿生病了好几天没顾上说话，这种不符合事实的想法就是认知歪曲。

接下来，我会介绍几种典型的认知歪曲，你可以对照着前面自己记录在表 6-5 中的自动思维，判断自己是否也有某些认知歪曲。

非黑即白的思维

有这种思维的人认为事物要么是好的，要么是坏的，忽略了中间状态。

在恋爱中，女生常常会因为男朋友没有及时回自己的消息就得出"男朋友一点都不爱我"这样的结论。和男朋友和好的时候又会认为"男朋友很爱我"。其实，"爱"和"不爱"不是完全黑白的两个极端，而是一个连续体，中间可以有很多种不同程度的爱。

过度概括

过度概括指的是我们以有限的依据为基础，对自己和别人得出消极的结论。有些人仅凭一次经历，就偏好用像"总是""从来不""每个人都"这样的表述来思考。例如，"每当情况开始好转，就总会出乱子""每次我试图与他沟通都毫无用处""我总是把事情搞砸"。

"读心术"

"读心术"是指相信自己知道别人怎么想，而不去考虑别人可能有其他的想法。比如，小李走进办公室，两位同事有说有笑地在聊天，也没跟小李打招呼，小李在心里就想：他俩肯定是瞧不起我，见我进来了也不打招呼，而且还有说有笑的，肯定在背后说过我坏话。

心理过滤

心理过滤是指我们可能专注于事情的一个方面，忽略了所有其他的相关信息。比如，如果你本来就很焦虑，你就会倾向于捕捉能够证明"世界并不安全"的证据，而忽略与这一观点不一致的信息。假如你对自己的评价很低，你就会关注那些表明你不够资格、不受欢迎的一切事件，而忽略那些表明你够资格、有价值的证据。假如你认为世界充满了敌意，人们彼此漠不关心，你就会注意那些能证实这一观点的信息，而滤除那些相反的证据。

一般如果我们没有心理障碍，当我们觉察到我们的思维时，就可以自行进行现实检验。就像看到前面的内容，有读者很快就反应过来，有些时候是自己"想多了""想偏了"。但是，对于处于痛苦状态下的人来说，他们快速反应和调整的能力就稍弱一些，可能需要有意识地进行调整。

认知行为疗法旨在帮助我们有策略、有意识、有步骤地去评估自动思维。我们要做的第一步就是，在发现情绪变化时识别出自己的自动思维，并且要不断地练习，直到我们能够比较容易识别出自动思维。下一步是学习评估自动思维，如果自动思维是不完全正确的，就要学会调整它。当然，学习要一步一步来，我们可以先花时间练习识别自动思维。在后面两节里，我会结合抑郁和焦虑两种情绪背后常见的认知，进一步教大家调整有偏差的自动思维的方法。

"我的自动思维是从哪里来的？是什么让不同的人对同一情境的解释如此不同？"通过前面的学习，你可能还会好奇自动思维产生于何处，是什么让不同的人对同一情境的解释如此不同，为什么同一个人对完全相同的事件在不同的时间却有不同的解释。答案需要从更为持久的认知现象——信念中去寻找。

认识核心信念

从童年开始，人们已经对自我、他人及世界形成了一定的看法。比如"世界是危险的""他人是可以信任的""我是值得被爱的"。我们把这些对自我、他人、世界的最根本看法称为核心信念。

核心信念形成于童年早期并被很多生活经验所影响，这些经验包括父母的管教和示范、同伴体验、创伤体验和成功体验等。所以，这些核心信念通常都非常根深蒂固，影响也很深远，它们会影响我们怎么看待这个世界、怎么理解这个世界的规则以及我们要采取什么样的方式去对待某些事情。

这些根深蒂固的核心信念是如何影响我们的呢？

通常我们在生活中会接收到一些中性的、积极的和消极的信息。但是因为我们对自我、他人、世界持有根深蒂固的看法，我们可能只会提取或者接收那些符合我们核心信念的信息。假设一个人的核心信念是"我是有能力的"，那即便他在一次考试中失败了，他可能也不会太在意，比如他可能会想：是因为这一次的题太难了，或者这一次我没有好好准备，这次我状态不太好，所以我才会没考好。因为他的核心信念是积极的，所以消极的信息对他影响不大。

反过来，另外一个人的核心信念可能是，"我不能胜任"。当他遇到困难的时候，比如学习电脑的时候遇到了困难，申请贷款的时候遇到了困难，他马上就会激活"我不能胜任"这个核心信念，并且他会把现实中遇到的这些困难信息存储到他的记忆系统当中。

他可能还会遇到一些积极的事情，比如他可以按时支付账单、成功修理家里的水管，但这些成功的体验没能进入他的核心信念。此外，他可能会歪曲一些本来积极的信息，把它们变成中立的信息甚至是消极的信息。比如经过比较，他可能成功地选择了一个很合理的医保方案，但是他认为自己花的时间太长了，所以他并没有记住这个成功的经验，而是记住了他为了这个事情花了太长的时间，由此也验证了他的"我不能胜任"这个核心信念。

所以，在我们认识世界的过程中，核心信念好像起到了一个过滤器的作用，它过滤掉了那些不符合我们核心信念的信息，只保留了与核心信念一致的信息，久而久之，我们就更加认为核心信念是正确的。这个过程并不是我们主动去选择的，这一切都是自动发生的，这也是我们的自动思维如此"自动"的原因所在。

认识中间信念：头脑中的态度、规则和假设

在核心信念和自动思维之间，还有一个中间信念，它主要指态度、规则和假设。

态度是一些评价性的信念，比如"完美是好的""失败是可怕的""世界是糟糕的""他人是危险的"等。

规则通常指那些僵化的规则，比如说"我必须做到十全十美""我应该是一个毫无瑕疵的人""那件事情如果我去做，我一定要获得成功"等。

假设就是一些条件性的想法，"如果我去做有难度的事情，我就会失败""只有100%去除掉手上的细菌，我才不会生病"。

图6-2清楚地展现出了核心信念、中间信念和自动思维之间的关系。

可以看到，从早期经历当中，我们形成了一些核心信念，这些核心信念影响了一些态度、规则、假设的形成，而这些态度、规则、假

设又会体现在具体的情境和我们的自动思维中。例如，假设有一个人，在早期经验中积累起来的对自我的核心信念是"我不能胜任"，图 6-3 将展示他可能会有哪些中间信念、自动思维。

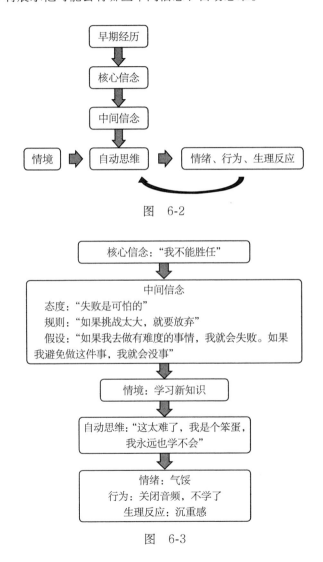

图 6-2

图 6-3

尝试制订你的信念清单

所有人都会有适应性的信念和非适应性的信念，这里给大家提供一份信念清单（见表6-6），之后，你可以尝试觉察自己常出现的信念有哪些。

表 6-6

信念清单⊖

说明：运用本清单来探索可能存在的核心信念和中间信念，在你认为你有的每一个信念旁打"√"

适应性的信念：	非适应性的信念：
＿＿＿＿ 不管发生什么事情，我总能够想办法应付	＿＿＿＿ 要赢得别人接纳，我一定要完美无缺
＿＿＿＿ 如果在一件事情上我够努力，我就能掌握它	＿＿＿＿ 如果我选择做一件事，我一定要成功
＿＿＿＿ 我是竞争中的胜出者	＿＿＿＿ 我蠢
＿＿＿＿ 我是一个可靠的人	＿＿＿＿ 离开了我的伴侣，我什么都不是
＿＿＿＿ 人们尊重我	
＿＿＿＿ 他们能打倒我，但不能打垮我	＿＿＿＿ 我是个骗子
＿＿＿＿ 我关心别人	＿＿＿＿ 永远不暴露我的弱点
＿＿＿＿ 如果我预先准备，我通常能做得更好	＿＿＿＿ 我不可爱
	＿＿＿＿ 如果我犯了一个错误，我将失去一切
＿＿＿＿ 我值得别人尊重	
＿＿＿＿ 我喜欢迎接挑战	＿＿＿＿ 我和别人在一起从来都不自在
＿＿＿＿ 没有多少事能吓住我	＿＿＿＿ 我不能完成任何事情
＿＿＿＿ 我是有才智的	＿＿＿＿ 不管我做什么，我都不会成功
＿＿＿＿ 我能把事情想清楚	＿＿＿＿ 这世界对我来说，真是太可怕了
＿＿＿＿ 我是友好的	
＿＿＿＿ 我能应对压力	＿＿＿＿ 不能信任别人
＿＿＿＿ 问题越糟糕，我越顽强	＿＿＿＿ 我必须总是控制局面
＿＿＿＿ 我能够从错误中学习并成为一个更好的人	＿＿＿＿ 我没有吸引力
	＿＿＿＿ 不能表现我的情绪

⊖ 改编自《学习认知行为治疗图解指南》一书。

（续）

信念清单	
_____ 我是一个好配偶（好父亲 / 母亲、孩子、朋友、情人） _____ 没有解决不了的问题	_____ 别人会利用我 _____ 我懒 _____ 如果人们真的了解我，他们不会喜欢我 _____ 我一定要总是讨好别人，才能被别人接纳

　　核心信念和中间信念深深地嵌入在我们的基本思维方式中，相比于识别信念，识别特定的自动思维会更加容易。在实际的过程中，我们可以先去觉察在一些诱发情境中会出现哪些自动思维。当你对相对表层的认知足够清晰、灵活时，你对评估功能不良的思维背后的信念也会持有一个更加开放的态度。

感觉"丧"就是得了抑郁症吗

　　我们先了解什么是抑郁情绪，什么是抑郁症。

　　或许很多人听到"抑郁"这个词的第一反应都是，它可能是一种精神疾病，让人害怕，仿佛抑郁是个会吃人的恶魔一般，会将人拉入万丈深渊。

　　诚然，我们在日常生活中听到更多的都是"抑郁症"这个词，而看到更多的是抑郁症患者的悲伤情绪、自伤行为或自杀倾向。

　　实际上，**抑郁首先是我们人类的一种与生俱来的情绪，就像开心、生气、焦虑一样，是我们情绪系统的一个组成部分，是十分自然的。**

那么，当我们处在抑郁状态时，是什么样的呢？我们会经历类似下面这样的感受。

- 情绪上，我们的心情会变得很低落，一点儿都开心不起来。可能平时那些会吸引我们、能给我们带来乐趣的事，现在也变得没有趣味了。我们可能时而感到自责，时而感到绝望。
- 思维上，我们的大脑中可能会存在大量的消极想法，像"自己什么也做不好""未来很没有希望""我对这些事情无能为力"这样的想法会时常浮现。偶尔，我们还可能出现一些类似"说不定死了就会更好，那样一切就都解决了"的想法。

在日常生活中，我们的注意力也可能会因为这些想法和感受而变得不集中。此外，这些想法和情绪上的变化还会影响到我们的饮食和睡眠，让我们在吃和睡上变得更少或者更多，或让我们感到特别疲惫，提不起精力做事。

这些都是抑郁情绪可能会给我们带来的变化。虽然我们在日常生活中可能会体验到抑郁情绪，但这种情绪是波动的。也就是说，**抑郁情绪给我们带来的影响是比较短的**，一般随着时间变化、我们心理的变化或事情本身的变化，它会自然而然地缓解，有的时候是几个小时，有的时候是几天。等缓解后，我们的情绪就会变得平静，或变得高涨起来。这种从抑郁到开心的不断变化的过程，就是抑郁情绪"波动"的特点。

理解和识别抑郁情绪是什么样的，是我们应对抑郁情绪的基础。大家在读完本节内容后，就能渐渐明白：噢，这是抑郁情绪。没事，我能应对。

我刚刚讲到：**抑郁情绪是波动的**。面对日常生活中的各种各样的事情，我们可能时而感到抑郁，时而感到开心，而抑郁症是一种心理疾病。当人们患有抑郁症时，我之前所说的那些情绪、思维和行动上的变化（或波动）的程度会变得更深，持续时间会变得更长。如果某人在连续半个月或更久的时间里，几乎每天或每天的大部分时间都体验到了程度很深的抑郁情绪，并且影响到了他的正常生活、学习、工作、人际交往，那么他可以考虑自己有被诊断出抑郁症的可能了。

抑郁症的成因和机制很复杂，涉及基因、神经系统、早期经历、特殊事件等。接下来，我会从认知疗法的角度来谈谈认知疗法是如何理解抑郁症，并治疗抑郁症的。

认知疗法并不忽视认知之外的因素对抑郁症的影响，但它更加关注的是抑郁症中与认知有关的因素，以及认知因素对抑郁症的维持作用。

抑郁症不只与早年经历有关

当我们的早年经历适合我们的心理发展，能够满足我们的心理需求时，我们很可能发展出积极的图式[⊖]，让我们认为自己是有能力的，世界是相对友善的，未来是充满希望的。这样，当我们在未来的人生中遭遇挫折时，比如考试没考好时，虽然我们很可能会为此感到沮丧，但是我们的认知却非常积极和灵活，使得我们能够反思考试没考好的原因，并让我们重新充满斗志，为下次的考试继续努力。之所以我们会有这样积极的反应，是因为我们早年形成的积极图式能帮助我们积极地应对考试没考好这一困难。

　⊖　图式是一种特殊的心理结构，能帮助人知觉、组织、获得和利用信息。

但是**抑郁症患者在人生早年时，由于自己的基因、环境、人际关系和认知学习的共同作用，让自己形成了消极、适应不良的图式**。这种图式里通常充满着失落、无价值感、挫败感、悲观等因素，让人们产生悲观的预期、悲伤和自责。

这种图式通常是内隐的，也就是说，平时我们不太会注意到它的存在。但是，当它被生活中或我们自己心里的各种各样的事件触发时，就会开始变得非常明显。

接下来，我会具体谈谈这种与抑郁症有关的消极图式会给我们带来什么样的影响。

消极的自我观、世界观和未来观

在与抑郁症有关的消极、适应不良的图式的影响下，人们的核心信念会变得十分消极，形成消极的自我观、世界观和未来观，这被称为认知三联征。

具体来说，认知三联征中的**自我观是"失败的"**，拥有这种自我观的人会认为自己是无能的、不可爱的、无价值的。这时，他们经常会因生活中那些很小的挫折而感到十分沮丧，比如杯子里的水洒了一地，有道题做不出来等。

认知三联征中的**世界观是"充满敌意的"**。拥有这种世界观的人会觉得这个世界上的其他人、其他事都是危险的，都可能会对自己造成伤害，而自己难以保护自己，或者难以在这个世界上寻得一个安全的地方，或结识一个安全的人。

认知三联征中的**未来观是"没有希望的"**。拥有这种未来观的人会因为没有希望感而持续地感到情绪低落、没有动力，认为自己无法解决问题，甚至感到绝望。

当人们的自我观与未来观十分消极时，他们很可能还会产生持续不断的自杀想法，甚至可能从事自杀行为。

在与抑郁症有关的图式、信念的影响下，人们最表层的自动思维中会存在相当多的认知歪曲，让人们感到沮丧、抑郁、没有动力。我们来看看几个常见的认知歪曲的例子。

- **全或无思维**，有这种认知习惯的人偏好用二分法来看待事物，没有中间地带。比如当他们遇到挫折时，可能会认为"如果我没有获得完全的成功，那么我就是个失败者"。
- **个人化**，有这种认知习惯的人相信消极事件的发生都是自己的原因，而不去考虑其他更合理的解释。比如当团队里的一项工作没做好时，他们坚定地认为是自己做错了事导致的，而看不到其他成员的责任。

与抑郁症有关的认知歪曲还有很多。与图式和信念相比，这些认知歪曲往往形成了人们的"思维习惯"，更容易让人们想起。但并非有了消极的图式或信念就一定会导致人们产生歪曲的自动思维，或一定导致人们患上抑郁症。实际上，**罹患抑郁症与人们在日常生活中所处的特定情境或经历的特定事件有关**，比如考试失利、被爱人抛弃、被迫中止获得博士学位的计划、罹患癌症、亲人丧生等。**这些情境或事件会激活人们的消极图式和信念，让人们更容易处在抑郁状态中，或维持抑郁状态，甚至让人们最终患上抑郁症。**当人们经历上述的一种压力时，或许还能够承受和应对。但当人们连续经历了许多压力时，就容易陷入抑郁症中。

如何应对抑郁

在应对抑郁之前，我们首先要做的是觉察抑郁。我们得先知道我们抑郁了，才能够去有针对性地应对它。我们可以根据自己觉察的结果，结合前面讲的抑郁情绪与抑郁症的区别，来对我们抑郁的严重程度做个初步的判断。

如果我们发现自己的抑郁情绪没那么严重，更多体现在了自动思维的层面，对我们日常生活的影响也比较小，那么首先，我们可以试试**认知疗法中的苏格拉底式提问技术**。这种技术能够帮助我们评估自己的自动思维，帮助我们区分想法与事实，去思考更多的可能性，并帮助我们缓解抑郁情绪。我们可以问自己这样几个问题。

- 支持这个想法的证据是什么？反对这个想法的证据是什么？
- 有没有别的解释或观点？
- 最坏的结果是什么？如果发生了，我能如何应对？最好的结果是什么？最现实的结果是什么？
- 如果是我的朋友处于相同的情境，他会怎么想？我会对他说些什么？

其次，许多人会因为抑郁情绪而变得行动迟缓，没有动力，并因此取消了许多能给自己带来掌控感或愉悦感的活动。这时，我们可以尝试的技术叫**行为激活**，也就是说，**我们反而要在这个时候给自己安排更多的活动，来帮助我们重新获得活力、能量和掌控感**。许多人认为，只有当自己获得了足够多的活力或掌控感时，才能去做事并把事做好。可实际上，先去做事反而是一个能让我们重新获得活力与掌控感的方法。

最后，我们可以阅读关于认知疗法的自助书籍，这类图书中会包含很多我们自己可以学习和使用的工具表，来帮助我们厘清认知与情绪、行为的关系，并帮助缓解抑郁情绪。本章最后会有一份关于认知疗法的书单，大家可以参考下。

如果我们发现自己的抑郁情绪变得特别不稳定、持续时间特别长，影响到了我们的生活、学习、工作、娱乐，并且凭借我们自己的能力无法有效应对，就需要求助医学和心理咨询的帮助。

寻求专业的心理咨询的帮助，并不意味着我们比其他人更脆弱、更敏感、更无能。实际上，这恰恰说明我们能够即时觉察自己的心理健康状况的变化，做出基于现实的判断，并调动自己的力量和能力改善自己的心理健康状况，以最终恢复良好的社会功能，这是十分值得肯定和鼓励的。

面对焦虑，我该怎么办

焦虑时身体会发出信号

什么是焦虑？**焦虑是将要发生坏事情时人们所感受到的担忧和恐惧。**它常常伴随着不舒适的躯体症状，例如心跳和呼吸加快，肌肉紧张和出汗。

每个正常人都会偶尔感受到焦虑，适度的焦虑能够促进我们的思维、促进问题解决。

然而很多人内在个性中具有容易焦虑的倾向。这种容易焦虑的倾向可能来自基因，也可能与童年早期的经历有关，例如父母如果经常提出过高的要求，或者认为世界过于危险，那么就更有可能养育出焦虑的孩子，这样的孩子长大后也容易焦虑。在成年后的生活中经受很多的压力（例如暴力或创伤），也会让我们觉得世界不再那么安全，从而增加我们的焦虑倾向。

像大部分情绪那样，焦虑这种感受主要来自我们的认知，并且会影响我们身体的反应和行为方式。某些思维模式会让我们容易感到焦虑，比如下面这几种。

- **灾难化**。"灾难化"指的是一种觉得事情很糟，并且预期远远超过实际情况的心理倾向。例如，"我可能会失去那份合同，我的整个事业都会毁了"。把事情灾难化的时候，我们会过高估计发生坏事情的可能性，并且夸大出事之后的不良后果。

- **完美主义**。完美主义是指我们想把事情做得完美，结果有可能达不到自己的高要求，进而变得很焦虑。完美主义还使我们害怕自己做得不够好，从而难以起步，不断拖延。

- **对控制感的过度追求**。过度追求控制感的人内心深处容易焦虑，他们会尽量减少出事的可能性，并且会通过充分地准备、计划、组织，力图让世界变得安全，变得可以预料。

- **对赞许的过度追求**。过度追求赞许，使我们对别人传递的信息过于敏感，容易把中性的评价曲解为责备或拒绝。对批评和指责的畏惧也使我们不愿意在很多活动中冒风险，不敢在与人打交道时做出果敢的反应。

当焦虑比较强烈的时候，你会发现心在怦怦跳、呼吸困难，这时，你会容易把这些躯体症状解读为"我的心脏病要发作了"或者

"我要死了"。接下来，这样的想法会使你更加焦虑，从而导致你的心跳更加狂乱，呼吸更加急促。

在焦虑情绪的驱使下，有些人试图逃避那些让他们感到焦虑的情境，试图借此减少自己的焦虑。比如许多人会通过喝酒、暴饮暴食等来逃避这种不愉快的感受。还有人会逃避社交场合，不去找工作，不敢开车，不敢维护自己的权利，不敢独处，或者不愿上班。

如何缓解焦虑

缓解焦虑的认知策略

1. 风险评估

风险评估可以让我们退后一步，客观地看待当前的处境，考虑那些可能出现的最坏结果，评估这些结果发生的可能性，并且提醒自己"我可以应对这些结果"，从而让担忧回归到可以控制的程度。

工作表：风险评估

①这一情况的最坏结果可能是什么？

②实事求是地评估这种结果发生的可能性（0 ~ 100%）。

③这一情况的最好结果可能是什么？

④实事求是地说，最有可能发生什么？

⑤你可以采取哪些行动？

让我们看一位纳税咨询师的例子。由于税法最近有了修改，他为客户提供的建议不再正确。客户对他很恼火，他担心客户不会再到他这里办理业务，从而失去这份工作。看看他如何通过风险评估来减轻自己因为一位客户不满意而产生的焦虑。

工作表：风险评估

①这一情况的最坏结果可能是什么？

我会失去他这位客户。他还可能告诉别人，说我这个咨询师很糟糕，我的名声会被搞臭，我还会失去其他客户。

②事实求实地评估这种结果发生的可能性（0～100%）。

5%。

③这一情况的最好结果可能是什么？

客户虽然恼火，但经过沟通后，他仍然找我办理业务。

④实事求是地说，最有可能发生什么？

我将失去他的信任，他也不再到我这里办理业务，但这不会影响别人是否找我办理业务。

⑤你可以采取哪些行动？

我可以给他写封邮件，把情况解释清楚。我会承担自己的责任，愿意补偿他的损失。

2. 正反证据法

写下支持或反对我们想法的全部证据，然后以这些证据为基础，得出对当前处境更妥当的观点。这样做可以让我们客观、冷静地评价当前的处境。如下例所示（详见表6-7）。

表 6-7

正反证据工作表			
灾难化的想法	支持该想法的证据	反对该想法的证据	新的妥当的思路

（续）

正反证据工作表			
这份工作我可能干不来	在头两个星期，我在工作中遇到了许多自己无法解决的问题	①我才来这里两个星期 ②这份工作是需要边干边学的 ③我通常都能对新工作很快上手 ④从事这份工作以来，我已经学会很多东西了	我来这里不过两个星期，还要花时间熟悉新的工作。再过一段时间，我还是有可能学会自己需要掌握的技能的

两个星期以前，小李找了一份新工作，从此就非常焦虑。他发现自己不懂的东西太多了，他怀疑自己可能干不来这份工作。小李通过填写正反证据工作表，列举了支持和反对这一想法的证据，得出了更合理、更妥当的观点，从而降低了自己的焦虑水平。

3.适应性陈述

有时候，很简单的一句话就可以提醒我们用更健康、更合理的心态看问题，从而改善心情。比如下面这几句话。

- 放轻松！
- 这不是我所能控制的。随它去吧。
- 顺其自然，情况没那么糟。

可以把对你有帮助的适应性陈述写下来，特意贴在你经常看到的地方，比如冰箱门上、计算机屏幕旁或者钱包中，时刻提醒自己。

对于缓解焦虑，行为策略同样重要。对大多数遭受焦虑之苦的人来说，联合使用认知和行为策略才可以取得最好的效果。

缓解焦虑的行为策略

1. 暴露：面对你的焦虑

焦虑让人如此难受，我们自然会试图逃避令自己焦虑的情境。但逃避的问题在于，它会强化我们觉得这些情境很危险的感受，从而降低我们在未来应对这类情境的能力。

有时候，当我们需要面对的情况令自己非常焦虑时，分步骤逐渐暴露是个好办法。

丈夫过世以后，每当晚上独自在家时，蕾就感到非常焦虑。她试图尽可能多地待在女儿家，有时候就让儿子跟自己一块住，以逃避那种焦虑。避免晚上独自在家，反而让她的焦虑持续不断。尽管她并不喜欢新的办法，蕾还是需要把自己暴露于害怕的情境当中。

对蕾来说，她可以先让一个孩子在晚上陪着她，等她入睡后，孩子就回自己的家。在一两个星期之后，孩子继续每晚来看望她，但是在蕾上床之前就离开。再过一两个星期，孩子们可以每天只来陪她一小时，或者仅仅通过电话陪她说说话，安慰她绝对不会出事。

逐步暴露之所以能帮助我们面对自己害怕的情境，是因为我们给自己留出了慢慢适应的时间。

2. 聚焦问题解决，采取行动

针对问题采取行动，可以增强我们对事态的控制感，从而减轻我们的焦虑。在不同的处境当中，我们所能控制的程度各不相同，我们可以聚焦于问题解决，看看问题能否被解决，或者得到一部分解决。

小丽遇到了难搞的领导，没有办法和领导相处（事实是领导的确很让人抓狂），她非常焦虑，不想上班。

面对这个情境，我们可以试着通过问以下几个问题来启发小丽采取行动。

- 有没有可能换个情境？比如换一个工作，不和这个领导相处。但是有些时候，换了工作，我们还会有新的问题。

- 现在可以做一些什么让情况好一点呢？比如提高自己的工作能力？改善一下自己和领导说话时的措辞？

- 如果没有办法完全解决问题，能不能解决部分问题？也就是说，把这个问题分解成几个小问题，先解决其中的一到两个部分，剩下的部分就没有那么焦虑了。

在大多数情况下，只要我们觉得可以有所作为，就要早一点采取行动，**采取行动可以增加我们解决问题的可能性，更有利于减缓焦虑。**

3. 放松技术

呼吸操是带有停顿的缓慢呼吸，可以降低我们的生理紧张水平。呼吸操随时随地都可以做，甚至在感到焦虑的当下，我们都可以用一分钟时间做几次深呼吸，简单而有效。

现在请你放松地坐在椅子上，闭上双眼，将一只手放在腹部。在你缓缓吸气的同时，将你的注意力放在吸入的空气上。在缓缓呼气的时候释放你的紧张和压力，吸气时最大限度地向外扩张你的腹部，停留一秒，呼气时，最大限度地向内收缩腹部，将气吐净。你可以再做几次。吸气，停留一秒，呼气，吸气，停留一秒；呼气，吸气，停留一秒；呼气……你可以继续做下去，直到感到放松为止。

最后，你可以找出一个让你感到焦虑的问题，并尝试完成以下三件事情。

- 识别让你焦虑的潜在观念和想法。
- 运用风险评估、正反证据法、适应性陈述来调整你的观念和想法。尝试找到更加合理的观念和想法，并观察你的感受。

- 采取积极的行动（暴露；聚焦问题解决，采取行动；放松技术）来减轻焦虑。

认知疗法能解决哪些心理障碍

除了抑郁症和焦虑症，近几十年的实证研究和临床实践经验都发现，**认知疗法还可以治疗精神分裂症、双相情感障碍、强迫症、进食障碍、人格障碍等众多慢性或严重的心理障碍，并且有着良好的治疗效果与预后，还能够帮助预防复发**。接下来，我会针对个别心理障碍做详细介绍。

精神分裂症的治疗

精神分裂症指的是人们的心理世界和现实世界发生了错位，心里面想的、感受到的和现实中的是不一致的，人们用"分裂"这个词来描述这种错位。人们在发生错位之后会有许多特殊的表现，其中有两个表现尤为突出。一是**妄想**，它是信念歪曲的一种极端形式，人们会对自己的某些想法坚信不疑，即使现实世界的证据与之相反。在妄想时，人们可能觉得一定有人在迫害自己，别人的某些言语一定是针对自己的，某个人一定喜欢自己等，即使这个人远在天边，与自己一点关系都没有，或是只是在手机、电视上出现过而在现实中并无接触。二是**幻觉**，指的是虽然现实生活中没发生什么，但人们却说自己看到或听到了什么，并且会感到这些看到或听到的内容十分生动形象、不受自己控制，比如看到了并不存在的人、听到了并不存在的声音等。

此外，精神分裂症患者还会出现思维或言语紊乱、异常的运动行为，或情感、意志、社交功能减退等症状。这些症状可能会多次发作、持续时间很长，并破坏患者的社会功能，致使他们不得不需要接受专业的医学治疗或心理治疗。

精神分裂症患者只有在接受药物治疗并且病情稳定之后才能开始使用认知疗法，并且在这期间需要配合持续、稳定的药物治疗，以及和精神科医生合作。

在认知疗法治疗的过程中，治疗师会就精神分裂症本身对来访者进行充分的心理教育，比如告诉患者精神分裂症是什么，会被哪些情况诱发，该如何看待这件事等。然后，治疗师会提升来访者参与活动的积极性、服药的依从性，并慢慢开始使用认知技术缓解来访者的妄想和幻觉等。

比如，在缓解幻听症状时，治疗师会使用正常化来降低来访者的病耻感，对可能会诱发幻听的环境因素进行心理教育，帮助探索对于幻听的其他解释，并通过列举可以减少幻听症状的方式，来帮助来访者制订一个减少幻听的行为计划。

与其他精神疾病相比，用认知疗法治疗精神分裂症会需要更长的时间。

强迫症的治疗和复发预防

虽然"强迫症"这个词已经融入大家的生活了，我们有事没事就会说别人有强迫症，但是**在心理病理学中，强迫症指的是存在强迫思维与强迫行为的心理障碍**。其中强迫思维，指的是总是占据着人们脑海的大量闯入性的、不想要的想法和冲动或者画面，比如总是觉得自己太脏了，总是觉得东西摆得不整齐，总是觉得自己要去伤人等，而这些思维往往还伴随着可怕的结果预期，比如如果不洗干净就一定会得很严重的病，东西摆不齐可能会考不好试，自己可能真的会去砍人等。强迫思维是令人痛苦的。为了缓解这种思维带来的痛苦，人们会逐渐发展出许多行动即强迫行为来减少痛苦。比如长时间地洗手，手洗破了也要洗；长时间地去对齐东西，结果什么事都没做；心里一直默念着什么，结果朋友都见不了了……

从对强迫症的介绍中我们可以看到，强迫思维或强迫行为会占据我们大量的时间，让我们想做的事做不了了，想去的地方去不了了，心里还总是充满了焦虑与恐惧，十分痛苦。

认知疗法是治疗强迫症的首选方法，并且往往十分有效。在强迫症状严重时，患者也往往需要在服药的情况下才能接受认知疗法。当强迫症状没那么严重时，认知疗法治疗师除了会使用我们熟悉的认知方法、心理教育，还会使用一种叫作"暴露与反应阻止"的技术。在运用这种技术时，治疗师会协助来访者处于会强烈诱发他的强迫思维的情境中，同时阻止来访者的强迫行为或回避行为，以起到修正大脑回路、缓解强迫症状的作用。同样地，认知疗法对强迫症的复发预防也很重要。

在各种场景中的广泛应用

除了一对一的个体咨询，认知疗法在伴侣咨询和团体咨询中的效用也十分显著。

贝克曾经写过一本给大众看的书，叫《学会沟通，学会爱》(Love

is Never Enough），它主要讨论了认知在出问题的恋爱关系中所扮演的角色，并认为恋爱关系问题不仅源于沟通不足和其他有问题的行为，而且还源于功能不良的信念，拥有这种信念的伴侣双方往往对一般的人际关系或是两人的亲密关系有着不切实际或不合理的期待与标准。

在咨询中，认知疗法治疗师关注的是**伴侣双方在解决他们关系中存在的问题的方式不当的原因，并去探索伴侣之间是如何根据双方所说的话、所做的事而得出错误的结论或如何以不合理的标准来评价对方的**。之后，认知疗法治疗师会帮助伴侣修正他们在关系中不切实际的期望、矫正关系互动中错误的责备，并帮助伴侣运用认知的方法减少破坏性的互动。

时至今日，人们发现运用认知疗法能够有效促成伴侣间认知的改变，而认知重建还能促成伴侣间行为的改变，以最终改善伴侣间的关系。

与个体咨询相比，团体咨询能够在同一时间内帮助更多人进行咨询，并能降低每个人的咨询成本。

在认知疗法指导下的团体咨询中，团体成员们有更多的机会相互讨论各自的家庭作业，相互练习自己学到的认知技术。此外，**团体成员间的自我表露和来自咨询师或其他成员的反馈，都会更有利于改变歪曲的认知和强化更现实的评估**。

认知疗法指导下的团体咨询对许多心理障碍都有效，比如前面提到的抑郁症、双相情感障碍、强迫症、社交焦虑障碍、物质滥用等。

无论是在个体咨询、伴侣咨询，还是在团体咨询中，认知疗法既适合成年人，也适合儿童青少年，还适合老年人，应用十分广泛。

高科技作辅助

计算机辅助的认知疗法能够根据每个人的不同情况自动地给出干预方案，让人们自主练习、自我指导。心理学家发现，**计算机辅助的认知疗法对焦虑障碍、惊恐障碍、创伤后应激障碍、强迫症等心理障碍具有良好的治疗效果**，且绝大多数年轻人都接受基于网络的认知疗法。

计算机辅助的认知疗法使得认知疗法可以在世界范围内被共享，让更多人获得有效的心理干预，有利于减小世界范围内的心理健康水平之间的差距。此外，在线的认知疗法和计算机化的认知疗法在便捷性、经济性上优于传统的认知疗法。

也有研究者将手机应用程序应用到心理健康状况的监督和管理中。研究发现，在保证安全性和隐私性的情况下，大众对使用手机来监督、管理心理健康状况持有积极接受的态度。通过这种方法收集到的数据也更为及时、可信，因此能被大众接受。

手机应用程序辅助的认知疗法实施较为容易，并且可以大范围内地应用于不同的群体中，改善患者的心理健康问题。手机应用程序辅助的认知疗法最大的优势是，可以随时随地地记录引发焦虑的情境，有利于来访者对情绪和想法进行识别和命名，也有利于咨询师接下来的引导和治疗。

近年来，由于技术的快速发展，虚拟现实技术和相关设备已经有了很大的改进。虚拟现实技术整合了实时计算机图形学、身体感觉传感、视觉成像技术，通过视、听、触、嗅等多种感知渠道对现实进行模拟，给来访者提供近似真实的、可以沉浸的、人机交互的三维动态虚拟环境。

在虚拟环境中，个体的焦虑、恐惧等情绪得到缓解，认知发生改变，这些变化可以进一步迁移到真实环境中。**虚拟现实技术辅助的认知疗法以柔和、渐进的方式帮助来访者减轻心理问题。**

我们可以看到，认知疗法是一种十分短程、结构化且高效的疗法，并且治疗效果可以一直延续到治疗结束后的很长一段时间，并能起到预防复发的作用，还能帮助来访者成为自己的治疗师，起到更广泛的帮助作用。

除了能减轻抑郁和焦虑，认知疗法在许多其他方面也都非常有效。除了个体咨询，认知疗法也能在伴侣咨询、团体咨询中起到非常大的作用。随着现代科技的发展与计算机应用的普及，认知疗法也能与多种应用程序进行结合，方便人们以更便捷、更高效的方式使用认知疗法技术，实现自助的目的。

我们相信，随着认知疗法的发展与现代科学和计算机技术的发展，认知疗法未来一定能够在越来越广泛的领域发挥越来越有效的作用，帮助大家降低咨询成本、拓展咨询范围、提高咨询效果。我们大家都期待着这一天的到来！

延伸阅读书单

[1] 韦夏.认知治疗学派创始人：贝克 [M].廖世德，译.上海：学林出版社，2007.

[2] GREENBERGER D, PADESKY C A.理智胜过情感：如何改变你的抑郁、焦虑、愤怒和内疚情绪（第二版）[M].宋一辰，李稔秋，译.北京：中国轻工业出版社，2018.

[3] 黄富强.走出抑郁的深谷：认知治疗自学／辅助手册 [M].北京：教育科学出版社，2010.

[4] 安东尼，诺顿 [M].不焦虑的生活：14 步带你回归平静.唐苏勤，向振东，译.北京：机械工业出版社，2014.

[5] 霍夫曼.认知行为治疗：心理健康问题的应对之道 [M].王觅，余苗，赵晴雪，译.北京：电子工业出版社，2014.

[6] BLENKIRON P.认知行为治疗：故事和类比的应用 [M].邓云龙，章晨晨，译.北京：人民卫生出版社，2013.

症状与问题往往提示家里有
矛盾冲突没有解决

萨尔瓦多·米纽庆

米纽庆既是家庭治疗的开创者，又是让它回归本源落实到日用伦常的带领人

李维榕

第 7 章

萨尔瓦多·米纽庆：实践生活智慧的魔法师

亚洲家庭治疗学院创办人及临床总监。

本章作者
李维榕

一位想成为编剧的心理治疗师

2021 年 10 月，是萨尔瓦多·米纽庆（Salvador Minuchin，1921—2017）一百岁的冥寿，我们在纽约的米纽庆家庭中心（Minuchin Center for the Families）为他举行了很多天的庆祝活动。

米纽庆是谁？为什么《纽约时报》形容他是家庭治疗界的魔法师？他对心理治疗的贡献在哪里？**米纽庆是家庭治疗界的先驱，也是结构派家庭治疗的开山祖师**。在 20 世纪 70 年代，这是最有影响力的一个家庭治疗流派。可是米纽庆自己常说，并没有结构派家庭治疗这一回事。他自己从来就不愿意被自己所创立的学派限制。

服务于贫民的心理学家

米纽庆的全名叫萨尔瓦多·米纽庆，我们熟悉他的人都叫他萨尔（Sal）。1921 年，他出生在阿根廷一个犹太人小区。小区里的人全是他的亲属，不是阿姨就是叔叔，所以，他自小就在紧密的人际关系网络中成长。

米纽庆的父亲对他的管教十分严厉，但是米纽庆十分敬重父亲，对他来说，父亲象征着正义和责任，母亲则象征着保护和慈爱。阿根廷是一个属于西班牙语系文化的国家，作为一个犹太人，米纽庆受到浓厚的家庭传统影响，又深受拉丁民族的浪漫主义的熏陶。他的思考十分复杂，充满一种既要冲破，又不断追求归属感的情怀。

他常常形容自己是一个"街头混混"（street fighter），从小就喜欢打架，所以他治疗的手法，极具挑战性。

他在纽约完成精神科医师训练后，本来是专注于精神分析的。但是美国的20世纪60年代，正是家庭治疗开始发展的大时代，很多本来从事精神分析的治疗师，觉得单与个人一起工作，用时太久，而且效果不大，都纷纷转向以家庭关系为本的理念，理解和处理一向认为是属于个人的问题。一时间高手林立，现代家庭治疗领域大师级的人物，都几乎在同一时段、在不同地区，根据他们的服务对象建立自己的派别。

米纽庆也受了内森·阿克曼[⊖]（Nathan Ackerman）和哈里·沙利文[⊖]（Harry Sullivan）这些特别重视人际关系的前辈的影响，他开始与家庭一起工作，并且他是第一个用单面镜来观察治疗过程的治疗师。

当时大部分心理治疗师的服务对象都是中产家庭，米纽庆却选择在一间贫民窟的学校工作，他的服务对象全部都是反叛的青少年。

他很快就发现，那些应用于中产家庭的理念与技术，对这些贫民

⊖ 内森·阿克曼（1908—1971），美国心理学家，家庭治疗先驱之一。20世纪30年代作为儿童精神分析学家，将家庭视为社会性和情绪性的单位进行研究。20世纪50年代末创建家庭研究所，即阿克曼家庭治疗研究所。

⊖ 哈里·沙利文（1892—1949），美国心理学家，其心理学研究工作基于直接和可检验的观察。他是第一个把人际关系（interpersonal relation）的理论引入精神分析里的人。

区的家庭一点儿都起不了作用。必须找一个简单明了的沟通方法，而且要有实际行动，走入这些家庭的系统，才有办法帮助这些家庭改变。他在 1967 年写了一本书叫《贫民窟的家庭》（*Families of the Slums*），介绍了很多他在理论及技术上的发展。该书至今仍是一本经典。但他最畅销的一本书，是在 1974 年出版的《家庭与家庭治疗》（*Families and Family Therapy*），这本书销售了超过一百万册，也被翻译成了多种语言，几乎是家庭治疗师必读的一本书。

"如何捉魔怪"

1965 年，他成为费城儿童辅导中心（Philadelphia Child Guidance Clinic）的总裁，在那里他建立了一个世界有名的儿童健康中心。在此之前，儿童问题大都是单独处理，而且以药物治疗为主。但是米纽庆强调，**孩子是家庭的一分子，孩子的问题，必须要与家长一起处理**。在家庭治疗的不同派别中，他的工作对象尤其以孩子及青少年为重点。

他在《家庭与家庭治疗》的第 1 章里就提到，他在一间儿童医院内遇到一个 9 岁的小男孩，他问小男孩为什么要住院。

男孩说："因为我的妈妈管不了我。"

米纽庆又问："那为什么不是你妈妈来住院，而是你住？"

短短的一段对话，就点出了他的基本理论：孩子的精神健康，离不开父母。

他有几个出名的案例，名为"如何捉魔怪"（taming monsters）。他说："如果你留心观察家庭关系的每个环节，你就会发觉，魔怪的形成，是有一定模式的。"对于有些完全不受教的孩子，他会关注这些父母在哪里被卡住了，然后帮助他们，一步一步处理孩子的失控行为，直到成功为止。

在费城10年，他在儿童心理治疗工作上有很大的突破，也大大地影响了下一代儿童心理治疗工作的发展。儿童中心也由开始时的十几人，发展成三百多人。世界各地的专家，都以在此受训而感到骄傲。现代很多家庭治疗的重要人物，都是他当时的学生。

有人问他，为什么要离开这个他一手创办的基地？

他说："我是一个开小店的人，我要知道我店里所卖出的每一个产品。但现在中心的员工多到我都认不出来了，我就有点不够踏实的感觉。"

离开费城后，他回到纽约，在那里开办了家庭研究所（Families Studies），主要以教授家庭治疗和临床示范为主。那真的是一家小店，只有几个员工，都是他的入室弟子，协助他的工作。我也是在那个时期加入的。直到他离开，我的师兄弟们还一直在主持工作，而且大家也很尊重他的理想，因而继续把贫穷家庭作为我们的服务对象。

其实米纽庆的第一个志愿，并不是成为治疗师，而是成为一名写剧本的人。我们在纽约一起工作的时候，一个星期起码有两三天，都在看戏，尤其是舞台剧。他的治疗手法，很受舞台剧的影响。他认为**一个家庭治疗师的最大作用，就是把家庭人物的角色，活生生地呈现在治疗的舞台上，让他们在互动中，经历及探索新的可能性。**

在结构派的后期，很多早期的技术和用词都有所更改，例如所谓"功能失调的家庭"（disfunctional family）或谁与谁"结盟"（alliance）这些具有批判性的形容，我们都很少用，唯独"活现"（enactment）这个让家人自然表达他们平常怎样交流的手法，到现在，还是结构派的重点，它不但是一个有效的技术，也是一个重要的概念。

为什么儿童专家都以家庭治疗工作为重

为什么说米纽庆是一个魔法师呢？因为在他治疗的"舞台"上，每一个家庭带来的剧本很快就会出现改变，尤其是孩子，一些有问题的孩子，在接受了他的治疗访谈后，往往很快就变得正常起来。

举一个早年的例子：一个孩子不肯上学，他的父母和奶奶都没法儿把他叫醒去上课。米纽庆问他："你家里每个人都变成你的闹钟，为什么还是没有办法把你叫醒？"

孩子说："因为是他们想去上课，并不是我想去。"

米纽庆说："对呀！谁说一定要去上课呢？不上课也没有什么不好呀。"

孩子很快就跟他争论起来，不但不再反对上学，反而说："不去上课怎么成？我什么都没有学会，将来怎么办？"

米纽庆说："那也没有什么问题呀，你永远依靠爸爸、妈妈和奶奶就成了。"

这些话并不是单与孩子讲的，也是让家人从治疗师与孩子的对话中，理解到他们自己与孩子的互动模式，出现了什么问题。因为家庭治疗的目的，就是与家庭一起找到一个有效的模式。

当时的心理治疗，大都是集中在探索个人的内心世界，米纽庆却强调：**"人不是活在自己的内心，而是活在与人的互动中。"**

因此，所谓个人问题，一定与他的环境有关，尤其是在处理孩子的问题时，首先就要了解这个孩子与他的家庭的关系，以及孩子与家人之间是怎么样互相牵扯的。这就是为什么家庭的互动模式如此重要。

他说："其实大部分父母都会想办法解决孩子的问题，但是总是被他们之间的互动模式卡住。就好像跳舞一样，你的脚踩住我的脚，我的手掐住你的脖子，这支舞就无法跳下去。如果把卡住的地方弄通畅，他们就有能力解决所有问题。"家庭舞蹈这个比喻，如果我没有记错，应该最早出自另一位家庭治疗大师卡尔·威特克（Carl Whitaker，最早打破精神病学传统去开始家庭治疗的实验者之一），从此它就成了这个行业的常用比喻。

但是，怎样去把这些纠缠不清的互动模式弄顺畅，米纽庆认为这与家庭结构有关。

家庭结构的理论很简单：**每个家庭都有自己的结构，其中包括很多次系统，祖父祖母、爸爸妈妈、孩子等，每个次系统当中又有一定的边界**。但是一个家庭的结构，往往会出于各种原因，导致每一代人的位置都混乱了——界限不清楚，每一个人的角色也就不清不楚。所谓舞跳不下去，就是这个意思。

米纽庆常说，**从一家人的互动模式，就可以看到这个家庭的结构是怎样的**。

最常见的一个例子就是，孩子不听话，当父亲去管教时，母亲怪的不是孩子，反而是父亲的教育方式。这种互动模式，名义上是在教孩子，其实真正被教的是父亲。如果去探讨这种家庭的结构，一般都会发现，父母亲无法站在同一阵线上，反而是母亲与孩子关系密切，父亲站在门外。当孩子出现问题的时候，因为孩子的位置比父亲更重要，父亲又如何教得了孩子？母亲变成孩子的同辈，孩子当然也不一定要听她的。

父母加起来应该是 1+1=2，但是很多父母加起来是 1+1=0，不知不觉把彼此的功力都废掉了。

　　这个概念与亲子教育的概念很不一样。亲子教育，讲的是亲近孩子，米纽庆却认为，夫妻要先亲近彼此，再去亲近孩子，否则就会被孩子弄得头昏脑涨。他给父母的一个比喻是："你的孩子只有 7 岁，没有你一半高，他一定是坐在你们当中一人的肩膀上，才会觉得自己比谁都高大！"

　　家庭结构的这个论点，在后现代主义时期经常受到批评。有人认为米纽庆过于守旧，现代家庭有很多不同的结构，单亲家庭、离婚家庭、组合家庭等，不能一概而论，尤其是他对母亲与孩子过于紧密的挑战，女性主义者认为这对女性很不公道，为什么他不挑战父亲的无能？米纽庆后来也学乖了——真的变得"收敛"一点儿了，一些形容母亲与孩子过分亲密的常用词都不再用了。

　　但是母亲与孩子过于密切而致使父亲无法介入，毕竟是临床工作中一个最常见到的现象。在处理孩子的行为问题时，这始终是一个重要考虑。

　　值得一提的是，米纽庆在费城时，针对儿童的身心症，开展了一个很重要的研究。他与他的团队发现，孩子在父母亲发生矛盾的时候，体内的游离脂肪酸（free fatty acid，一种焦虑激素）的水平会大大升高；但是看到孩子的时候，父母亲体内的焦虑激素水平就会大大降低。也就是说，**孩子会因为父母的矛盾而焦虑，而父母却会因为孩子的存在而减低焦虑。**

　　这个发现让我们更加明白，儿童的精神健康，是离不开健康的家庭关系的。这个研究也掀起了一个儿童心理健康的运动热潮，一时间，所有的儿童专家都以家庭工作为重。米纽庆自己是精神科医师，但是他大半辈子都在挑战美国儿童精神科医生过度用药的倾向。与其说他挑战女性，不如说，他谁都挑战！

从他少年时代在街上打架开始，他对社会的不公平一直很敏感，他大部分的时间都在为被压迫的群众争取公道。他对强势的人很不买账，对底层家庭却特别客气。有一次，他访问一个坐轮椅的残障者，自己干脆坐在地上与他对谈，他说："这个人的位置很低，总是要在低处往上与人谈话，我的位置比他更低，他就可以往下看我！"

作为一代心理治疗大家，米纽庆的成功是源自他对人的尊重和投入。他的理论和技巧都很踏实，不会离地。他的话语很简洁，与很小的孩子都能谈得起劲儿，却能让你很自然地就把心中的话都透露出来。

早年的米纽庆是一个很戏剧化的人物，他的家庭治疗工作，也很戏剧化。透过与他的对话，家庭成员之间的动力，以及隐藏很久的矛盾很快就会表露出来。在强烈的情感交流中，治疗师抽丝剥茧，与家庭成员一起跳出各种不同层次的舞蹈。

看他与家庭一起工作的示范，就像看一出舞台剧，我们陪着一起笑、一起哭。随着每一个家庭逐渐在困境中找到出路，我们也能看到自己家庭的影子和希望。

解决家庭问题的疗程

米纽庆被认为是过去25年来最具影响力的三位心理治疗大师之一。想知道他怎样进行家庭治疗的疗程，最好是看他写的那本书《为家庭疗伤》（*Family Healing*），在那本书里，他随着自己人生的不同阶段——从结婚、生孩子到老年、面对死亡，介绍了很多个正在经历同一阶段的家庭。

其他书上提到的很多个案，大部分都只介绍了一次完整的面谈，很多人都问，那后来呢？那个家庭后来怎样了呢？我在这里介绍他的一个比较完整的个案。

这是一个名叫"靠着拐杖走出去"的案子，个案是一个 11 岁的小女孩，因患上癔症性瘫痪（hysterical paralysis）导致她不能走路。这是一种很少见的症状。因为这个家庭住在外地，所以父母就带着全家到费城住了两个星期，米纽庆就和他们一家人一连串进行了 12 次治疗。

这一家三代人，除了父母，还有祖母、患病的女儿和一个 9 岁的小弟。

在初次会面时，米纽庆就注意到女儿很依赖妈妈，一直不让她走开，全家人的注意力都集中在女儿身上。米纽庆同时观察到，这家三代女性，包括祖母、妈妈和女儿是很密切的，而从父母的互动看来，夫妻之前是很疏离的。

所以他很快就要求坐在父母中间的女儿，与爸爸换座位，方便夫妻直接对话。**换座位，是结构派的出名技巧**。改变座位的目的，就是让夫妇回到他们自己的位置上，也让孩子开始习惯，自己不能总是夹在父母中间。

但是米纽庆就很快就看到，这对夫妻很不习惯交谈，谈得很生硬，而旁边的祖母与女儿，又不断地打断他们。米纽庆在开始的几次会谈，首先要做的就是拉近夫妻之间的距离，强化夫妻的次系统；然后又把这三代人的边界，建立起来，让上一代与下一代的次系统，有自己独立的空间。也就是说，先把三代人的位置重新分配，各就各位。在接下来的会谈里，他才开始处理孩子的病症。他对孩子说："我知道你现在必须要靠父母才能走路，所以就让他们来做你的拐杖。一天是妈妈做，隔一天是爸爸做，每人每日轮流做，你无论去哪里，都要让这个拐杖帮你，包括上洗手间。"

把父母变成女儿所依赖的拐杖，是**把问题人物化，这是家庭治疗的特点。**

当然，当父母当真变成女儿的拐杖时，生活就变得很不方便。天天如此，女儿跟妈妈，还有跟爸爸，都会产生很多小矛盾，反而夫妻之间，变得更加亲近了。很快，连女儿也受不了这种安排，她不想再依赖父母亲，要求找一根真正的拐杖。米纽庆就在全家面前举行了一个仪式，亲手把一根拐杖交给孩子，他说："你从此就自己用它走路！"

两周下来，本来不能走路的女儿可以自己用拐杖走路了。

在最后的一次见面中，米纽庆本来打算在女孩离开前，像个魔法师一样把拐杖拿回来，让女孩神奇地自己走出去。

他对女孩说："把拐杖还我！"

可是女孩说："不！"

他只好问："那当你决定不再需要它的时候，可以告诉我吗？"

几个礼拜后，他收到女孩的一封信，信上说："亲爱的萨尔，你要我决定不再需要这根拐杖时告诉你，我现在就跟你说，我决定了！"孩子真的放下拐杖，自己走路了。

米纽庆家庭治疗中心有关于这个个案的整个治疗过程的录像，这是一个很感人的故事。那段时间适逢米纽庆自己也结婚生孩子，对于婚姻与孩子的成长过程，他特别有感受。

他觉得**两个人成家，是一个双方需要不断互相调整的过程，这样伴侣双方才有办法成功面对种种挑战，而孩子要成功长大，必须要放下父母。**

米纽庆在晚年时常说，老是觉得死亡就在身旁候着。我也想谈谈他是怎样处理一个临终个案的。

这是一个到了癌症末期的老父亲，他的妻子和孩子都视他为暴君，对过去的他充满恐惧。现在面临死亡，每一个人都不知道如何面对彼此，只能在无望中默默地承受。米纽庆陪同他们一步一步地摆脱多年来互相造成的距离，让夫妻之间重新学习沟通，父子之间也利用最后的机会，真正地认识了对方。

老爸去世后，老妈也给米纽庆寄来一封信，告诉他说：最后这段日子，是我们生活以来最好的一段！

在处理死亡时，米纽庆的名句就是：在人还有一口气的最后一分钟，都还是活着的，千万不要预先把他杀掉！

如何面对失控的孩子

米纽庆一共来过中国 3 次。第一次是在 20 世纪 70 年代，当时是一个文化机构请他来中国，第二次是北京大学唐登华老师安排的。那次我们刚到达北京，就被安排与一个三代同堂的家庭见面。一个 6 岁的小男孩大吵大闹，谁也管不住他，平时带他的老奶奶完全没有办法。他甚至一看见我们，就嚷着要打老师。我也不知道他要打米纽庆老师，还是要打我，可是他并没有真的打我们，反而是狠狠地打了他的奶奶。奶奶被打了之后不但没有生气，反而护着他。父母亲在旁边叫停，他不但不听，反而从我们的房间冲了出去。

整个访谈，孩子起码跑走了 3 次，每一次米纽庆都阻止他的奶奶去追他，而是让他的父母一起去把他抱回来。一个小时下来，父母与孩子都筋疲力尽，好像打仗一样，我们反而得以好好地休息。但是到最后，父母终于成功地把孩子安顿下来了，小男孩乖乖地躺在父亲怀中，不再闹事。

米纽庆是以驯服孩子的失控行为而闻名的，这就是他治疗的第一个中国家庭的示范。他教学最大的特色，就是现场示范，直接与家庭工作，而不是只介绍理论。他常说："理论是理论，做出来才知道有没有用。"

从这个简单的例子中也可以看到他的理论根据。他认为，**家庭治疗就是让家人成为彼此的治疗师。教育孩子，是父母的工作。**因此，父母才是主角，**治疗师的工作就是要启动父母的能量，而不是取而代之。**

他那次的示范引起了很大的争议，有人提出，是否应该考虑不同文化之间的异同？在中国家庭中，通常祖父母有很高的权威，而且很多时候都是祖父母在帮忙带孩子。米纽庆却认为，在这个家庭里，祖母负起带孩子的主要责任后，母亲却无从参与。而且从父母处理孩子的过程能看到，夫妻之间存在很大的矛盾，孩子失控反映的其实就是夫妻之间及三代之间的界限不清、关系不调和。所以他先让夫妻有机会成功地把孩子安顿下来，接着再处理夫妻矛盾，一层一层地，像剥洋葱一样，这就是他的手法。

也许你会发觉，他处理这个北京三代同堂的家庭的手法，与他在美国处理的那个"靠着拐杖走出去"的个案很相似，都是**在三代当中建立适当的空间和边界，加强夫妻的次系统，让父母有机会共同学习怎样处理孩子的问题。**

对于不同文化之间的异同，他认为**我们虽然要尊重文化，但有时候也要挑战文化。**因为**有些社会及家庭文化，正是造成问题的原因。**

有人告诉他，这是独生子的家庭现象。米纽庆说："那也不一定，与孩子一起来的堂弟也是独生子，但他就一直很安静，好奇地看着大人的活动。"

他的观察力很细腻，什么都逃不过他的法眼。他也很注重家庭中的细节，完全根据家庭所提供的资料做出反应，不喜欢讲太笼统或理论性的话。

他还觉得，中国家庭与犹太家庭很相似，在这个案例中，自己就是刻意以一个老人家的身份，鼓励老奶奶腾出空间，从而支持年轻一代的父母自己学习处理孩子的问题。

那次，米纽庆还示范了他治疗厌食症的一种手法，叫"午餐治疗"（luncheon session）。来访者是一个严重厌食的女孩子，因为挨饿，身体已经到了危险关头。米纽庆安排了与全家一起吃午餐，席中，他对父母说："你的女儿再不吃东西，就会有生命危险，所以我们今天一定要成功让她吃饭！"

整个过程都集中在女儿不肯吃饭上，而治疗师却促使父母一定要让她吃饭，饭菜掉满一地。但到最后，在父母的坚持下，女儿终于把面前的饭菜吃光了。

这也与他处理"捉魔怪"的例子很相像，重点就是把觉得完全没有办法的父母，变得有动力，而且支持他们成功地处理一些本来以为没法处理的孩子的行为。不过这只是治疗的开始。如果只是处理行为，虽然暂时成功了，但很快就会被打回原形。必须要巩固家庭的结构，把孩子放回孩子的位置，效果才可以持久。

当时很多严重厌食的孩子，唯一活命的办法就是留在医院输液，所以他提供的是一个很简单而有效的家庭治疗蓝图。

他认为孩子的心理问题，大都是成长的问题，孩子想要从父母的管教中争取独立，算是在与父母较劲。因此，他常会对父母说："如果你的孩子赢了，就会没命，所以你们一定不能输！"

他也会对发病的孩子说："如果你赢了父母，就会输掉你的命，还是换个别的方法去对抗吧！"

经过那一场午餐示范，听说那对父母回家后，就天天监督孩子吃饭。半年后，他们寄来了一段录像，本来瘦得只剩下骨头的女孩子胖回来了。

米纽庆最后一次来中国，是在美国"9·11"事件发生以后，当时美国的班机都取消了。我们都以为他来不了了，也联系不到他，非常焦急。在飞机场迎到他时，大家都舒了一口气，他却说："我答应了要来，就一定会来呀！"后来我们才知道，是他让太太亲自开车，通宵把他从纽约送到加拿大，再从那里坐第一班飞机赶过来的。

那一次他提议，如果我们要在中国发展家庭治疗，就必须要培养本地的老师，而且要有持久的培训课程。在上海市精神卫生中心杜亚松老师的领导下，我们也真的在一届一届地开办培训课程。当年参加学习的第一届同学，现在都已经是国内的专家了。前几年在上海"家之源"举办的 20 周年大会，把大家都召集起来了，回顾当年之事好像就是昨天发生的事，一转眼 20 多年就过去了。

如何启动家庭的能量

米纽庆老师桃李满天下，但是他的训练很严格。他认为**作为一个家庭治疗师，自己就是治疗工具，单学理论和技巧是不够的，必须要了解和超越自己的局限**。如果自己没有经历过改变的过程，就很难真正帮助别人改变。所以跟他学艺，要么脱胎换骨，要么"恨死"他。他对我的影响，可分为 3 个阶段，前后跨越了近 30 年。

第一个是老师与学生的阶段。我拜他为师时，他已经离开费城去了纽约。那时我住在加拿大，每周都要从多伦多坐一个多小时的飞机，飞到纽约接受督导，然后再飞回多伦多。其实，那个时候我已经是导师级别的心理治疗师了，也受过很多其他名师的指导，跟他学习本来是凑着在一起玩，去一两次就够了，毕竟我住在另一个城市。可是我一去，就无法回头。他的督导把我推向一个我从来没有想象过的境界，也把我从一向小心翼翼的试水心态，推入了家庭治疗领域的主流，直接面对各种人际关系的挑战。

他把我带去受督导的个案都拆得"面目全非"，让我很多自以为是的判断，都无所遁形。他督导的语言张力很大，往往一句话带着不同意义。你不知道他究竟在夸你，还是在骂你。作为他的学生，我们常常都被弄得糊涂了，你的安全网都被带走时，就不得不重新调整自己的思考，以一个全新的面貌再出现。

我本来以为自己是一个很有办法的治疗师，我的来访者都很喜欢我。他却对我说："你太聪明啦，我要你装，要装得笨一点！"

这是怎样的督导，谁会大老远跑去学习变笨一点？

那其实是他的一个很重要的概念——"互补"（complementarity）：你越聪明，别人就越笨；你越笨，你的来访者就会变得越聪明。因为**治疗师的工作，并非老是给别人提供专家意见，而是启动家人的能量，让他们能够自我发挥。**

我与米纽庆合作的第一本书《掌握家庭治疗》（*Mastering Family Therapy*）讲的就是 10 个同学的学习过程。临床督导并不是学习一个学派那么简单，而是一种脱胎换骨般的心路历程。

其中一个同学从懵懂初开到学成，之后因为意外去世了，当我们在书中一章写到他"像一艘空船一样载满了就漂走"时，老师也放声痛哭了起来。

我拿去受督导的一个个案叫作"画大便的孩子",一个把自己的大便涂在墙上的孩子。我认为,这孩子用来作画的颜色太单调了。治疗的目的是要帮他找到更多的色彩。结果却发现,作为这个家庭的治疗师,需要找到更多色彩的那个人是我自己。

因为治疗师自己的局限,往往会变成来访者的局限。那次督导的录像带,现在被特别收藏在米纽庆的治疗档案里面,当中记录了一个少有的全面的督导过程。

我的第二个阶段就是跟随米纽庆一起工作的时期。我跟着他到处做治疗,在美洲主流家庭治疗领域得到了最丰富的体验,却安心躲在他后面,不用负太大的责任。我一向爱玩,那是我最享受的一段日子。

可是我们完成北京的培训后,他对我说:"你知道吗?我是一个老头子,就像西班牙有名的吉他手塞戈维亚(Andres Segovia)。你把他放在台上,给他一支吉他,他就会演奏出好听的音乐,可是回到台下,他就会变回一个老头子。"

他又说:"现在应该轮到你了,你不想回归自己的文化,为自己民族的家庭工作吗?"

我记得,当时我一直在哭,不停地说:"我不要,我不要你的吉他!我做你的助手就成!"可是,在海外自我流放了很多年后,我还是回来了,不知不觉地就拿起了他的吉他。

我的第三个阶段是在亚洲各地推广家庭治疗。我与米纽庆有一个约定,每年都会见一次面,他答应会继续帮我讨论我碰到的各种问题。

过去20年来,我每年都会不辞万里找他一次,我们在这期间也一起完成了另一本书《家庭与夫妻治疗》(*Assessing Families and Couples*)。这是一本探讨治疗评估过程的书,特别针对现代很多治疗师都过于注重技巧，但缺乏方向感的问题。如果只有技巧而没有方向，就容易浪费很长时间，但也不知道要往哪里去。这本书提供了一张地图，就像一个放在车里的导航，让开车的人知道怎样到达目的地。我在其中还特别提供了一个武汉家庭的例子。

与米纽庆每年一次的会面，对我来说很重要，好像可以为一年的工作找到焦点。可是每次跟他谈起一个典型结构派的案例，他都说："这个太闷了，我也会做，讲一点有趣的！"

为了给他讲新鲜有趣的例子，我需要费很大的劲儿去突破自己。直到我把他的活现的概念，变成一个程序（protocol），让父母在孩子面前对谈半个小时，然后要孩子回应。传统结构派的做法是让父母去教导孩子，我却是反了过来，让孩子去回应他们对父母矛盾的看法。对于这种做法，行内人都说，我把结构派弄翻天了！

米纽庆却很高兴，像个老顽童，帮我去推翻他早期的论调，他兴高采烈地说："年代不同，情况不同，以前怎样做，不等于就要限制现在不能做！"

他还在一个心理治疗的"武林大会"播放了我的录像资料。看到这些中国孩子很有见地地反映父母之间的纠结，很多人都觉得很惊讶。他也就更有证据提醒在场的精神科医师，**一定要提高家庭治疗的效率，不要只顾着给孩子开药。**

很多人以为，只有小孩子需要老师，其实成人更需要老师。我很幸运，遇到这样一位一辈子的老师！他一辈子都在挑战我，也一辈子在为我打气。

每一次，想到远方有一位老者，每年都站在大门前，倚着拐杖，等着我的来访，我就像小孩子一样充满了活力和期待，在家庭治疗的路上行走，也不会觉得太孤单！

确定性，是改变的最大敌人

　　我与米纽庆老师的联系从纽约开始，一直维持到他搬去佛罗里达州，他妻子去世后，他搬去了养老院，直到他过世前的 3 个月，我们没有中断过联系。那个暑假我在他的养老院停留了 5 天，当时他还很健康，正在为五年一次的心理治疗大会的主讲做准备。这个世界会议是心理治疗界的"华山论剑"，每次都有几千人参加。

　　他要我帮他准备，可是他早已定好题目，叫作"解构米纽庆"（Deconstructing Minuchin）。他是一个很认真的讲者，每次都会把准备好的讲义反复更改。我说："你已经做了那么多的演讲了，何必那么紧张！"他很生气地说："如果你这样讲，你就一点都不了解我！"

　　每次见面，我们一定都要找时间去看戏。他搬到养老院后，还坚持自己开车，我坐在车内每次都被吓得半死。好在佛罗里达州立了新例，不许老人家再开车，这次由他的女儿来开。

　　那天我挽着他一步一步地从戏院走到停泊在路边的车子，因为他的助行车放在车上，我就变成了他的拐杖。我第一次发觉老师真的老了，从前都是我在依赖他，现在是他在依赖我。我当时心中涌起一种冲动，很想去保护他。

　　谈起舞台上的演员最后都要离场，他告诉我，在养老院楼上有一个房间，生病的人就会被搬到那里去，那将是他的离场。没想到，不够几个月，他就真的离场了！他也没有赶得及在大会上发表他的演讲，是他的孙女根据他的讲义代他发表的。他这一篇最后的讲义，某种程度上也总结了他一生的追求。

　　米纽庆活到 96 岁，经历了家庭治疗从现代主义发展到后现代主义，再到现时这个讲求证据的时代（evidence-based era）。经历过六七十年的不同时代的冲击，他的学派得以不断发展，也融进了不同时代的声音，但是他的基本概念并没有改变。他说，他始终相信，人不是独立的，而是互相依赖、互相保护的。**每个人都需要有归属感，家庭的归属能带给我们很大的安全感，但也会带来很多限制。每个人都要在这二者之间取得平衡。**

　　虽然他以家庭治疗起家，但是他从中年开始，更多关注的是大环境和大文化对家庭所造成的影响，尤其是服务机构的文化。他的一本名著《制度化的疯狂》（*Institutionalizing Madness*）指出，**如果不去改变机构的服务文化，家庭治疗的效果就很难持久**。因为很多服务机构，尤其是儿童医院的操作模式，不但没有解决的孩子问题，反而维持了他们的问题。他说："心理健康是一个庞大的企业，养活了我们很多专家。但是如果只看病，而不去处理这个病的来龙去脉，就会浪费很多家庭具有的资源！"他在纽约的时候，曾经以每年1美金的薪水，为纽约州政府调整州内儿童医院的运作，减少药物治疗，加强家庭功能，让很多长期住院的孩子，成功地回到家里。

　　米纽庆的很多理念与技巧已经普遍应用在家庭治疗工作领域。他在他的老朋友、策略派创始人杰伊·黑利（Jay Haley）的葬礼上说："我们一辈子的努力，很多我们的思考和创意，现在都成为家庭工作的概念和常用词，用的人不一定记得我们的名字，但是那并不重要，有用就成。"

　　他留下了十多本书，他的治疗档案现在被收藏在美国的米纽庆家庭中心和米尔顿·H. 埃里克森基金会（Milton H. Erickson Foundation），可供参考。

　　几年前，中国的"糖心理"主办了一场米纽庆与我的对话。有人问他，怎样的家庭才是理想家庭。他说："所有家庭都有碰上问题的时候，理想家庭就是有修复能力的家庭！"那次的转播，有十万多人收看，他知道后很讶异也很高兴，说："是吗？我从来都没有对那么多人讲过话！"

他晚年最爱讲的一句话，就是："不要太过确定！"（Don't be too certain!）他说："确定性，是改变的最大敌人！"（Certainty, is the enemy for change!）他甚至推翻过自己说的很多话，常常不认账，说："真的吗？我有这样讲过吗？"

其实他的挑战，都集中在挑战我们的确定性上。一辈子的努力，都是在挑战社会上、机构中、家庭关系中各种不合理的现象。他也挑战什么是结构派，认为那不过是别人给的一个名字。在英国拍摄的一部介绍他的电影里面，他一开场就说："我不是结构派的！"我们听了都觉得好笑。

他来中国的时候，我带他去过一间庙宇，老和尚问他："你还会再来吗？"

他说："我很老，不会再来啦。"

老和尚说："不要确定，不要太确定！"

米纽庆后来说："怎么老和尚讲话，那么像结构派？"

也许他也不能那么确定，不会再来。你看，通过这个介绍，我不是又把他带回来了吗？

延伸阅读书单

[1] 米纽秦，雷特，博尔达. 大师的手艺与绝活 [M]. 曾林，译. 上

海：华东师范大学出版社，2016.

[2] 李维榕.家庭舞蹈（套装共 9 册)[M].上海：华东师范大学出版社，
2019.

[3] MINUCHIN S, MONTALVO B, GUERNEY BG, et al.
Families of the slums[M]. New York: Basic Books, 1967.

[4] 米纽庆.家庭与家庭治疗 [M].谢晓健，译.北京：商务印书馆，
2009.

[5] MINUCHIN S. Family healing[M]. New York:Free Press,
1998.

[6] 米纽庆，李维榕，西蒙.掌握家庭治疗 [M].高隽，译.北京：世
界图书出版公司，2010.

[7] MINUCHIN S, NICHOLS M P, LEE WY. 家庭与夫妻治疗 [M].
胡赤怡，卢建平，陈珏，译.上海：华东理工大学出版社，2007.

[8] MINUCHIN S, ELIZUR J. Institutionalizing madness[M].
New York: Basic Books, 1989.

冥想从本质上而言不是要提
升自己，也不是为了带来任
何结果，仅仅是为了意识到
你当下的所在

乔恩·卡巴金

卡巴金是把正念引入身心医学领域的第一人

刘兴华

第 8 章

乔恩·卡巴金：『正念减压疗法』创始人

Psychology and Life

北京大学心理与认知科学学院副院长、博士生导师。

本章作者

刘兴华

与正念意外结缘

乔恩·卡巴金（Jon Kabat-Zinn）博士生于 1944 年，他是麻省理工学院的分子生物学博士，也是马萨诸塞大学医学院的名誉退休教授。他是"正念减压"（mindfulness-based stress reduction, MBSR）疗法的创始人，是将正念冥想带入西方身心医学界的第一人，他一直致力于将这个方法带入医疗、健康、照护、教育等社会领域。到现在为止，美国已经有几百家医疗机构可以为他们的患者提供正念减压疗法，已经帮助了很多有身心疾患的病人运用内在资源，帮助自己康复，让生命更加多彩。

从他过往写的文章中我们了解到，在他还在麻省理工学院读研究生的时候，他就在思考什么样的工作适合自己，什么样的工作是自己喜爱的。虽然他学的是分子生物学，他的老师、美国微生物学家萨尔瓦多·爱德华·卢瑞亚还是分子生物学诺贝尔奖的获得者，但是他知道自己并不那么热爱分子生物学，也不认为分子生物学会是他这一辈子真正愿意深耕的领域。

在他认为最不可能的地方，也就是在麻省理工学院，他首次接触到了冥想。当时他参加了一个介绍冥想的讲座，讲座的老师带领他练习冥想。从那时起，他就开始练习冥想，也开始尝试给学生教授冥想。后来在韩国的禅师——崇山禅师（崇山行愿，禅宗老师）的剑桥禅修中心当主任。他既是崇山禅师的学生，也是中心的培训老师，教其他人练习正念瑜伽和冥想，不定期地带领运动员练习正念冥想。不过，这时候的他仍然没有完全确定如何推广正念，是不是要发展正念减压课程。

　　在他的著作里，记录了发生在他身上的一件非常有意思的事情。此后，他才完全确定了如何推广正念这件事。1979年春天，在剑桥禅修中心，在他们一次维持两周的内观闭关期间，他静坐冥想的时候突然看到一个景象出现在眼前，大概有10来秒的时间。他说他其实不知道该怎么称呼这个景象，如果用一个语言来表示，它可以叫作"景象"，就像一个蓝图一样，他把它叫作"vision"。这个景象非常清晰，而且有丰富的细节，描述了他应该怎么传播正念冥想。比如未来正念在医学中的发展和在科学中的研究成果，未来更多的人会练习它，等等。这个景象出来以后，他就明白自己要做什么以及朝哪个方向走了。

　　在他2011年的论文中，他提到，1979年他在静坐冥想的时候所看见的那10来秒的景象（一张蓝图）几乎都发生了。这听起来比较玄乎，但我想很多人可能也都有类似的体验，就是在某一个瞬间能够预见到未来会是什么样子，对自己的定位，对于自己要做什么事情，会觉得比较清晰，比如创业者对企业的定位。这些年来，他和他的同事们一起工作，大家共同开发了"正念减压"课程，使正念能够运用于身心医学领域。与此同时，越来越多的科学研究揭示了"正念"对身心健康的效果。

　　为什么我们要把"mindfulness"翻译为"正念"这个词呢？这是因为这个单词对应的巴利文是"samma-sati"。大概在公元380

年的时候，古人已经把"samma-sati"翻译为中文的"正念"了，所以我们现在沿用了古人的翻译。正念减压的课程名称中，"减压"就是指缓解压力，在卡巴金教授看来，"压力"本身就是一个相对具有概括性的、能够描述我们痛苦的一个词语，所以他选择用"减压"这个词。

发展正念减压课程，卡巴金教授和他的团队首先要解决的一个问题就是：要用大众都能够接受的或者容易理解的语言来介绍正念。因为他在学习冥想的时候，接触的主要是冥想的术语，面对大众时，需要采用大众能理解的语言，能够被科学界所认可的语言。这中间其实还是存在距离的，需要付诸大量的努力。

第二个问题就是：在什么地方教授这个课程。开始他选择在医院里开课。正如卡巴金教授所描述的，医院是"苦难"的吸铁石，那里有各式各样的疾病、压力和痛苦，以及对缓解痛苦的强烈需求。之后，随着更多的正念减压师资被培养出来，正念减压的运用也从医学领域扩展到了更多的领域，比如心理学、教育学、管理、运动领域，甚至军事领域，如美军。

正念是什么

从卡巴金教授对"正念"的操作性定义上来看，正念是特殊的一种"注意"，是指对当下非评判的、一刻接着一刻的"注意"。换句话讲，正念由两个重要的成分构成，一个是觉察，另一个是非评判的态度，或者接纳的态度。

什么是觉察呢？觉察包括用五官去感受。比如用眼睛看，看到色彩、形状；用鼻子去闻，吃饭的时候闻到饭菜的香味；品尝食物的味道。另外就是听，听此刻的声音，可能会听到周围有或强或弱的声音，声音还会变化。还有就是体感，感受身体的感受，比如脚掌与地面的触觉，臀部跟椅子接触的感觉。不仅如此，觉察还包括一个重要的对象，就是内心的活动或现象，包括浮现的想法、景象，也包括感受到的快乐、焦虑、抑郁和恐惧。

接纳，就是不管觉察到什么样的身心感受，比如喜悦、焦虑、抑郁等，我们都要向它们敞开怀抱、认可它们，允许它们的存在，不试图改变它们，不尝试让它们变得多一些或者变得少一些。通常，当我们感到愉悦、平静时，我们可能会希望这些美好的感受来得更多一些。当我们感到焦虑、抑郁和有压力时，我们会希望这些感受少一些。在正念练习中，我们要学习认可和允许所有觉察到的身心现象，而不是仅凭惯性留住美好的感受，把消极的感受拒之门外。

觉察和接纳这两个要点贯穿在所有形式的正念练习中。比如当你做伸展活动时，拉伸的动作会带来不舒服的身体感受，比如酸痛，那么对待酸痛的态度就是允许和接纳。在练习过程中，不管是静坐，还是身体扫描，注意力都会跑来跑去，不会一直停留在身体或者呼吸上，不一会儿，你会发现自己的各种思绪、念头都会跑出来。这时候，我们也要去觉察、去接纳，不要刻意抗拒这些想法，不要减少它们，而是知道它们存在，允许它们存在，然后再次回到对当下选定对象的觉察中。总而言之，我们要练习的就是对当下的觉察，然后对所觉察到的一切身心现象，持一种开放的、认可的态度。

将正念融入我们的日常生活

在当代的生活中，人们越来越重视身心健康，保健的方法也多种多样,但科学有效的心理保健方法还不多见。目前,已有大量研究证据表明正念训练能够增进练习者的身心健康,正念甚至被视为健康的一个要素。

如图 8-1 所示,这张图是笔者 2016 年从苹果手机的"健康"app上截下来的一张图,它把健康数据分为四个模块:第一个模块是健身记录,实际上是走路的计步数,表明每天运动的情况;第二个模块是正念训练;第三个模块是营养摄入,我们进食的食物以及摄入的营养;第四个模块是睡眠状况,或睡眠质量。

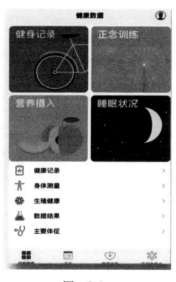

图　8-1

其他三个模块都比较容易理解,运动得好、吃得好、睡得好,健康就能得到保障。可能相对不太容易理解的是,为什么"正念"会成为维护健康的一个要素?

事实上,近几十年来,越来越多的研究证据表明,正念对于练习者的身心健康有帮助。如图 8-2 所示，从 1980 年到 2021 年，以"正念"作为关键词在西方身心医学领域杂志上发表的同行评议论文的数量在近 10 年内呈指数级增加，其中有大量证据表明，它对我们的身心健康有帮助。不少研究表明，它可以显著地降低练习者的焦虑和抑郁，尤其是对于焦虑和抑郁障碍的患者。此外，我实验室的研究表明，它也可以让我们的内心更加平和，幸福感得到提高。

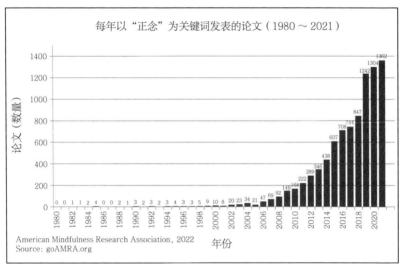

每年以"正念"为关键词发表的论文（1980～2021）

American Mindfulness Research Association, 2022
Source: goAMRA.org

图 8-2

有一项发表在权威的《美国医学会杂志》(*Journal of the American Medical Association*，JAMA）上的研究表明，对于那些接受了正念干预的患者，他们的睡眠有显著的改善。关于睡眠的改善，也有元分析研究表明，正念干预能够显著地提高被试的睡眠效率。所谓睡眠效率＝睡着的时间／躺在床上的时间，如果一个人躺在床上的时间中绝大部分都是睡着的时间，那么说明他的睡眠效率很高。这些研究表明，那些接受了正念干预的被试，睡着的时间更长了。

另外，正念训练能够提升个体的免疫力，这方面的研究主要针对的是特定的人群。比如乳腺癌患者、艾滋病患者，等等。这两类研究都表明，在医学干预和治疗之外，接受正念减压干预的患者，他们的免疫力恢复得更好一些或者说保持得更好一些。这中间的逻辑关系其实也不难理解，当个体的焦虑、抑郁、压力程度降低，睡眠有所改善时，其免疫力也会有所提高。因为压力与免疫力相关，人的主观压力越大，其免疫力往往越低。

从染色体端粒酶⊖角度的相关研究发现，如果让乳腺癌患者在接受医学治疗的同时再加上八周的正念减压干预，那么相对于只接受医学治疗的患者，她们染色体端粒酶的活性会更高。端粒酶活性的提高有助于维护端粒的长度，而端粒的长度是跟细胞寿命直接相关的，如果端粒保持得长一点，保持得好一些，细胞的寿命会更长一点。从这个角度来讲，正念干预可以通过缓解压力提升端粒酶的活性，最终使得细胞寿命更长，这或许意味着正念训练能够延缓衰老。这其中的机理也可能在于，正念减压缓解了参与者的主观压力，从而提高了染色体端粒酶的活性。因为科学研究表明，人的主观压力越大，细胞染色体端粒酶的活性越低。

类似的大量研究证据都表明，"正念"这个方法对练习者的身心健康有帮助。所以，不难理解，正念被认为是维护健康的要素之一。

正念除了能增进我们的身心健康，它也可以成为我们的工作助手。现在在西方，它得到了非常广泛的运用，比如谷歌公司每年会组

⊖　一种由催化蛋白和 RNA 模板组成的酶，可合成染色体末端的 DNA，赋予细胞复制的永生性。

织员工系统地学习正念课程，以帮助员工更好地缓解压力，提升他们的创造力。另外，正念训练也能帮助医务工作者更好地缓解他们的压力、提升医患之间的沟通质量。因为它强调有意识地觉察当下，所以在跟患者交流时，医生能够把注意力更多地放到交流过程中，能够关注到患者更多的信息，从而更有助于交流。

正念在领导力上也有应用。比如2017年出版的译著《正念领导力》（*Finding the Space to Lead*），这本书的作者是美国通用磨坊食品公司的副总裁贾妮思·马图雅诺（Janice Marturano）。作者有多年正念冥想的经验，也把正念运用到了自己的管理过程中。她发现企业，尤其是大型企业，高管压力特别大，事情接踵而至，有很多重要和紧急的事情都需要他们来处理。对他们来讲，需要有时间和空间去思考企业发展的方向、大计方针。正念就可以让他们暂时停一停，给他们提供这样的空间，让他们可以有深入的思考，从而能够实现卓越的领导力。

目前，正念在西方得到更为广泛的应用。早在2012年，美国国立卫生研究所统计发现，大概有1800万美国成人在练习冥想。可以预计，未来会有越来越多的人加入正念练习的行列，甚至把它作为生活的一部分。

如何用正念缓解压力

正念是如何缓解压力的呢？

在卡巴金教授的八周正念减压课程中，学员每周来一次，每次课程一般持续两个半小时。在这两个半小时的课程中，除了做正念的练习，老师还会跟学员沟通和对话，内容主要包括学员正念练习的情况、存在的问题等。这样可以帮助他们更加准确地掌握正念练习的方法。此外，这个课程不仅仅要求参与者每天保证一定时间的正式练习，还会鼓励大家把正念运用到日常生活中去。比如刷牙时可以练习正念，把觉察和接纳带到刷牙的过程中，来体会自己的感受。更多地觉察当下，就能够带来更多的愉悦和放松。

课程中的一部分重要主题是压力。这部分一般安排在八周课程的中期，正念老师会介绍压力的基本理论，包括面对压力时人通常会有什么样的认知，身体会有什么样的反应，通常会表现出什么样的应对方式，哪些应对方式是不健康的，等等。

具体而言，在面对压力的时候，我们可能会担心自己无法胜任，无法解决问题或者完成任务，相应地体验到身体紧张，感觉肌肉疼痛。有些人缓解压力的方法可能是通过喝酒、使用药物或者过量工作，以及压抑自己不想要的感受。这些方法具有一个共同的特点，就是个体对当下的身心感受是不接纳的、不耐受的，所以会采用种种方式期望减少或者消除这些感受。然而，这样的方法不仅不是健康的处理压力的方法，还会带来更大的压力。因为喝酒、使用药物，短期内会让自己难受的感受少一点，但这种暂时的缓解其实会让人对不舒服的感受更加敏感，更加不耐受。而且，这些感受并不能完全被掌控，投入越多的时间和精力去管控它们，带来的会是更多的挫败感和失控感。实际上又带来了新的压力、焦虑和抑郁，长此以往，容易形成恶性循环。通过正念练习，练习者对于各种感受的耐受力得以提高，能够采用更合适、更健康的行为来应对，从而能更根本地缓解压力。

如何觉察我们的身体和呼吸

前面我介绍了关于正念的概念以及它对我们的帮助，下面我们来了解一下常见的正念练习的形式。

身体扫描练习

身体扫描练习是一种把我们身体各个部位的感觉作为观察对象的正念练习。在这个练习中，我们逐一体会、感受自己身体的每个部位。可以从脚趾开始，扫描脚趾、脚掌、脚背、脚踝，一直往上，扫描完整个大腿，然后依次扫描另外一条腿，身体躯干，双手和头部。在练习的过程中，对于我们所体会到的身体感觉，我们都要接纳，不去评判它好或者不好，包括有些部位我们可能没有任何的感觉，我们也去接纳它们。当我们扫描身体的时候，我们会发现自己的注意力是很容易移走的，这也是我们内心的特点，它就是这样。我们的练习本身也并不是说要让大家一直把注意力保持在身体上，这个很少有人能够做得到，也不是正念练习的目标。允许、接纳注意力会离开，这是我们要练习的一个部分。在这个过程中，如果发现自己的注意力离开了身体扫描练习，我们其实可以停下来了解一下自己，注意力去了哪里，是跳到了其他的身体部位，还是跑去听环境中的声音或者思考一些其他事情了。这时候也是我们了解自己想法的一个好机会。

所以整个练习就是体会身体各个部位的感觉，然后不知不觉中我们的注意力会离开，我们发现以后，就可以恭喜自己已经发现了，只需了解自己的注意力刚刚跑去了哪里，刚刚因为哪个想法分心了，然后我们再一次温和而坚定地回来，这个练习实际上就是成千上万次地这样做——把注意力重新调回到特定的身体部位上来，而并不是说必须要一直保持在身体感觉上。

这个练习通常是采用卧姿，躺在瑜伽垫上或者躺在床上都可以，也可以采用坐姿练习，比如进行时长短一点的身体扫描。或者采用站立的姿势，比如当我们乘坐地铁的时候，我们可以手抓着吊环，然后闭上眼睛，从头到脚扫描自己的身体或者从脚到头扫描，都可以。

觉察呼吸练习

还有一个常见的正念练习是呼吸觉察练习。我们很难觉察呼吸本身，但是呼吸带来的身体感觉，我们是可以觉察到的，比如呼吸时的腹部起伏，或者胸腔的起伏，或者气息进出鼻腔的感觉。通常，练习时会邀请大家来选择一个部位，要么是鼻腔，要么是胸部或腹部，看看自己相对更容易觉察哪个部位的感觉，就选择觉察哪个部位。然后体会呼吸带来的感觉，以及两次呼吸中间小小的停顿。

这个练习也是一样，并不是要让注意力一直保持在呼吸上，因为没有人能够保持住。当我们注意呼吸的时候，注意力会自然地停留在呼吸上一段时间，有时候会长一点，有时候会短一点。然后不知不觉中，注意力就会跑开，跑去思考。这个现象是正常的，而且是正念练习中的必要环节。

呼吸觉察练习是一个非常好的觉察想法、与想法建立新关系的机会。我们不断地学习了解自己的注意力跑到了哪里，去想了什么，然后把自己的想法单纯地当成想法，当成一个内心的现象来对待，然后再次回到呼吸上。通过练习，我们能够有更多机会发现自己想了什么，并且学会只是把想法当想法来对待，这样想法对我们的制约就会减少。因为想法其实就是一个想法，但我们通常会认为自己想的都是对的，会把自己的想法都当成事实，而不是单纯地把它当成一个想法，尤其是在冒出一些灾难性的想法时，我们认为某些事情会有灾难性的后果，然后我们会特别焦虑和恐惧。如果我们能够意识到它们只是想法，意识到自己过去也有很多灾难性的想法，但是很多事情并没有发生，那么我们就可以更加客观地看待自己的想法，更好地和它们相处。

而且当呼吸觉察练习持续的时间较长时，我们还会出现一些情绪，有一些不舒服的感受，所以这时也是和不舒服的感受相处的好机会，我们要学习去允许这些感受，让它自己存在，我们依然去觉察呼吸，从而提升我们跟自己情绪的相处能力、容纳能力，减少情绪对我们的影响。

正念伸展练习

前面我们介绍的两种练习是属于不动的，静卧或者静坐即可完成练习。正念伸展练习或者正念瑜伽是让我们把伸展活动中的感受作为觉察对象，同时通过体会这些感受，尤其是不舒服的感受，来提升我们对不舒服的感受的容纳能力。而且伸展活动或者瑜伽对我们的身体本身也是一种锻炼，因为伸展活动也有一定的运动强度。

非正式练习

除了以上三种常见的正式练习，还有一些非正式的练习。这些非正式练习没有时间和场地限制，比如正念进食，就是吃东西的时候，有意识地让自己来觉察整个进食过程，觉察食物的颜色、香味、味道，以及咀嚼它的感觉，并认可和接纳它。这样做时，我们可能会对某种食物有更加深刻的体会。就像在正念课程中，第一堂课通常都会带领大家来吃 3 颗葡萄干，带领大家有意识地把觉察带到手中的葡萄干上，觉察手中这颗葡萄干的颜色、纹理、气味，甚至听捏它的声音，用口腔感受它的形状，品尝它的味道。正念地吃完一颗葡萄干，能让我们对葡萄干有更加深刻、细致的体会，甚至我们会产生一些愉悦感，会有一些领悟。

我们还可以把觉察带到生活中很小的一件事情上，比如刷牙、行走、穿衣服、倒垃圾等。而且也不是说动作一定要慢，实际上可以把正念带到跑步中，带到健身中，因为它的内涵都是觉察和接纳。这就是一些常见的正念练习，也是我们生活中的正念练习。其实我们在任何时候都可以练习正念，不管我们是站着、坐着、躺着，还是在车上或是在喝茶，虽然形式不同，但是要点都一样，都是觉察和接纳。

练习：正念身体扫描

正念身体扫描练习引导语

这一节，我想邀请你做一次正念身体扫描练习。

这是一个坐着就可以做的练习，躺着也可以。如果坐着，最好坐在椅子前面的二分之一处，让自己的背部能够自然挺直，双肩放松，身体放松而不僵硬，另外头脑也是清醒的。

身体扫描练习，是指逐一觉察身体的各个部位，感受它们当下的感觉。在练习中，不管觉察到了什么，尤其是不舒服的感受，我们都学习去允许它们，接纳它们自己本来的样子，不调整它们。下面正式开始。

当你准备好时，可以先体会一下自己腹部的呼吸感受。感受呼吸带来的感觉的变化，不用去调整呼吸，让呼吸按照它自己的样子存在就可以。

当你准备好时，带着自己的注意力沿着左大腿、左小腿到左脚掌，感受此时此刻左脚掌的感觉。直接地去感受，而不是去想象左脚掌，直接体会脚掌与地面接触的感觉。或许还能感受到脚掌、脚趾的某些部位有麻麻的或者刺刺的感觉，有些地方什么感觉也没有，这些都很正常，并不需要去改变当下的感觉，也不需要为了让自己有感觉而稍微使点劲儿来挤压自己的脚掌，当下是什么感觉都很好，觉察到或者觉察不到都可以，去觉察就可以。

当你准备好时，放下对左脚掌的感受，来觉察左脚踝的感觉，左脚的脚踝、皮肤、踝关节。你可能会发现，有些地方的感觉明显一些，有些地方的感觉不那么明显，这都是正常的。这么多年来，踝关节一直在默默地支撑着身体，默默无闻地做着贡献。如果你愿意，可以向它说声"谢谢"。

现在，往上来感受左小腿。感受左小腿此刻的感觉，皮肤的感觉，肌肉的感觉，骨骼的感觉。你未必能感受到骨骼的感觉，没关系，去感受就可以。不管感受到什么感觉，舒服或者不舒服的感觉，都让这个感觉存在，不要去调整或者干预它。

当你准备好时，放下对左小腿的感觉，往上感受左膝关节。感受左膝关节的皮肤和骨骼，如果你愿意，可以向它说声"谢谢"。

　　然后放下对它的感觉，再往上来感受此刻左大腿的感觉，左大腿的皮肤，左大腿的肌肉，左大腿的骨骼，直接地去感受。

　　轻松地感受就可以，要留意自己是不是在使劲地感受，如果是在使劲地感受，注意到就可以，接着只是感受身体感觉，这不用使劲儿，也并不需要感觉到什么特定的感觉。

　　当下要做的任务就是感觉，并且不管感觉到什么感觉，有感觉或者没感觉，是喜欢的感觉或者不喜欢的感觉，都可以，不需要去调整它，让它变成你期望的样子。只是让这些感觉按照它自己的样子存在就可以，你只需要带着好奇来感受，而且不用使劲儿。

　　好的，当你准备好时，放下对左腿的感觉，然后让注意力沿着右腿往下，来到右脚掌，感受此时此刻右脚掌的感觉。感受整个脚掌、脚心、脚背，有感觉或者没感觉，是喜欢的感觉或者不喜欢的感觉，都可以，并不需要去调整它们。

　　放下对右脚的感受，再来感受右脚踝，踝关节的皮肤和骨骼。

　　然后放下对踝关节的感觉，再来感受右小腿，右小腿的皮肤，右小腿的肌肉，右小腿的骨骼，可能大部分部位都没有什么感觉，这很正常。并不需要去感受到什么感觉，去感受就对了，不管有什么样的感觉，没有感觉也可以。

　　好，放下对右小腿的感觉，然后往上来感受右膝关节，感受右膝关节的皮肤和骨骼。

　　然后再来感受右大腿，感受右大腿此刻的感觉，右大腿的皮肤，右大腿的肌肉，右大腿的骨骼。

　　好，放下对右腿的感觉，再来感受自己的臀部，感受此时此刻臀部的感觉。

　　然后再往上感受自己的躯干，感受整个躯干、腹部、腹部里的内脏器官、胸部、胸腔里的内脏器官的感觉，如果你愿意，可以向自己身体的脏器说声"谢谢"，感谢它们这么多年来默默无闻地做贡献。

好，放下对躯干的感觉，沿着自己的左手往下，感受自己的左手的手掌，感受整个手掌，然后往上感受左手腕关节，左前臂，左前臂的皮肤、肌肉、骨骼。再往上，感受左手的手肘、左上臂、左肩膀，或许可能体会到左肩膀有些紧张，但你并不需要去调整此时此刻的紧张，而是尝试允许紧张存在。

然后继续感受右肩膀、右手，来感受右手的手掌、右手腕、右前臂、右上臂。

然后从右肩膀感受脖子的感觉，从脖子往上再来感受整个头的感觉。

最后，再把身体作为一个整体来感觉，如果你愿意，可以对整个身体说声"谢谢"，感谢它的贡献。

好，身体扫描练习就做到这里。

练习：正念觉察呼吸

正念觉察呼吸练习引导语

这一节我想邀请你做一次正念觉察呼吸练习。

如果你准备好了，就可以轻轻闭上眼睛，先来体会一下自己此时此刻的身体感觉，如果需要的话，可以调整一下自己的坐姿，让自己坐在这里是放松的，也是清醒的，能够体会到尊严感。

如果你准备好了，就来体会此时此刻的呼吸的感觉，可以选择一个自己感觉最明显的部位，可以先来体会腹部，也可以是胸部，或者是鼻腔，选择一个部位就可以。当你选好时，就可以让自己伴随着呼吸来体会这个部位感觉的变化。

体会呼吸所带来的身体感觉，体会腹部或者是胸部的起伏，或者是鼻腔气息进出带来的感觉。注意，并不需要调整自己当下的呼吸，当下的呼吸是什么样的都可以。

如果感觉当下的呼吸不顺畅，你就体会不顺畅的呼吸，并不需要调整它，让自己的呼吸变慢或者呼吸加深，不需要使呼吸变得顺畅一些。

如果呼吸浅，就觉察这个浅呼吸，如果呼吸深，就来觉察深呼吸，呼吸短，就体会短呼吸，呼吸长，就体会长呼吸，你需要做的就是体会自己的呼吸，并不需要去调整和改变它。

你去觉察某个部位的感觉，注意力自然会停留一段时间在那里，你一刻接着一刻来体会它。然后，不知不觉中注意力就会离开呼吸，这是在正念练习中肯定会发生的，是练习的必要环节。

你可能会发现自己的注意力跑去听环境中的声音了，或者跑去感受身体其他部位，感受其他部位的感觉了，或者跑去思考、想象了，这些都很正常。它们都是练习过程中肯定会出现的现象，也是练习的一个必不可少的部分。

你要做的就是，在发现了以后，可以看看刚刚的注意力跑去了哪里，知道就行了，然后再一次温和而坚定地回到当下，觉察当下的感觉。

可能你的注意力会被一些声音所吸引、带走，这是正常的，你知道就可以，允许注意力游移，然后再一次回到体会当下的呼吸的感觉上来，一刻接着一刻地体会。不知不觉中，你的注意力就会离开呼吸，去听声音，去思考、想象。

这些都很正常，你可以看看发现的那一刻，自己想了什么，自己的注意力跑去了哪里，如果是想一些事情，试着把那一刻的想法都当想法来对待，把它们都当作内心里的一些主观现象就可以，然后再一次地回到体会当下的呼吸上来。

在这个练习中，你只需要带着好奇心来体会就可以，并不需要让自己的注意力一直保持在腹部、胸部或者鼻腔。

但是也要注意，不要因为自己在思考一些问题就放任自己在练习中继续思考，而是应该在发现了以后，把这些想法都当成想法来对待，然后再一次温和而坚定地回到对当下呼吸的感觉的觉察上来。不要任由自己的注意力去听声音，去跑去体会其他部位，尤其是跑去思考。

你需要做的是，当发现自己的注意力离开了时，看看注意力去了哪里，再一次温和而坚定地把注意力调回到对呼吸的感觉的觉察上来，一刻接着一刻地体会。然后不知不觉中，注意力会离开，再一次温和而坚定地把注意力调回来。要做的就是，一次又一次地回到呼吸的感觉上来。

如果你准备好了，就可以慢慢地睁开眼睛。正念觉察呼吸练习，就做到这里。

延伸阅读书单

[1] 卡巴金.多舛的生命 [M].童慧琦，高旭滨，译.北京：机械工业出版社，2018.

[2] TEASDALE J, WILLIAMS M, SEGAL Z, KABAT-ZINN J.八周正念之旅 [M].聂晶，译.北京：中国轻工业出版社，2017.

[3] 卡巴金.正念：此刻是一枝花 [M].王俊兰，译.北京：机械工业出版社，2015.

[4] 阿里迪纳.正念冥想：遇见更好的自己（第 2 版）[M].赵经纬，译.北京：人民邮电出版社，2019.

人类对世界的理解和认识是
在关系中产生的

肯尼斯·J. 格根

停止对错之辩，建构解决之道

刘丹

第 9 章

肯尼斯·J.格根：

一位与新时代、新社会对话的心理学家

Psychology
and Life

家庭咨询专家、中国社会心理学会婚姻与家庭心理学专委会副主任委员。

本章作者 刘丹

312

初识建构主义

肯尼斯·J.格根（Kenneth J. Gergen）生于 1935 年，是美国斯沃斯摩尔学院的心理学教授。这所大学是美国最顶尖的私立文理学院。

1953～1957 年，肯尼斯·J.格根就读于耶鲁大学，1962 年在杜克大学获得哲学博士学位，之后在北卡罗来纳大学、哈佛大学、科罗拉多大学等大学做讲师、副教授。从 1967 年开始直到今天，他一直就职于斯沃斯摩尔学院心理学系。

格根的著作非常多，最重要的著作有《走向社会知识的改变》（*Toward Transformation in Social Knowledge*）、《饱和的自我》（*The Saturated Self*: *Dilemmas of Identity in Contemporary Life*）、《现实与关系》（*Realities and Relationships*: *Soundings in Social Construction*）、《社会建构的邀请》（*An Invitation to Social Construction*）、《关系的责任》（*Relational Responsibility*）、《语境中的社会建构》（*Social Construction in Context*）等。

格根批评主流心理学对客观知识的探索。他提出的社会建构论认为，世界上并没有完全客观的真理，人对世界的看法都是主观的。对同一件事情，不同的人会有非常不同的看法，这些不同的看法被称为不同的建构。社会建构论之所以存在，是因为它对人是有意义的。由于格根的思想极具颠覆性，在美国社会产生了巨大的影响，对全世界也有非常广泛的影响。因此，格根一生得到过很多奖项和荣誉，有一个长长的获奖清单。比如 2005 年，他荣获美国心理学会理论与哲学心理学分会的"卓越贡献"奖；2007 年，他荣获美国心理学会"西奥多·萨宾"奖；2013 年，他荣获"50 位核心后现代思想家"美誉；2018 年，入选"50 位全球最具影响力的心理学家"；等等。

但格根告诉我，他尤其看重的是在中国获得的两个奖：一个是在 2012 年获得的"南京市晓庄小学名誉校长"的称号，另外一个是在 2012 年获得的"南京师范大学鸿国教授"奖。这代表着他在中国多年的思想传播和实践得到了认可。

总而言之，格根是颠覆旧哲学、引领新思想的卓越建构者。他的哲学理念是对人和世界本质认识的更新，影响着学校教育、组织管理、人际关系、心理咨询等各领域的观念和实践。人们可以用崭新的社会建构理论去提升教育的质量、处理人际矛盾冲突、提升管理能力、增强心理咨询效果、帮助他人自我调整和改善心理健康状况。

格根是一位极具影响力的思想家和心理学家。他在社会建构理论中也十分强调关系的重要性。人会在不同的情景中表现出不同的适应行为，同一个人在不同的关系中会有不同的表现，格根称这种现象为关系性的存在或者多重存在。

他曾在"社会建构论译丛"中写道，他非常开心地发现，儒家、道家和佛家的传统都能够丰富当代建构论的对话。在中国的传统文化当中，人们对和谐的人际关系、人与环境之间的关系都非常重视。因此，格根时常到中国来，带着他的团队在不同的领域深入实践，在中国文化中实践并且丰富自己的思想研究成果。

格根在"社会建构论译丛"的总序里提到，从建构论的立场来看，重要的不是分辨谁真谁假或评价谁对谁错，而是分享和成长。格根向我们展示社会建构论的思想，他的目的并不是希望我们把这样的思想奉为圭臬，而是倡议我们接受不同思想的涌现。在各种思想涌现的基础上，我们就有了更多的可能性，通过不断对话，创造出能够为我们解决问题带来惊喜的美好事物。

我之所以特别想把格根和他的思想介绍给大家，是因为他对世界的影响十分深远，对我的影响也很大。在我还不认识格根的时候，他就已经深深地影响了我。

1998 年，我在德中高级心理治疗师连续培训项目，也就是俗称的"中德班"里学习。德国家庭治疗师弗里茨·B. 西蒙（Fritz B. Simon）在做现场个案的时候，会见了一个家庭。这个家庭有父母和一个 6 岁的小女孩，父母说小女孩非常胆小，怕黑，很担心孩子将来上学会难以适应。西蒙蹲下身，跟小女孩做了仔细的交谈，询问她在什么样的情境下会害怕。小女孩说她很怕黑，晚上一个人在房间里很害怕，不敢睡觉。经过一番询问，西蒙坐回到椅子上，他对父母说了一句让我们所有人都震惊的话，我到现在依然清晰地记得。原来弱小、无助、可怜模样的小女孩，挺直了后背，眼睛里也有了光。一方面，小女孩害怕黑暗，被定义为胆小，但另一方面，她一个人怀着恐惧，在黑暗中保持清醒和警惕，又是非常勇敢和了不起的。

西蒙说："你们的小女儿，有一颗狮子般的心。"这句话，就是建构主义在心理咨询中的应用。在我们所学的系统家庭治疗里，这个技术叫积极赋义（positive connotation），它是改释技术的一种。从那一刻起，这个技术和技术背后的理念，就深深地影响了我。直到今天，我在和我的学生们编写一本手册《系统式咨询手册：改释技术》。我们试图用这样的建构主义理念和实践技术，帮助普通人和咨询师共同开拓视野，解决生活中和咨询中遇到的各种问题和挑战。

自那时起，我开始不断地学习社会建构论，并在社会建构论的指导下深入实践。2014 年 9 月，格根在北京师范大学做讲座，我非常高兴地跑去听课。直到那一次，我才知道格根已经把他的建构主义思想从心理咨询、心理治疗等心理学领域扩展到了更广泛的领域当中，比如教育领域、组织管理领域等。这是因为社会建构论影响的是人类的思维，当我们拥有了不同的思维方式时，我们便可以对生活中更广泛的领域产生广泛而深刻的影响。

讲座结束以后，我和格根有一次交流，虽然交流的时间不长，但我注意到格根非常专注。他专注于对话，而不是讲话。他非常专注于个体的需求，会问："告诉我，你的问题是什么？你的背景是什么？你的想法是什么？"然后，他给我回应，接着他会问："这是你要的吗？"那一刻给我留下很深的印象：他不再是一个思想者，而是一个对话者，一个现实中的人，一个和另外一个人进行紧密互动的人。他的思想成为一个背景，而我们之间的对话成为焦点。

第二年，我申请加入了美国陶斯研究院。陶斯研究院是格根和他的一些同道一起搭建的国际化平台，任何有兴趣一起交流对话的专业人士都可以参与，大家在这里共同分享信息，参与合作项目，在世界范围内践行社会建构论的思想。

2017 年 10 月，在南京师范大学，"中国陶斯"（Taos China）在美国陶斯研究院和格根的大力支持下成立了。中国一批有志于推广社会建构论和实践的同道们，一起搭建了一个新的平台，大家共同在社会建构论思想的引领下，在不同的领域开展实践和交流。

　　格根之所以具有世界级的影响力，最主要的一个原因是他极具颠覆性的创新思想。比如，他认为科学和所谓的真理只是一种建构。他举例子，自己看到的桌子是"红褐色"的。心理学家会说，桌子本身没有颜色，人关于色彩的感知，是由视网膜反射光波形成的。事实上，在不同的光源的照射下，"红褐色"桌子的确会呈现出不同的颜色。

　　回想一下，西蒙在个案当中为一个父母口中的胆小、怕黑的女孩子赋予了一种新的说法"她拥有一颗狮子般的心"。这就是一种颠覆性的改释，会让人产生很难接受、深受震惊，在接受之后又会持久难忘、深受其影响的感受。

　　另外，格根表示，关系是先于个体的存在方式，这也颠覆了人们日常对世界的看法。他说人类对世界的理解和认识是在关系中产生的，没有关系就不会有人对世界的认识。乍听起来，格根的思想简直就是离经叛道。深入思考，人们又会发现其思想极具前瞻性、创造性、深刻性。

没有一成不变的意义

社会建构主义的诞生

　　格根在大学学的是心理学，而且他对社会心理学颇有研究。工作之后，他也一直致力于对社会心理学的思考。经过20多年的思考和实践，1985年，格根在《美国心理学家》杂志上发表了一篇重磅级的论文，题目叫作《现代心理学中的社会建构论运动》（*The social constructionist movement in modern psychology*）。

这篇论文的发表，标志着社会建构主义的正式形成。这篇论文猛烈批评了主流心理学对所谓客观知识的追求。他指出，心理学应该从试图揭示、规制我们行动和体验的规则中摆脱出来，去研究是什么建构了我们自己和我们世界的话语的实践。

他这种革命性的倡导引起了学界的强烈反响，其中有很多人反对，有很多人吃惊、生气，也有很多人觉得耳目一新，受到了强烈的震撼和启发。这场社会建构运动成为心理学作为科学在演化过程当中不可忽视的一次理论革命。原本人们认为科学和真理一定是客观的，现在，社会建构论动摇了科学的根基。

为了更好地说明社会建构论，我们还是回到上一节我举的例子。

弗里茨·B.西蒙（Fritz B. Simon）在做现场个案的时候，对一个非常胆小的6岁女孩的父母说："你们的小女儿，有一颗狮子般的心。"在场所有人都非常震惊。他这个说法实际上就是一种建构。

原本，小女孩怕黑、不敢一个人睡觉的状态，被看成是胆小的表现。而且她的父母也认为孩子的胆小是确凿无疑的。胆小就是胆小，没有其他的可能性。那么作为一个孩子，如果具有这样的特点，很可能会适应不了未来，所以她的父母试图寻求心理咨询师的帮助，以克服、消除这样的特点。

西蒙的所作所为，是为这样的行为特点赋以一个全然不同的命名。之所以能够命名成功，是因为在西蒙的思维框架当中，"胆小"只是一种主观的建构，而不是一种客观的真理。用中国的俗语来说就是"公说公有理，婆说婆有理"，或者用一句诗来说就是"横看成岭侧成峰，远近高低各不同"。

一个孩子在黑暗中的行为表现，可以被定义成"胆小、害怕"，也可以被解释成"像狮子一样"——非常敏感于周围环境的变化，有能力让自己更安全。两种不同的说法，共同存在于这个世界的解释系统当中，没有哪一个是唯一正确的真理。

对于同一件事情，不同的人可以有完全不同的看法，这些不同的看法就叫作不同的建构。看法是主观的，在这里没有什么是客观的真理。

在这个例子当中，父母听到一个来自西方的治疗师，把自己胆小孩子的特点重新命名为"她拥有狮子一般的心"，他们虽然将信将疑，但会开始改变对自己孩子僵化的看法。他们原来非常担忧的表情，逐渐变得松弛了下来，甚至露出了难得的微笑。在之后的对话当中，这对父母对女儿的欣赏变得越来越多，交流也越来越轻松。

这是一个非常直接的例子，它告诉我们，对同样的事情可以有不同的看法，而且不同的看法会带来个体的改变、家庭关系的改变。因此，不管当初社会建构论思想发表出来的时候是多么令人震惊，令人难以接受，甚至极具颠覆性，但结果却是它在这个家庭会谈中，促成了家庭关系的改变。自 20 世纪八九十年代开始，它在全世界被不断接受、不断探索、不断实践中，被广泛证明是有效的。

可能有些人会问，这些建构是真的吗？为什么听起来我不敢相信呢？

说回到社会建构论，格根现在的看法和他最早的著作中的表述相比已经有了些变化，他 2020 年 6 月发给我的关于社会建构论的主要思想只有短短的九条，用一页纸就写完了。具体如下。

第一，我们生活在有意义的世界中，我们对世界和自己的理解与评价，都有赖于我们个人的历史和文化背景。

举个例子，一个小女孩长大以后，她的箱子里总是放着一个芭比娃娃，那是她上小学时有一次考了第一的时候妈妈给她买的。芭比娃娃虽然旧了，但是构成了小女孩成长的历史。当她给别人讲这个故事的时候，别人也会因为知道芭比娃娃是一个很多小女孩喜欢的，具有现代西方文化特点的玩具而会心一笑。这个娃娃就会在小女孩的人生当中变得有意义，而这个小女孩从小到大就是生活在由这些有意义的东西构成的世界当中。

还有一些在小女孩从小到大生活中也一直存在的东西，比如，在她的床上有一些肉眼看不到的螨虫。她的家庭中没有人提及过这个东西，它们也没有对她的生命造成影响。虽然螨虫一直存在于她的床上、被子里，但在她的个人历史当中没有任何人提到过它们，她的亲人朋友也从来都没有谈起过它们。那么，虽然在她的生活里螨虫一直存在，但对她的生活没有意义。

螨虫虽然存在，但没有意义，因此它们就相当于不存在于她的世界当中。还有，很多跟螨虫很像的东西，在她的生活里存在，却并没有记录在她个人的历史和文化背景中，那么它们对她而言，就相当于不存在。

关于这一点，格根同很多人论战过。他并没有说世界上没有客观存在的事物，比如螨虫。他重点强调的是：螨虫——我们并不知道它对我们而言有没有意义。对我们没有意义，就相当于不存在于我们的有意义的世界当中。终其一生，我们都活在一个对我们而言有意义的世界里。

第二，强调社会建构论的主要思想是意义，充满意义的世界总是与行动密切相关。

我们人类主要是按照那些被我们解释为真实、理性以及令我们满意和美好的事物去行事。假如没有什么意义，我们就不会去做相关的事情，不会花时间、精力投入其中。

　　第三，有意义的世界是在关系中构建出来的。那些我们认为真实、理性、美好的东西，都是源于关系而诞生，没有关系，就不可能有什么意义。

　　举个例子，一个小孩子刚刚学会拿着笔在纸上涂鸦，他涂了几个线条，然后拿给妈妈看，妈妈看到这些线条开心地笑了。小孩子看到妈妈笑了，自己也开心地笑了。他觉得，在这个世界上画画是件美好的事情，而这是在他跟妈妈之间的互动中产生的。

　　第四，新的有意义的世界是有可能产生的。

　　格根说，我们不会被过去掌控或者完全地决定。我们可以抛弃那些无效的方式、不美好的生活，我们可以一起创造非常不同的可能性。就像前面个案中的小女孩，她会从一个胆小的女孩子变成拥有力量、像狮子般勇敢的女孩子，因为她和她的家人拥有了新的建构。小女孩怕黑的行为，既可以被建构为胆小如鼠，也可以被建构为像狮子一样细心、敏感、谨慎、强大。

　　第五，要创造新的未来，就要参与到人际关系当中。就像这对父母带着他们的小女儿去见心理咨询师，甚至是一个外国的咨询师。当我们有了不同的人际关系，不断地交流对话时，我们就会有新的建构，就会有新的意义和生活。

　　第六，当处在不同的有意义的世界中的人相互交流的时候，就可能发生创造性的结果。

　　不同的有意义的世界，有不同的现实。身处不同的现实之间的人相互交流的时候，就会有更多的可能性，而更多的可能性就会带来创造性的结果。就像哥伦布、郑和扬帆远航，使得拥有不同意义的世界发生了碰撞，而他们为整个世界带来了崭新的文化和物质财富。

　　第七，当有意义的世界之间发生冲突的时候，可能导致异化和侵

略，从而破坏关系及其创造的潜力。

回想跨越 200 年的十字军东征、影响全世界的两次世界大战和至今持续不断的局部战争，就会明白格根的所指了。

第八，通过对关系的创造性的关怀，冲突所带来的破坏性潜力有可能会减少，或者改变。

南非种族隔离政策的终结、印度甘地领导的反抗殖民统治运动的胜利，都是对关系的创造性的关怀的例证。

第九，格根强调以上八点只是一种理解，并不是一种信仰，它不是真的，也不是假的，只是一种建构。这是人们接近生活的方式，会给人们带来巨大的希望。

关系中的对错不是最重要的

有一对夫妻带着 8 岁的儿子来见心理咨询师。爸爸说，儿子有多动症，经常在椅子上上蹿下跳，还会把家里的东西打翻。他也咨询了医生，医生说孩子的确可能有多动症，建议孩子吃药。但是妻子不同意丈夫的说法，她认为孩子根本没有多动症，只是调皮，男孩子这么大，调皮是很常见的。如果说有问题，那是因为爸爸管教不严，他应该回家多看孩子，多管教就可以了。

这对夫妻在咨询师面前一直吵来吵去。同时，咨询师注意到，孩子坐在沙发上有时候比较安静，有时候会动来动去。他仔细观察后发现，当夫妻平静交谈的时候，这个孩子大部分时间是安静的，但是当夫妻各执一词，声音逐渐变大、开始吵架的时候，孩子就在沙发里扭动着身体。

在咨询的最后，咨询师问："你们的孩子在家里什么时候多动的情况比较严重？"爸爸说："每天吃完晚饭的时候，应该开始安静地看书了，但是他没有办法保持安静。"咨询师说："那好吧，我给你们一个任务。"

他请这对夫妻在吃完饭以后，一边让孩子开始写作业，一边要完成他们自己 15 分钟的作业。他们需要拿出年轻时候写的情书，晚上当他们都在家里的时候，夫妻两个要轮流念年轻时候的情书，而不去讨论其他的事情。一个月后，这对夫妻再次来见咨询师的时候，反馈说："确实很奇怪，当我们开始念情书而不是跟孩子讲更多的事情时，他反倒安静下来了。最近的两个星期，他每天晚饭之后会立马开始写作业，多动的情况确实比以前更少了。"

丈夫对这个情况感到非常惊讶，而妻子在跟丈夫说话的时候，彼此争执不下的情绪也变得越来越淡，两个人的关系看起来也变得和谐了。

这样的一个咨询室里的故事正体现了格根的思想，就是谁对谁错并不重要，重要的是建构解决之道。也就是说，谁拥有真理不是最重要的，重要的是大家在一起看看有什么办法可以解决生活中的问题。在这里，请注意，这是两个很不一样的事情。

有人会很奇怪：谁对谁错，怎么会不重要？

在我们的传统思维当中，很多人会认为我们谁发现真理，或者谁掌握了真理，谁说得对，是非常重要的。掌握了真理，才能解决问题。

格根的建构主义思想认为，很多事情难以分辨谁对谁错，就像《列子·汤问》中的故事"两小儿辩日"，那个时候的孔夫子也不知道哪个人说的是对的。我们在生活当中的很多时候都不能确定谁对谁错。另外，很多时候我们有幸了解到某一种道理是对的，但仍然无法解决实际的问题。这时候要放下谁对谁错这样的争执，而关注怎样能够创建解决之道，这就是格根最杰出的贡献。

当然，格根撰写了非常多的著作、文章，试图让更多的人了解如何建构问题解决之道。可是，要人们放下对错之争却是非常困难的一件事情，因此格根在多年的实践当中不断地去扩展它的影响，帮助人们把注意力从关注"谁对谁错"，转向关注有用与否的"解决之道"。在建构主义理论被充分阐述之后，他自己认为更重要的一本著作《关系性存在》（*Relational Being: Beyond Self and Community*）也出版了。这本书更强调在建构主义的指导下解决现实中的问题。

格根是社会心理学家，他在《关系性存在》这本书里提到了社会心理学的研究。这些研究证明，当处境发生变化的时候，人的行为对不同情境具有非凡的适应性。格根甚至引用了美国著名的社会心理学家斯坦利·米尔格兰姆（Stanley Milgram，1933—1984）有关权威服从的实验。

在这个经典实验中，研究人员从各行各业招募了相当数量的参与者，他们都是普通人。在实验室里，实验者要求这些人去电击（参与者以为是在电击，其实并没有真正电击）隔壁房间里的人（这些人是研究者的助手扮演的），很多人居然真的就去做了这种伤害别人健康甚至威胁别人生命的事情。这证明，同一个人在不同的关系当中会有非常不同的表现，这也叫作关系性的存在或者多重存在。

很多人在面对一个小孩子的时候，就会不自觉地蹲下身来。说话的时候语言更简单，甚至出现叠字，同时，还会对小孩子做出更丰富的表情。在跟成人一起的时候，这些特征就不会出现。这就是关系性存在。

另外，比如语言，人们在大城市里或者机场或火车站里跟一个人说话的时候，很容易说普通话。而一旦回到家乡，人们立刻就会很自如地说起家乡话，甚至有的人跟同乡在一个房间里，前一秒还在说家乡话，但转过头对另外一个不是同乡的人就会说出普通话。人们在这种多重存在之间的转换非常自如。

关系性存在这一概念的提出，是一次革命性的思想转变。在整个 20 世纪，科学高度发展，经济、文化、政治都有巨大的变化，人们深受科技的影响。现代科技最重要的基础就是物理、数学、化学、生命科学等这些学科的发展，让人类相信有客观真理的存在。人们不断地在学习、掌握这些知识，世界也的确因此而改变。

随着网络时代、全球化时代的到来，网络上有海量的信息，人们获取信息变得更容易。现代化的交通工具、通信工具使得人们流动和交流也变得更容易，因此人们在接受知识方面的速度更快、效率更高。

在这种情况下，人们更相信科学、知识和真理对我们生活的影响，而越来越忽略关系对我们的影响。相信很多人都会有切身的感受，越来越多的人生活在大城市，在一栋楼房当中，个体越来越少地跟邻居发生实际的接触，更多地生活在网络中，在虚拟的社区里跟虚拟的人进行互动。

我相信很多人如果翻自己的手机通讯录，会发现很多人其实我们很少联系；我们收藏的很多文章，没有时间去阅读；我们在网上看越来越短的视频、越来越短的文章，也没有时间跟人建立更丰富、更深入的联结。我们好像拥有了更多的知识，接近了更多的真理，但我们的生活又好像欠缺了很多。我们也面临心灵上越来越强的空虚感，比如，想不清楚生活的意义，对未来没有清晰的规划，对人际关系越来越不信任，甚至陷入抑郁、疯狂的状态等。

这样的一种生活感受，实际上在格根的另外一本书《饱和的自我》

里，已经有了生动的描述。

中国台湾的家庭治疗师吴熙娟在给《酝酿中的变革：社会建构的邀请与实践》一书写推荐序的时候写道："我记得格根在 1991 年出版了《饱和的自我》。格根的这本书邀请我们去看现代人的自我认同是如何被各种各样的信息所浸染而不自觉的。那时候我还是一个学生，震撼于书中的理念。我还记得，我看了这本书以后，和当时也在念书的先生热烈讨论我们身处在这个时代对自我形成的觉察、不能觉察以及选择，而这些一直都影响着我。"

吴熙娟老师的这段话很生动地说明了现代人拥有过度的信息，处在饱和的自我状态，而被信息所困的这种情形。格根邀请我们一起走出海量信息的桎梏，一起来拓展我们对生存方式的理解、建构和应对。

格根在《关系性存在》这本书里提到了心理治疗领域最近最引人注目的转变。治疗师原来强调的是个体内部的冲突，而现在更关注来访者与治疗师之间的关系，转变的基础是客体关系理论。这一理论在 20 世纪中期开始变得越来越受重视，并且在心理治疗领域有了广泛的应用。

格根在这本书里提到了不同领域中关系性存在的实践，比如关系型教育。在传统的社会里，教师是权威，教师只要站在讲台上传授真理，学生就可以接收知识，成为知识的拥有者。但是，当代教育遇到了很多问题，也陷入了重重困境。该怎样变革？关系型教育就提供了一种思路。

在现在的教育体系中，教师和学生是合作的关系，而不是从前那种权威与服从的关系，这是关系型教育的核心理念。比如教学中的规则制订，课堂中怎样更好地完成教学任务，这些应该由师生共同讨论完成，而不是教师单方面安排。师生在课程教学当中有更多的对话，而不是只由教师单方面传授知识。

格根在这本书里，不仅提到了关系型教育，还提到了关系性存在在心理治疗、组织管理这些领域中的应用，接下来我们就来重点了解一下关系性存在在心理治疗领域中的应用。

当症状存在于关系之中时

关于社会建构论在心理治疗领域中的应用，我想先分享一个自己的个案。

一个四口之家来做心理咨询，他们的小女儿两岁，体弱多病，大儿子6岁。这个家庭来咨询不是因为小女儿，而是因为6岁的大儿子有尿频的现象。他经常在玩耍的过程中要去厕所，有时间隔只有10分钟，爸爸妈妈知道他根本没有真的要撒尿的意思，但是不得不一次次陪着他去上厕所。

爸爸说，儿子经常要上厕所，搞得夫妻两个人不胜其烦。因为妈妈总要照顾小女儿，儿子上厕所的时候，爸爸想尽量更多地陪伴他，但他经常不依不饶，坚持要妈妈陪他上厕所。妈妈只好把小女儿交给丈夫，然后陪他去上厕所。

这个事情已经发生有三四个月了，他们觉得有点严重，于是带着儿子去检查，结果各项指标都正常，医生建议他们看心理咨询。在咨询室里，我询问了很多事情发生的前后细节。在这个过程当中，大儿子反复去了三次厕所。在他们第三次从厕所回来，全家人重新坐稳了之后，我对妈妈说："好像你的儿子每次去厕所都要你来陪他，仿佛是想让你放下照顾妹妹的辛苦工作，休息一下。"听我这样说，妈妈愣了，爸爸也竖起耳朵，在一旁很认真地听，大儿子同样特别安静地待在一边。妈妈过了一会儿说："的确，除了现在这个毛病，我的大儿子非常贴心，他确实懂得照顾我。"妈妈的眼中渐渐地泛起了泪光，而爸爸似乎也在微微地点头。我轻轻地对妈妈说："他是一个懂得照顾你的孩子，我建议你以后每次在陪他去上厕所的时候，都给他一块钱，并且对他说谢谢你。"我问她："这个容易做到吗？"爸爸立刻从口袋里掏出了一个硬币递给妈妈，妈妈说："当然容易做。"我回身对大儿子说："你回家找一个小盒子，每次妈妈给你一块钱，你就把它收集到小盒子里。下一次，你们再来咨询室的时候，你拿给我看。"

两个星期后，这个家庭再次来到咨询室，大儿子掏出了一个小盒子，里面只装了几个一块钱硬币。妈妈面带笑容，很轻松地对我说："这两周大儿子去厕所的频率降低了很多。我们一家也觉得很轻松，现在我们不再担心他尿频的事情了。"

在这个个案当中，大儿子的尿频在最初被家庭的所有人看成是大儿子自己所拥有的一个症状，跟其他人没有关系。我在了解了一些情况之后，尝试着给出了一个建构：大儿子频繁去厕所，其中一个功能就是帮助妈妈从照顾小女儿的辛苦工作中跳出来，休息一下。这个建构也得到了家人的认同。然后，我布置了一个作业，每次让妈妈给孩子一块钱，然后陪他去厕所，这得以强化他们之间的关系。

之前，大儿子上厕所是属于他个人的行为，而现在，这个上厕所的行为变成了母子之间的情感联结。通过母亲对儿子说"谢谢"并给他一块钱，不断地凸显、强化他们之间温暖的、爱的、支持性的关系。当他们的关系被重新命名，并且被家人看到、认可之后，大儿子的症状逐渐减弱，而家庭的关系也变得更亲密、更有弹性了。

　　在这个个案当中，我的咨询思路建立在格根的社会建构论基础之上，而技术是从西蒙那里学来的积极赋义。症状不再是单独存在于世界上的问题，而是被解读成一种存在于亲密关系之中的症状。通过强化这种关系的积极一面，症状得以缓解。这就是格根强调的"关系流"（flow of relationship）。具体来说，孩子频繁上厕所的行为，原来被看作是他个体的症状，现在被建构为儿子和母亲之间流动的互动关系。

　　有人问过我："真的吗？儿子上厕所真的是为了照顾妈妈吗？"这样的问题显示出提问者在追求一个真理和标准答案，而建构主义的精髓就在于停止对错之争，建构问题解决之道。不管是不是真的，只要这种建构可以发挥作用，能够促进关系的改变，我们就利用这样的建构来推动家庭关系的和谐发展，解决问题。

　　曾经有一个学生问我："刘老师，万一你提出的建构，对方说不是这样的，怎么办呢？"我告诉她，回应的方法非常简单。如果对方说不是这样的，我们就一起进行新的建构。我会问对方："你觉得他这样做有什么样的目的？有什么样的功能？有什么样的意义？"我不仅会问妻子，还会问丈夫，也会问孩子。在搜集了很多不同角度的建构之后，其中总有一个或者两个建构会令他们打开思路，拓展他们解决问题的方法。

　　从聚焦在症状上，到把注意力转移到彼此之间的关系，并且推动关系发生改变上，这就是社会建构论在心理咨询领域中的应用。

　　在传统的心理治疗领域中，咨询师、治疗师是权威，来访者及家庭遵从权威的说法，相信从权威那里可以获得真理和答案。社会建构论的思想可以帮助治疗师带领来访者及其家庭突破传统看问题的角度，进入到多元建构的广阔天地当中，从而为复杂问题、困难处境找到解决之道。

格根在他的著作当中，介绍了阿亚·阿森（Eia Asen）的工作。

来自英国的阿亚·阿森是合作对话的创始人，他的工作就是社会建构论在实践当中的出色应用。阿亚·阿森和他的同事为遭受过家暴的女性做团体心理治疗。在团体治疗的过程当中，他们鼓励这些女性说出自己的经历，分享失败或者成功的故事，同时也鼓励她们谈及自己的生活细节。一段时间之后，团体发展成了一个相互关爱的小型共同体。在这样的共同体当中，这些家暴的受害者获得了向前看、努力改变自身处境的能力。同时在治疗师的帮助下，为了建设积极的未来，她们最终发布了一个声明，制订了集体公约。公约内容包括：我们作为建设安全之家的参与者，一致同意担负起为自己和家庭建设美好生活的责任，为了达成这一目标，我们要重视、接受、尊重自己的独立性，无条件地去爱，为家庭和自己活出自己的价值。

阿亚·阿森也是一名家庭治疗师，他的一项著名的工作就是多家庭治疗。在青少年问题当中，厌食症相当难治疗，阿亚·阿森和他的团队就此发展了一项"多家庭参与计划"。这个计划邀请几个厌食症家庭聚在一起，共同探讨问题，分享各自在处理饮食问题方面的成功和失败的经验。通过这种方式，不同家庭的厌食症患者及其家人彼此交流后，都发现自己被别人更多地理解了，也得到了更多的支持。另外，通过交流成功和失败的故事，参与者获得了许多新的认识，他们可能会在各自的家庭中做出新的尝试。

在以上的两个例子当中，格根推崇的社会建构论发挥着重要的作用。被家暴的女性并没有直接从治疗师那里获得什么是正确的生活方式的建议，而厌食症的家庭也没有从权威那里得到怎样吃饭的正确建议。不同的来访者、不同的家庭聚在一起，分享他们面临困境时的感受、过去成功的经验，以及他们对未来的打算。在听到不同的人、不同角度的看法之后，他们拥有了更多的视角，也拥有了未来解决问题的更多可能性。

由于在分享的过程当中，成员建立起了更加亲密的关系，可以从彼此那里获得支持和理解。因此在这样的环境当中，他们具备了可持续生长的力量。

令我感到非常欣喜的是，格根在关于社会建构论应用于心理治疗领域的写作当中，也给传统心理治疗留下了一席之地。他提到他认识一个叫拉尔夫的心理咨询师。这个人极具权威性，是一个非常独裁的人。拉尔夫的来访者主要是中低阶层，没有受过高中以上的教育，常常来寻求咨询师作为权威的意见。拉尔夫通常会立刻给予他们诊断，开出药方。他的来访者很快就会遵照他的要求去做，而问题也就解决了。

在格根社会建构论的多重建构当中，也包括对于事情的确定性的建构，而他也同意，确定性是某些人在某些情况下非常需要的，也具有治愈的作用。他肯定了传统心理治疗中权威——服从关系的有效性。

简言之，格根希望心理治疗能够将参与者从静止不变、狭隘固着的认知传统当中解放出来，促进他们自由地加入滚滚向前的关系流。格根认为，治疗的成功在于促进来访者对持续不断的合作创造过程的参与，也就是创造新的关系。

最后我想说，格根从 20 世纪七八十年代开始，就提出了极具颠覆性的社会建构论，不论在心理学界，还是在哲学界，都产生了巨大的社会影响。他的思想是超前的、具有颠覆性的，他是与新时代、新社会对话的人，他在引领我们去用新思想解决用传统思想难以解决的困境。

我在写作这些内容的时候，遇到了巨大的挑战。我感到想要把他的思想介绍得很清楚十分困难，这让我有些时候感到很无力，甚至会感到很孤独。当我跟同样痴迷格根思想的李松蔚老师分享这种感受的时候，他意味深长地说："也许，这种孤独感正好能帮助你理解肯尼斯·J.格根。"

这些年来我所看到的、听到的关于格根的事情，都在说明他是一个足迹遍布世界、有着广泛影响的积极实践者。当年，提出这样颠覆性思想的他，一定也曾经是一个孤独的思想者。我希望有更多的人喜欢他的理念，不断阅读他的著作、深入理解他的思想，也追随他的脚步，不断地实践。就像我这么多年来，在他思想的引领下，不断地实践，不断地成长。

（注：本文所有涉及的案例故事，全部是根据工作经验编写而成，非真实个案。）

延伸阅读书单

[1]　格根.关系性存在：超越自我与共同体 [M].杨莉萍，译.上海：上海教育出版社，2017.

[2]　格根.社会建构：进入对话 [M].张学而，译.上海：上海教育出版社，2019.

[3]　巴雷特，弗莱.欣赏型探究：一种建设合作能力的积极方式 [M].张新平，译.上海：上海教育出版社，2017.

[4]　格根.酝酿中的变革：社会建构的邀请与实践 [M].许靖，译.台北：心灵工坊，2014.

一旦人们愿意接纳消极的情绪，将更容易找到生命的真正价值所在，并坚持向这个方向发展

史蒂文·C.海斯

海斯创立的接纳承诺疗法，让我们摆脱大脑的陷阱，拥抱痛苦，活出丰盛而自在的人生

张婍

第 10 章

史蒂文·C.海斯：
接纳承诺疗法的创始人

Psychology
and Life

北京联合大学师范学院心理学系副教授。

本章作者 | 张婍

什么是心理灵活性

　　我和接纳承诺疗法的缘分开始于 10 年前，看到的第一本书是《接纳承诺疗法：正念改变之道》（*Acceptance and Commitment Therapy: The Process and Practice of Mindful Change*），它是由接纳承诺疗法的三位创始人——史蒂文·C.海斯（Steven C.Hayes）、柯克·D.斯特罗瑟（Kirk D. Strosahl）和凯利·G.威尔森（Kelly G. Wilson）写的。当时，我被书中的一句话深深打动："人类的痛苦是无法避免的，同情我们自己和他人很难，作为人类活着很难。"这句话，放到充满不确定性的今天，也许会更能引起我们的共鸣。

　　在此之前，我所接触的其他心理疗法，一直致力于探究人类各种心理疾患和情绪问题的原因，希望通过各种干预手段，让人类过上健康、稳定和幸福的生活。但是如果，痛苦和无常会一直伴随着我们呢？我们是否可以带着对自己和这个世界的爱和慈悲，转过身来面对自己所经历的伤痛和挫折呢？这就是海斯的接纳承诺疗法带给我们的全新思路。

　　海斯博士本科就读于洛杉矶的洛约拉马利蒙特大学心理学系，在大学阶段，他深受行为心理学家斯金纳的影响，关注如何通过有效的方式改变回避行为。在研究生阶段，他开始主修临床心理学，辅修实验心理学的行为学习领域，并在临床心理学领域获得了博士学位。在近 40 年的学术生涯探索中，他提出了"关系框架理论"（relational frame theory，RFT），被誉为"关于人类语言和认知的后斯金纳主义方法"。目前，他是美国内华达大学心理学系终身教授，聚焦于研究人类语言和认知的本质，并致力于将研究成果应用于减轻人类痛苦、提升人类福祉。

关系框架理论最为大家所了解的应用之一就是接纳承诺疗法（acceptance and commitment therapy，ACT），"ACT"应该读为一个完整的单词（注意，读成英语单词 ACT 是检验一个人是否学过接纳承诺疗法的重要标志）。

ACT 是以正念（mindfulness）为基础的认知行为疗法的第三浪潮，由于 ACT 的治疗原理遵循一种颠覆性的思想，即通过"接纳"而不是"消除"症状，可以更彻底、有效地治愈抑郁症、焦虑症、精神分裂症、强迫症、惊恐障碍等精神障碍，因此得到了美国心理学会（APA）的认可，被认为是一种具有循证依据支持的有效心理疗法。同时，基于 ACT 发展出的面向大众的"接纳承诺训练"（acceptance and commitment training）技术，被广泛应用于慢性疾病康复、教育、减肥、企业管理、个人成长及养老等领域。

此外，海斯博士以 ACT 为原理写成并出版的心理自助图书《跳出头脑，融入生活》（Get Out of Your Mind and Into Your Life）被《时代》杂志提名为畅销书。海斯本人也被 TED 邀请进行关于 ACT 的演讲——《心理灵活性：从童年创伤到人生使命》。

在这场演讲中，海斯博士回顾了自己年轻时长达三年的与惊恐发作搏斗的历史，以及小时候目睹家暴的创伤经历。他用自己最真实、最深刻的感受，展示了自己如何运用心理灵活性与自己的焦虑和痛苦站在一起，接纳痛苦体验，并从中发现爱和意义。

那次非常走心的 TED 演讲，让海斯本人也感触良多。演讲结束后，海斯博士又专门为此写了一篇文章，回顾了 TED 演讲给自己带来的启发。

第一，时间并不能治愈所有的伤痛，它只是将有些事情掩盖了而已；第二，藏在焦虑之下的是某些更为痛苦的事情，只是知道这些事情的存在是不够的；第三，带着爱和慈悲，转过身来面对伤痛与挫折——这是获得人生意义与使命的前提。

30 多年前与惊恐发作和解的经历，让海斯明白了，焦虑不是敌人。痛苦的经历能让我们感同身受地看到他人的痛苦，留出一些和自己相处的时间，和此时此刻的自己同在。同时，还可以让我们专注在自己能为别人做的事情上，并以最好的状态去做这些事情。也是从那个时候开始，海斯博士开始把运用 ACT 提升"心理灵活性"作为他的毕生课题。在这个演讲中，海斯博士提出了他最具影响力的个人格言：**"爱不是一切，而是唯一。"** 这里的爱，不仅仅包括对世界和他人的爱，也包括对自己的爱。

到目前为止，海斯博士已经出版了 46 本著作，发表了近 650 篇科学论文，2007 年的谷歌学术排名，他在参选的 2000 位心理学家中被列为第 9 位最具有影响和多产的临床心理学家，并被授予"行为分析进展协会（SABA）科学应用影响奖"（AISI）和"行为和认知治疗协会终身成就奖"。同时，他还担任美国心理学会行为分析分会主席、行为和认知治疗协会主席，并创立了语境行为科学协会（ACBS），全球已有30多个国家的1万多名心理学、医学及教育领域的专业人士加入该协会，他将语境行为科学作为ACT的哲学基础，基于科学和实践，鼓励激发群体的智慧，不断完善、升级和丰富ACT，不断创新一系列心理干预方法。现在，这个协会的队伍还在不断壮大。

2019年，76岁的海斯博士带着他的妻子和孩子来到了中国，参加了中国第二届接纳承诺疗法峰会，并举行了首届中美接纳承诺疗法训练营。借着这个机会，我也很荣幸能够面对面感受这位心理学大师的风采。他的睿智、活力和热情，完全超出了年龄的限制，从海斯博士本人的状态中，能够更加深刻地体会到心理灵活性和ACT的巨大魅力。

那么，什么是心理灵活性呢？心理灵活性是ACT的核心内容，也是最终目标。心理灵活性，是指一个人可以充分地接触当下，不带有任何防御地面对和体验此时此刻自己全部的内在体验（想法、情绪、身体感觉、记忆、动机、个人经历等心理事件），允许它们按照原本的样子存在，然后跟随内在价值方向的指引进行选择、坚持或行为的改变。

这种心理灵活性意味着：**即使环境变化，即使不同的事情发生，即使不同的想法和情绪出现，你依然有朝着你的价值方向选择的自由；**你愿意面对和体验，而不是回避和控制你当下的一切心理活动，并依然有能力去跟随一个长远的价值方向的指引行动，而不是跟随你一时的情绪、想法等而冲动、盲动或不动。

接下来，让我们来系统地梳理一下ACT的基本内容。

初步理解ACT

从广义而言，ACT关注的是人类的行为。到目前为止，行为治疗的发展经历了三个阶段，分别是盛行于 20 世纪 50 年代的传统行为治疗，发展于 20 世纪 70 年代的认知行为治疗，以及近 30 年才开始兴起的语境主义导向的认知行为治疗"第三浪潮"。

之所以称为第三浪潮，是因为它在传统的认知行为疗法的基础上，融合了东方哲学的内涵，创造性地借鉴辩证法、精神性、关系以及正念等观念，通过灵活多样的治疗技术，提高个体的心理灵活性。ACT 在新一代的认知行为治疗中占据了中心地位。

ACT 是由美国著名心理学家史蒂文·C.海斯、凯利·G.威尔森及柯克·D.斯特罗瑟在 20 世纪 90 年代联合创立的，它是一种以"功能性语境主义"（CBS）为哲学背景，以"关系框架理论"（RFT）为理论基础，通过诸如正念、接纳、认知解离、澄清价值、行为改变等一系列灵活多样的体验性技术，提高个体的心理灵活性，从而使个体能够投入有价值、有意义的生活的心理疗法。

功能性语境主义是一种基于语境主义和实用主义的现代科学哲学流派。简单来说，语境主义就是把心理事件理解成个体与具体情境（包括历史和环境）之间持续不断的相互作用。因此，基于语境主义的行为分析，是以整体性不遭破坏的方式分析心理事件，通过预测和影响心理事件与具体情境之间的连续互动，使行为分析达到一定的精确度、范围和深度。

以此为基础，ACT 将心理事件看作个体与情境之间一系列的互动。因此，如果仅仅只是去分析问题行为的症状表现，实际上脱离了心理事件发生的语境，错过了心理问题形成的原因、背景和有效的解决途径。这就不难理解，为什么 ACT 认为，即便心理事件在形式上是"消极的""非理性的"，甚至是"异常的"，治疗师也都明显保持着开放、接纳的态度。这个心理事件的功能，即个体与所处情境之间的相互作用，是治疗师所关注的焦点。

同时，也是由于功能性语境主义的实用主义取向，使得来访者的生活目标变得尤其重要。ACT 非常强调，来访者热情投入与自己价值观相一致的生活，实现自己的生活目标，强调有用、语境和目标在行为分析中的重要性。

ACT 对人类痛苦普遍性的假设来自**关系框架理论**（relational frame theory，RFT），关系框架理论是一个有关人类语言和认知基础研究的功能性语境模式。这个理论认为，人类在进化过程中产生了语言，无论是在现实社会生活还是内心世界，语言都无处不在，了解语言和认知是了解人类行为的关键。根据关系框架理论，人类的语言和认知过程中最关键的是学习和应用外部刺激之间的关系，形成"关系框架"，这是一种习得性行为。总体来看，人类对语言和认知关系的学习具有 3 个主要特征。

第一，**关系具有相互推衍性**（mutual entailment）。如果一个人学习到 A 在某一语境中与 B 有着特定的关系，那么意味着在这一语境中 B 也对 A 有着这种关系。比如一个人学会了"害怕"与"恐惧"相同，那么他也能推出"恐惧"与"害怕"相同；如果一个人学会了"小李比小张个子高"，他也会理解"小张比小李个子矮"。

第二，**关系具有联合推衍性**（combinatorial entailment）。如果一个人学习到在特定语境中，A 与 B 有着特定的关系，而 B 与 C 有着特定的关系，那么在这个语境下，A 与 C 势必也存在着某种相互的关系。比如一个人学会了"小李比小张个子高"，而"小张比小刘个子高"，那么这个人也能推断出"小李比小刘个子高"。

第三，**关系能使刺激的功能在相关刺激中转变**。也就是说，事件的功能可以根据背后的关系得到改变。如果你需要拿一本书，你知道小刘的身高可以够到这本书，不需要再教给你关于小张和小李的信息，你就能知道他们都可以帮你拿到这本书。

正因为关系框架的这些特征，外界环境的刺激会通过语言和认知对我们产生各种各样的影响。

六边形病理模型中心：心理僵化

ACT 将人类的心理病理模型直观地用一个六边形来表示，六边形的每一个角对应造成人类痛苦或心理问题的六大基本过程之一，六边形的中心是心理僵化，这是对心理病理六大过程之间相互作用的一个概括。心理灵活性模型认为，痛苦是生活中的自然现象，然而心理僵化往往会阻碍人们适应内在和外在的环境，从而导致人们遭受不必要的痛苦折磨。

从六边形的病理模型来看，这六大基本过程相互影响、相互联系，打破了以往那种具体心理病理过程导致特定心理问题的传统模式，这六大基本过程会同时对特定的心理问题产生不同程度的影响。

如图 10-1 所示，**这六大基本过程包括经验性回避、认知融合、依附于概念化自我、无效的行动、缺乏价值澄清 / 连接、被概念化的过去和未来所主导 / 局限性的自我认知**。人类的主要心理问题源于语言 / 认知与人们直接经历的偶然事件之间的交互作用方式，产生了经验性回避和认知融合，这二者会导致来访者失去对此时此刻的真实体验，并依附于概念化自我。最终，会让来访者缺乏明确的价值观，无法按照所选择的价值过有意义的生活。

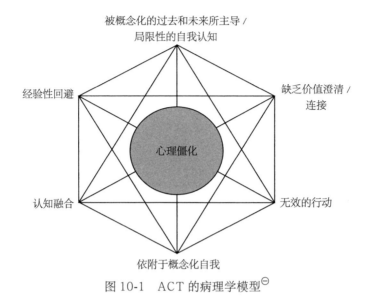

图 10-1　ACT 的病理学模型[⊖]

与 ACT 的病理模型相对应，ACT 还给出了一个六边形的心理灵活性模型，如图 10-2 所示。它的中心是心理灵活性，也正是 ACT 的目标。心理灵活性可以通过 ACT 的六大核心过程获得，它们不仅仅是避免心理病理症状的方法，同样也是积极的心理技能。**这六大核心过程包括：接触当下、接纳、解离、以己为景、承诺行动和选择价值。**在实际的临床实践中，来访者很少会同时在六个核心过程中都表现出问题，因此在开始治疗之前，咨询师会对每一个过程进行评估，从其中任何一个过程开始进行工作，同时也能够调动这六边形中其他过程的资源和力量，帮助来访者改善弱点。

⊖　图片改编自译作《ACT 就这么简单：接纳承诺疗法简明实操手册》。本书已在机械工业出版社出版。

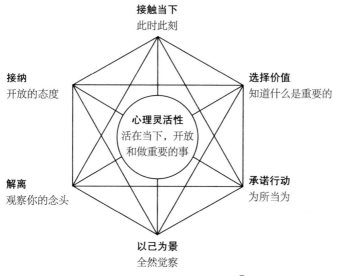

图 10-2　ACT 灵活六边形[⊖]

ACT 的理论和实践技术中，融合了很多与东方文化密切相关的理念，比较符合中国的文化背景，非常适合在中国本土开展更为广泛的实践和应用。

我们为什么会痛苦

海斯在《跳出头脑，融入生活》这本书的开篇就点明了 ACT 的与众不同之处。

ACT 对于人类心理问题现状的理解是：人都会痛苦。痛苦不仅仅包括肉体上的疼痛（pain），还包括人类在各种各样的心理痛苦中受到

⊖　图片改编自译作《ACT 就这么简单：接纳承诺疗法简明实操手册》。

的折磨（suffer）。对于心理痛苦所带来的折磨，我们很多人其实并不陌生，它们包括恼人的情绪和想法、不愉快的记忆和往事、想要回避的欲望和情感。我们不仅仅能在主观体验上感受到痛苦，很多客观的数据也让我们感受到了痛苦的普遍性和无处不在。

根据 2017 年世界精神病学协会发布的数据，在全球疾病总负担中，23% 是由精神疾病造成的。中国精神疾病的患病率为 17.5%，有超过 2 亿的人口正在遭受精神疾病的困扰。

而且，我们环顾四周也会发现，一个人不管多么成功，拥有多么巨大的财富和名望，也一样不能逃脱心理痛苦的折磨。不论是你自己，还是生活在你周围的人，或多或少都曾遭遇过一定的心理困扰，包括关系问题、工作问题、情绪问题、自我控制的问题、性问题、对死亡或者衰老的恐惧和焦虑，等等。甚至还有人会自我调侃道："这年头要是没有什么心理问题，还真是不好意思出门。"

说到这里，大家会不会觉得哪里有点不对？我们一直在追求的心满意足、岁月静好的生活状态，其实只有极少数人才能达到，甚至我们周围连一个这样的人也没有。实际上，不管是个人成长路径，还是一个人的社会关系和亲密关系，如果把所有人面对的主要行为和心理问题都加总到一起，就会发现，不体验重大的心理折磨反而是"不正常"。没有人可以远离痛苦，痛苦一直伴随着我们。活着真的挺不容易的。

但是，在日常生活中，我们还是会看到不少人似乎什么都不缺，看起来很幸福。在你运气特别背的时候，可能也曾经自我怀疑："为什么我就不能像其他人一样幸福呢？"事实上，其他人和你一样痛苦，只不过他们痛苦的时候，你没有看到罢了。因为在我们的成长过程中，我们习惯于露出灿烂的笑容，表现出幸福的样子，学会假装事事如意，生活顺心。实际上，生而为人，你不可能逃避身体上的痛苦、衰老，心理上的悲伤、失望、焦虑和迷茫。人类因为自身的语言和思维特点，有点聪明反被聪明误的意味。语言就是一把双刃剑，一方面帮助我们发展文明，控制环境，但是另一方面也会让我们陷入大脑心智功能的陷阱，进入一场自我欺骗的游戏。为什么说语言会让我们陷入大脑心智功能的陷阱呢？举个非常简单的例子，如果你踢了一只狗，它会逃开，然后向你狂吠。如果你每次看到这只狗，都要踢它，那么你一出现，这只狗就会感到害怕，然后躲开你。心理学上把狗的这种反应叫作"条件反射"。但是，只要你不出现，这只狗是不会害怕的，也不会表现出明显的焦虑。但是人就不一样了，人类语言的关系框架模型，能够让人类的思维产生各种关联性，只要一个词语，就能让我们想到无数和这个词有关的内容。假如这个词是让你害怕的人或者食物，哪怕它不出现，但只要你想起它来，你也会陷入同样的恐惧中。如果那只狗也具备了语言能力，那么它就不仅仅会害怕真的被踢一脚，只要它想到"踢"这个字，就会立马因此而惊恐起来。

ACT 对于人类痛苦以及语言和认知功能的反思，挑战了那些在社会文化中根深蒂固的对人类问题常规的看法，这也是为什么 ACT 被归为后现代取向的心理咨询流派。

我们误以为战胜压力就必须先消除压力的感觉，想要戒烟就必须得先摆脱抽烟的冲动，要克服内心的紧张和焦虑，就必须得放松，或是对自己的一些负面想法进行改造。但我们在现实生活中，往往发现自己会陷入这样的悖论：在紧张的时候，越想放松越放松不了；失恋的时候，越想忘记一个人，就越频繁地想起这个人。

海斯博士用"流沙"（就是沙漠里会让人陷入的沙堆，把人吸进去，有点像沼泽）来比喻我们的心理痛苦。假设你遇到了一个正陷入流沙中的人，但没有绳子或者树枝可以帮助你拉起这个人，那么你唯一可以做的事情就是给对方一些有帮助的建议。在不清楚流沙特性的情况下，通常这个人会大声呼喊："救命，拉我出来。"而且在陷入可怕场景时，人们经常会做的事情就是：挣扎着想要逃脱。通常情况下，遭遇到了危险，迅速跑掉是一个不错的方法。如果要逃离，就得先抬起一只脚，再迈出另一只脚。但如果用这个方法来对付流沙，不仅不会让这个人离开流沙，反而会陷得更深。

当你看到这个场景时，你也许会对着这个人大喊："不要挣扎，尽量平躺，伸开手脚，最大限度地扩大身体和流沙的接触面积。"也许，对于一个一心想着要摆脱流沙的人来说，最大限度地扩大和流沙的接触面积听起来非常违背直觉，但**事实上，当我们身陷流沙中的时候，更明智和更安全的做法恰恰就是"面对"**。我们的生活和心理世界，和陷入流沙的场景特别类似，而且这样的状态永无止境。我们大多数人都会发现，让自己烦恼和痛苦的记忆，并不是最近才发生的事情，可能已经过去很多年了，但是越是逃避，陷得越深。

面对这样的场景，我们有两个选择：和流沙搏斗，越挣扎陷得越深；或者，面对流沙，伸展四肢，评估一下周围的情况，寻找新的出路。

可以说，海斯所创立的 ACT 就是让我们开始采用全新的视角来看待我们的生活，换一种方式来对待我们的想法和行为习惯。

因为使用语言，所以痛苦无可避免

我们的语言和思维的本质到底是什么呢？ACT 的理论基础是关系框架理论（RFT）。

　　RFT 的基本前提是：人类的行为在很大程度上受到关系结构的控制。这些关系结构会形成各种模式，构成了人类语言和思维的核心，这些关系模式包括了同等关系（相同、像），前因后果关系（如果……那么……），比较关系（比……好），等等。可以说，我们的思维是关联性的思维，我们通过各种关系模式把内心世界和世间万物都主观地联系在了一起。

　　我们具有一种动物没有的特殊能力，就是即便没有过直接的经历，我们也可以通过语言学习掌握一些知识。比如，很小的孩子就可以在没有被开水烫伤过的情况下，远离热水壶。但这个能力，也会限制我们的生活。你的头脑会因为你的语言能力而浮想联翩，你在失恋的时候，可能会因为一首歌而想起过去的点点滴滴，也可能会因为一道菜而落泪。不管我们过得如何，因为语言规则的比较结构，我们总会通过把当下的自己和理想状态做对比而感到不满。我们还会因为语言中的时序关系，对不一定会发生的糟糕情况做出预期，担心未来，后悔过去，而无法好好活在当下。

　　所以，当海斯博士提出，人都会痛苦，实际上想说的是，**因为人类是语言的动物，只要我们会使用语言，那么痛苦就无法避免**。而且，由于语言的关联性，一旦我们在内心运用语言，想要避免恼人的想法或者情绪时，就会陷入一个恶性循环。比如，一个人见到陌生人会脸红，这原本是一个常见的反应。但是如果这个人担心自己丢脸，怕被别人看到自己的紧张，甚至进一步害怕因为这个而找不到工作，那么头脑中想象的可怕结果就会让这个人的脸更红，更紧张。这个时候，一开始脸红的痛苦上面又叠加了新的痛苦，甚至这个人会因为担心自己脸红而不接触陌生人，不去工作，导致生活的空间越来越窄。

我们可以看到，如果我们根据自己的直觉来处理我们的心理痛苦，那么就很容易陷入语言的旋涡。有时候我们会采取一些措施去逃避某种痛苦的想法和情绪，但是结果往往是无效的，或者哪怕短期有效，但从长远来看，也无法让我们彻底解脱。当我们彻底理解了这一点之后，改变就开始发生了。

最后，我想用海斯博士的思维列车来做一个比喻：我们的语言能力会让我们每一个人坐上特定思维模式的列车，它是一个自动发生的过程，如果轨道铺设的目的地是你想去的地方，那么没什么问题。但如果你和想要的生活"脱轨"了，那么你必须得从这趟列车上面跳下来，打破头脑中的想法给你设定的条条框框。

我们的想法和我们有什么关系

这一节，我们来了解一下 ACT 是如何理解我们的心智运作模式的，看看我们头脑中的想法会对我们产生什么影响。

ACT 认为，人类的语言是以关系框架及关系网络的形式发展起来的超级复杂的网络系统，其中包括各种"社会习俗""生活习惯""规则""信念"等，它们以僵化的框架形式左右着我们的行动，支配着我们的行为。比如"女孩子到了一定年龄就要结婚""只有买房买车，才算是人生赢家""早上一定要吃早餐"，等等。

其实这种对"模式"的反思和探索并不新颖，我们可以在很多心理学理论和心理疗法里看到。但海斯对人类大脑的心智模式和语言认知规则做了更为系统和深入的探索，他认为我们头脑中的这些关系框架往往不自觉地、自动化地指导着我们的行为，如同我们脑内的"自动导航系统"。我们只有极少数的行为是有觉察的、有目的的，绝大多数的行为则受到环境线索（比如闹钟、消息提醒、日历提醒等）和社交规则（比如各种规则、别人正在做的事情、模仿别人的穿着等）的控制。

从 ACT 的角度看，大脑处于自动驾驶的状态，本身不是问题，这也是大脑节省处理信息资源的表现，我们的大脑是很懒惰的，能偷懒就偷懒。但是，如果大脑在大多数情况下都处于自动驾驶状态，那就比较危险了。因为自动驾驶状态下的我们会忽视环境的变化、生活的复杂性和不确定性，尤其是现在，我们生活在日益复杂、不确定、模糊和变化的时代，所以，心理僵化必然导致各种问题。

当我们了解到大脑的思维模式会给我们带来麻烦时，我们就要开始思考一个非常重要的问题：**我们如何处理和大脑的关系**？海斯曾经用一个很有趣的说法来描述这种关系：**遛一遛我们的大脑**。

"认知疗法之父"阿伦·T.贝克提出要客观地关注自己所有的思维过程，并与它们拉开距离。这是评估和怀疑思维的第一步。认知行为疗法用这样的方式指导来访者发现想法中的逻辑错误，寻求新的证据，从而改变会引起情绪困扰的不合理信念。如果用开车和导航系统来做比喻，认知行为疗法就是把错误的导航系统进行修正，确保我们以后经过这段路的时候不会开错路。ACT 在此基础上，做了更为彻底的改变。

我们平常开车用导航系统的时候，也会有这样的体会，有些路段的导航非常不靠谱，甚至会把你带进死胡同，但是要马上修正导航的数据，其实并不容易。我们可以怎么做呢？很多有经验的司机，会立刻关掉导航，然后根据路况来调整自己的路线。

还有一种情况就是，不管导航说什么，我们都调整自己的路线，自己给自己导航。我们和思维的关系，更像是后一种，因为大脑中的想法会自动冒出来，我们没有停掉思维的按钮。但是我们可以做的是，注意到导航出错后，一边听着它的声音，一边朝着我们想去的方向前进。

这个过程，说起来很容易，但是做起来很难。因为我们和我们头脑中想法的关系，很像是鱼和水的关系，我们就是在思维里游泳的鱼。思维对于我们每一个人而言都是再自然不过的事情，我们就像鱼一样，沉浸在思维的海洋里，很难意识到水的存在。所以，ACT 的难度在于，我们需要摧毁自己一直以来习以为常的思维习惯，**也就是改变遵循自己想法的习惯。做到审视自己的想法，而不是根据自己的想法来看问题。**

我们的思维（也就是内部语言）总是相互关联，并且又会象征和指向一些事物，所以会给我们制造出一些幻象。比如我说苹果，你的头脑中马上就会出现苹果的样子，甚至会让你回想起吃苹果的体验，就好像真的又经历了一遍。当我们头脑中出现像"我做不到""他再也不会回来了""这次考试肯定过不了"等这样的想法时，我们很容易把想法当成事实，并被这个事实吓得精神紧张、情绪低落或者失眠。就像很多医生说的，大多数得了绝症的病人，都不是因为疾病本身而倒下，而是被疾病的诊断吓死的。由此可见，我们的想法对我们产生的影响有多么巨大，以及要改变这种和想法的关系有多么困难。这其实就是 ACT 病理模型中所提到的**认知融合**。

如果被自己的想法困住了，应该怎么办

认知融合（cognitive defusion）是一个听起来很专业的词，简单

来说就是，我们被自己的想法困住了。比如考试焦虑的学生会一直担心自己考砸了该怎么办，然后由此引发更多的想法：考砸了就没办法上好大学，就找不到好工作，这辈子就完了。这个时候，我们所有的注意力都被这个想法吸引了，我们甚至为了反抗这个想法，花费了大量的时间和精力。

应对认知融合的有效方式就是**解离**。这个词也很专业，表达的意思就是：让你和你的想法分开。开始尝试着去练习观察大脑中的想法，也就是把这些想法看作车上的导航，导航报告的并不是真实的路况，也不能决定车往哪里开，只是一个工具而已。我们可以通过审视自己头脑中的想法，和头脑中的想法拉开距离。

我们头脑中的想法有很多很多，而且会不断地产生，有些有用，有些没什么用，我们可以选择并聚焦于有用的那些想法。比如在考试之前，我们头脑中会产生各种各样的想法：考砸了怎么办，这道题怎么做，我要不要定个复习计划……所有这些都是想法。**我们可以注意到头脑中所有的想法，然后选择对此时此刻的我们有帮助的想法。**

如果我们的视线被挡住，我们是没办法做这个选择的。我们需要和大脑拉开一些距离，就像看一幅画，怎么去看一幅画才会更清楚，肯定不是将我们的眼睛紧贴在画上面看，而是退远几步来看。如果我们学会了怎么去审视自己的想法，我们就会和头脑中的想法拉开距离，想法只是想法，并不是事实，这就会为我们提供一个选择的空间。实际上，头脑中的那些想法本身并没有发生什么变化，发生变化的是想法对我们的影响。

与 ACT 相关的书籍，比如《接纳承诺疗法》《ACT 就这么简单：接纳承诺疗法简明实操手册》（*ACT Made Simple: An Easy-to-Read Primer on Acceptance and Commitment Therapy*）、

《接纳承诺疗法（ACT）：100 个关键点与技巧》（*Acceptance and Commitment Therapy: 100 Key Points and Techniques*）等，介绍了一百多种用来练习认知解离的技术，也发展出了各种各样的隐喻来帮助来访者练习如何去观察自己头脑中自动出现的想法。

　　汽车导航就是其中一种，你也可以把大脑想象成一个巨大的显示屏，接着把你的想法以纯文本的形式写在这块屏幕上，然后想象着变换这些语句的字体和颜色，扩大词语的间距，甚至增加一些动态效果。也可以想象你坐在河边，水面上漂浮着一片又一片的落叶，然后把你头脑中冒出来的想法一个接一个地都放到这些落叶上，不管这些想法是你喜欢的还是不喜欢的，都放在落叶上，让它们随着河水流动，你的头脑可能会说："这好难啊"或者"我做不到"，没关系，这些也是想法，把它们放到落叶上。当然，你还可以用更加可视化的方式把想法呈现出来，比如把头脑中经常出现的想法，写在便利贴上，可以用不同颜色的笔和不同的字体，也可以移动它们的位置。所有这些做法，都是为了让我们充分体会到：**想法只是想法而已。**

　　这样一来，我们就有了一个空间，去审视这些想法的功能。我们可以尝试着问自己下列问题。

- 这个想法在任何情况下都有用或者有帮助吗？
- 如果我相信这个想法，我可能得到什么？
- 这个想法对我解决现在的问题有帮助吗？
- 这个想法能否让我成为我想成为的人？

通过这样的方式，我们才算真正用好了我们头脑中的导航系统。当然，我们需要注意的是，ACT 并不否认大脑的作用。我们的大脑经过不断进化，在搜集信息、制订计划和解决问题方面有非常强大的功能。我们会在头脑中不断演练现实中的一些场景，甚至有时候会把想法当成现实，比如一些关于未来的灾难化想法，或者让我们后悔不已的往事，如果我们过于沉浸其中，就没办法过好每一天的生活。在我们被卡住的状态下，我们可以尝试着运用认知解离技术，并且通过练习这个技术，让自己从心智的枷锁中跳出来，投入到我们真正关心的生活中。

我到底是谁

这一节，我们来了解 ACT 中关于自我的概念，并且通过关注此时此刻的正念实践，来体验观察性自我的存在。

ACT 灵活六边形模型除了六个过程，其实也可以从左到右划分成三个部分。前三节聚焦的是六边形的左边：接纳和解离。这一节的重点是中间部分：接触当下和以己为景。最后两节关注的是右边：选择价值和承诺行动。中间部分通过正念练习来接触当下，以及通过以己为景来体验自我觉察，将模型的左右两边链接在一起。

通过正念练习，我们不断与此时此刻的环境和自我感受进行接触，我们既是体验者，又是这些体验的观察者。**我们可以把保持专注的能力看作一个铰链，分别与保持开放的能力和投入生活的能力相链接。**

保持开放的能力，就是指从头脑的想法和评判中解离出来，培养接纳当下的能力；投入生活的能力就是后面两节我们要学习的，选择自己的价值并且从事已经承诺的行为选择的能力。

也许你会注意到，在我讲述的内容中会有很多隐喻。这其实也和我们头脑中语言运行的方式有关，根据关系框架理论，语言通过各种关联结构帮助我们形成思维，而我们在理解万事万物的时候，故事和隐喻会在我们的头脑中形成画面和场景，让我们产生各种感受和体验。可能你还听过这样的说法，**"故事和隐喻是潜意识的语言"**。正是因为这样，ACT 的很多书籍资料都运用了大量的隐喻故事，来帮助大家更好地理解一些概念。

三个自我

心理学的很多理论和流派都会讨论自我，基于关系框架理论的 ACT 提出了三个自我的概念，分别叫作概念化自我、经验性自我和观察性自我。

概念化自我，指的是用来描述"我是谁"的所有标签，比如我是一名老师，我喜欢吃西瓜，我很懒惰。所有围绕"我"展开的信念、想法、观点、事实和判断等都是头脑对自我的描述。而且，这些自我描述由于语言的功能，通常是经过评估和比较之后的自我故事，比如"我是一个失败的人""我的表达能力很差"等自我评价，我们很容易和这些标签融合，产生"我等于所有关于我的描述"这样的想法。但是别忘了，所有这些标签，都只是想法而已。

经验性自我，指的是我们所体验到的一切，不断发生的自我意识过程，这是一种过程的自我。比如我现在觉得很困，我看见了一棵树，我尝到了甜味。我们的经验会通过我们的语言转化为概念化自我。

观察性自我，也就是以己为景，指的是一种观察"正在发生什么"的立场，一种观察"发生了什么"的视角，在任何时刻观察任何正在被观察的事物的"我"。比如，我现在正在打字，而我发现自己正在打字的我就是观察性自我。笛卡尔有一句名言："我思故我在。"那么，当你想着"我思故我在"的时候，谁在观察着这个过程呢？在 ACT 里面，我们把这个观察到自己正在想着"我思故我在"的那个我，称为观察性自我。每个人都可以体验到观察性自我的存在。

ACT 经常用"天空"来比喻观察性自我，我们所有的想法就像是天气，天气可以是晴空万里，也可以乌云朵朵，甚至电闪雷鸣，所有这些天气状态就是我们的概念化自我，而所有的这些过程就是经验性自我。有时候我们会忘记天空的存在，有时候我们会因为乌云而看不到天空，但是其实天空一直在，无论天气多糟糕，都不可能伤害到天空，天空总是无边无际，很纯净。它是一个"用来观察以及为所有想法和感受腾出地方"的最广袤又安全的空间。

除了天空的比喻，还有一个特别直观的隐喻，在 ACT 的干预中也会经常被使用到，就是**棋盘隐喻**。

想象一下，你面前有一个棋盘，这个棋盘无穷大，上面的棋子有黑白两种颜色，数量也是无穷无尽。其中，白色的棋子是你所有积极的想法和感受，黑色的棋子是你所有消极的想法和感受。我们一生都在拼命地移动白棋，并且努力尝试除去所有的黑棋，但问题是，不管你除去多少黑棋，总还会有新的黑棋出现。白棋和黑棋交替出现，当你向前移动一颗白棋，告诉自己"我很优秀"时，马上就有一颗黑棋出现："不，你并不优秀。你昨天刚被领导批评了。"

因此，在生活中，我们投入了很多时间和精力，想要尽全力赢得这场注定不可能胜利的比赛。实际上，你既不是白棋，也不是黑棋，我们是整个棋盘和棋子的综合体。棋子就是概念化自我，棋盘就是观察性自我。我们完全可以跳脱出黑棋和白棋的比赛，因为我们包含了棋盘、棋子和下棋的过程，这时候我们既可以体验下棋的乐趣，同时又不会陷入比赛，给棋子足够的空间移动。

ACT 这种对自我的三分法在临床应用的实践中也非常有意义。已经有很多相关的研究表明，在概念化自我和经验性自我上有更高水平的觉察、更少被概念化自我束缚，与更低的压力水平和负面情绪的水平相关。

海斯通过对语言和认知过程的探究，认为人类大脑存在两种模式：**问题解决模式和正念欣赏模式**。在我们成长的过程中，我们所受的所有社会化训练，实际上都在不断地训练我们的问题解决模式，包括判断、比较、计划，这也是人类文明不断发展的重要技能，大脑不断在寻求更高、更快、更强，希望赢得比赛，追求完美。

但是别忘了，我们其实还有另一种模式，**正念欣赏模式**，就是在欣赏日落时，完全专注而投入的状态，其实这种模式在年龄很小的孩子身上更容易观察到。ACT 就是想要帮助我们训练这种和问题解决模式很不一样的心智模式，使我们处在此时此刻、非常纯粹的自我觉察中。这种自我觉察能够有助于我们放下旧有的假设和偏见，放下评判，将注意力集中在此时此刻，这其实也是正念的概念，通过日常的正念练习，我们可以充分体验此时此刻正在发生什么，增加我们的觉察力，丰富我们的体验，提升我们适应环境的灵活性。

如何把关注点放在此时此刻

在现实生活中，怎么理解把关注点放在此时此刻呢？我们可以拿吵架来举例，但凡吵架，最容易出现的语言陷阱就是"翻旧账"和"上高度"。

原本两个人也许是为了一件很小的事情吵架，比如一方说了一句话，而另外一方误解了这句话的含义。但是，在吵架的过程中，我们会经历一场语言的风暴，我们习惯用的问题解决模式出现了，经常会听到"你总是这样""你之前也是完全没听清楚我在说什么"，又或者"我觉得你根本不在意我""我和你'三观不合'"。甚至到最后，两个人都忘了是因为什么事情而吵架，只知道要压制对方，绝对不能输。所以我们经常发现很多夫妻在吵架中会陷入"不是你死就是我亡"的竞争模式。如果我们把想法和感受重新拉回此时此刻，会惊讶地发现，竞争模式肯定有赢家和输家，但是，当我们关注争吵中的两个人在此刻的感受和想法时，就会发现在这个过程中，吵架双方都有受挫败的感受和负面的想法。如果我们只针对此时此刻正在发生的状态去处理这些感受和想法，难度就要小得多。我们可以把问题变成：现在我们一起做些什么，能够让我们的感受和体验好一些？

不管是在咨询室里，还是在日常生活中，我们都可以通过关注此时此刻来觉察经验性自我和观察性自我，不让自己过多地陷入概念化自我的比赛中。**最简单的方式就是正念冥想**，在工作休息的间隙，或者在排队等待的过程中，可以简单地把注意力集中到你的呼吸上，去感受自己吸气和呼气的感觉，感受胸腔和腹部的变化，感受身体的变化。

此外，一个容易掉入的关于自我的误区是，以为尽量积极地自我评价就可以了，很多提升自尊的课程都在教我们如何给自己贴上积极的自我标签。但在 ACT 看来，如果你和自己的自我描述融合了，就会制造出问题，不管这种自我描述是积极的还是消极的。通过以己为景，创造出一个心理空间，能够让你更加灵活地去感受此时此刻的状态，这才是更有适应性的做法，在这个过程中，我们的心理灵活性也可以提升。

为什么我们要不断寻找价值

接下来，我想带着大家一起来重新审视我们的生活，和自己真正在意的重要价值产生连接。

ACT 是基于功能性语境主义的一个理论，强调我们所做的一切，都是为了功能的实现。所以，整个 ACT 模型都朝向一个结果，就是帮助我们过上丰富、充实、有意义的生活，我们在活出自己的每一天里，都是正念的，和我们所看重的价值一致。

海斯对价值（value）的定义是：**"价值是在持续的行动中期望表现出来的整体特征。"** 简单说来就是：**价值是我们内心想要的最深的欲望，体现在与自己、与他人、与世界的互动过程中，指引着我们的行动方向。** 它们是我们在生活中想要信奉的，想要去表现的方面，想成为的某种人所具有的那些优势，以及想要发展的那些品质。它们是在生活中指引和激励我们前行的指导性原则。根据海斯对价值的定义，我们还可以对这个概念进行拆分，帮助我们更好地理解价值是什么，不是什么。

首先，价值和"持续的行动"有关，也就是你想要坚持做什么。 比如你的价值可能包括爱和关心，成为一个好家长、保持身心健康、做一个真诚的人等。这些价值可以在你的行动中体现和达到。

通过行动能够体现和达到的才是价值，而那些不能通过行动达到的，则不是价值。比如幸福、归属感和被爱，这些都不是价值，因为它们不是你通过行动就能获得的。我们可以控制的是我们自己的行动，但是无法控制我们最终能够得到什么。所以，从行为的功能性来看，聚焦于什么能在我们的掌控中是非常重要和有意义的。对于没有得到满足的需要和欲望，最有力的回应就是接纳痛苦，和我们的价值相连接，并采取行动。

其次，价值和一种总体特征有关。 假设你想画画，这已经满足了持续行动的条件，但是它还没有包括行动的特征，这些特征可能包括技术娴熟或者笨拙，积极主动或者心不在焉。"总体特征"指的是"联合了多种不同行动模式的特征"。

为了弄明白画画中所包含的价值，我们还可以进一步挖掘：你有多么热爱画画？你在画画中想要塑造什么样的个人品质和优势？你想在画画中表现出什么样的特点？当我们去思考这些问题的时候，可能会发现有以下价值：专心、真诚、全力以赴、自我挑战、自由等。你会发现，这些特征，哪怕你不再画画，你也可以继续保持，在任何时候这些特征都可以发展。你依然可以专心、真诚；你依然可以全力以赴地投入你正在做的每一件事情；你依然可以挑战自我和追求自由。

最后，价值是一种"期望"表现出来的特征。 期望是一种动力和愿望，也就是说，什么对你来说是重要的，你"想要"去做什么。它们不是关于你"应该做什么"或者"必须做什么"。

当我们在询问和思考价值的时候，以下这些问题是经常会用到的。

- 在你的内心深处，对你来说什么是重要的？
- 在你的一生中，什么是你想要遵循和信奉的？
- 你想要培养哪些个人优点和品质？
- 在你的人际关系和亲密关系中，你想要如何表现？

但其实，我们在日常生活中，很少会被问到或者思考这样的问题。因为我们社会关注的其实是目标，而不是价值。比如升职加薪、买个大房子、找个好工作和好对象，这些是目标，而不是价值。价值是贯穿我们生命始终的方向，而目标是我们在生命过程中想要获得或者完成的事物。

我们所做的一切，不管是接纳痛苦、练习认知解离，还是让自己面对挑战，其实都是为了让我们的生活变得更加丰富、有意义和充实。但是，很多时候，当我们问自己"我最看重什么？我想成为什么样的人"时，我们会发现自己对"价值"相关的问题经常抱有的态度是回避或者含糊不清的。

价值比目标更有力量

在 ACT 的干预过程中，经常会用指南针来比喻价值。在旅行的时候，指南针帮助你指引你的方向，让你可以一直沿着这个方向前进，我们的价值也在我们的生命旅程中起到了同样的作用。价值是没有尽头的，当我们往东走的时候，无论你向东走多远，都有更远的路需要走。目标就是那些你在旅行中努力去抵达的目的地，你在不断往东走的过程中，你所发现的景点，你所攀登的高山，这些都是目标，而不是价值。

我们可以用"爱"和"结婚"来举个例子，以帮忙区分价值和目标之间的差别。如果你想要成为一个有爱的人，那是一种价值，它是持续的，你可以在你的一生中不断地去实践这个价值。而且，你在任何时候都是有选择的，你可以按照这个价值去行动，也可以忽略这个价值。但如果你想要结婚，这就是一个目标。它是可以完成和实现的，即便你完全忽略"成为一个有爱的人"这样的价值，也可以完成"结婚"的目标。就好像我们在生活中会看到，有些人觉得到了一定年龄了，必须要结婚，所以找个差不多的对象就领证了。在这个时候，这个人就是在完成一个人生清单上的目标，而不是实现他的价值。

价值是每个人都可以选择去拥有的，而目标可能会达到，也可能达不到。所以，价值远远比目标更有力量。在任何时刻，我们都可以选择价值，而目标的选择权却不在我们手上。比如，我们不能保证我们可以实现 30 岁结婚的目标，但无论在任何时候，我们都可以让自己成为一个有爱的人，即便没有配偶，我们也可以去爱身边的家人、朋友、宠物、环境，当然，还可以爱我们自己。

再举一个工作的例子。想要获得一份好工作是目标，一旦你获得了这样一份工作，这个目标就从清单上划掉了。但是如果你想要成为一个对社会有贡献、能发挥自己特长和优势的人，这些就是价值。在任何时候，你都可以选择这样的价值，即便你目前做的不是自己喜欢的工作，甚至你没有工作，你一样都可以去实践你的价值。

所以，体重减轻 7.5 千克是目标，健康饮食是价值；一周运动三次是目标，保养身体是价值；在"北上广"买房子是目标，照顾家庭是价值；得到别人的尊重是目标，让自己充满爱和拥有良好的道德品质是价值；停止和伴侣吵架是目标，成为一个善解人意的人是价值。

还有非常重要的一点是，价值是掌握在我们手中的，由我们自己选择，并体现在此时此刻的，而目标则是在未来，结果不受我们的控制。也就是说，哪怕我们多年以来都没有考虑过关于价值的问题，我们从现在开始也可以马上按照自己的价值来行动，而目标总是在未来，一旦实现，这个目标就不在了。正是因为这样，如果你的生活完全是以目标为中心的，那么你的生活中可能会长期出现缺失感和挫败感。为什么呢？因为目标可能会达到，也可能达不到，更关键的是，目标一旦实现，它就会消失，你也就很容易坠入虚空之中。

我们在现实生活中，可能有过这样的体验，或者也听说过这样的故事。比如，你一直想要获得某个荣誉，或者一直很想要一样东西，一旦获奖了，或者一旦得到了某样东西，你就会有短暂的喜悦，但马上又会觉得没有什么意思。此时，你需要再为自己寻找下一个荣誉，或者树立下一个目标，才能让自己行动起来。所以，如果你的生活以目标为中心，那么会误以为好日子都在后头，而忽略了眼前的生活，很有可能最后是竹篮打水一场空。但如果我们的生活是以价值为中心的，我们会时时刻刻和价值生活在一起，这种价值能带来充分的满足感和充实感。因为不管生活如何变化，我们的价值始终都在。

那么，你生命中的指南针是什么呢？你想要如何度过你这一生呢？此时此刻，你可以选择去寻找自己的价值，或者让自己更清晰自己的价值究竟是什么，把价值带入你每一天的生活，看看会有什么样的变化吧。

如果害怕改变，该怎么办

这一节，我们来学习如何在日常生活中运用 ACT，接纳陷入困境的状态，选择自己承诺的行为，让我们都活出丰盛和自在的人生。

你的价值罗盘是什么

关于如何探索和澄清我们的价值，ACT 中有各种各样的技术和隐喻。其中，我觉得最为清晰，并且在个人生活中很方便使用的方法就是"价值罗盘"。我们每个人都可以根据自己的生活领域来制作属于自己的价值罗盘。

ACT 把个人生活划分为多个价值领域，包括工作、健康、社会、亲子教育、亲密关系、家庭、精神、社团、环境、休闲、个人成长等。当然，以上罗列的生活领域只是一个参考，你可以根据自己实际的生活状况来进行取舍，把你的生活领域划分为 8 个或者 10 个都是可以的。等你确定了个人生活中的价值领域之后，就可以绘制价值罗盘相关的表或者辐射图。

我个人非常喜欢辐射图的形式。比如，我确定的 8 个生活领域是：父母、伴侣、亲子、朋友、工作、教育、休闲、健康。然后我会先画一个圆形，把圆形进行八等分，得到了一张辐射图，每条辐射线的最外侧写上这条线代表的生活领域。在这个圆形中，圆心代表 0 分，顶点代表 10 分，这样就能得到代表我所看重的生活领域的价值罗盘图。简易的辐射图如图 10-3 所示。

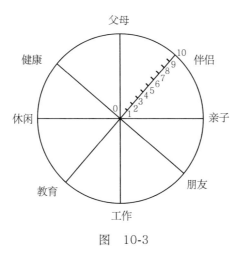

图　10-3

接下来，我们可以思考一下，在每一个重要的生活领域，自己所看重的一条核心价值是什么？希望自己做到几分？比如对于孩子，我最看重的价值是"慈爱"。在这个价值上，我希望达到9分，那就在中心到亲子那个顶点的线上，标出9分的位置。对于朋友，我最看重的价值是"信任"，在这个价值上，我希望达到6分，那就在朋友那条线上标记出来。当都标记好之后，把8个生活领域的8个点连起来，就得到了一个八边形，这就是我们向往生活的罗盘图。

最后，我会再评估一下，自己在每一个领域实际做到的有几分。比如在亲子关系上，我只有6分，而在朋友关系上，做到了5分，以此类推，这样就又标记出了8个点，把它们连在一起，就得到了第二个八边形，这是我们实际生活的罗盘图。

就这样，专属于我们的价值罗盘图就完成了。它像是一个行动指南，为我们指出了应该努力的方向，它可以启发我们去思考，在每一项我们所看重的价值上，应该设定怎么样的目标，投入怎样的努力。

当然，除了绘制辐射图，你也可以把这些生活领域的呈现转化为表的形式，在表的左侧写上所有的生活领域，在右侧写上你看重的价值、你的目标、你计划采取的行动，以及遇到的障碍。

这种图或表的形式，有两个非常重要的功能，**一个是能帮助你制订具体的行动计划，另一个是能让你看到生活的完整性，并且在整个生活领域里去排列优先级。**

为了确保我们可以时时刻刻把价值转化为有效的行动，使用我们所看重的价值来制订目标是非常重要的，一个具体、有意义、合适、现实、有时间限制的目标可以让我们把价值分解为具体的行动。其中，具体的、有时间限制的目标指的是你的目标所指向的行动非常明确具体。

比如在亲子领域，不是写"花更多时间和孩子相处"而是"我会在周六下午花两个小时和孩子一起玩乐高游戏"。同时，在时间限制上，可以是一天之内的计划，也可以是几天或者几个星期内完成的计划，或是几个月内完成的计划，以及能在几年内完成的事情，分别对应了直接目标、短期目标、中期目标和长期目标。

除了具体和有时间限制，我们还要时刻注意检查这个目标是否纯粹以价值为导向，而不是为了满足其他人对你的期待，或是为了回避痛苦。我们还要去看看在执行计划的过程中，你的生活状态是否得到了真正的改善和提升。还要考虑的是，基于你当前的时间、精力和经济状况，设定这个目标是否切实可行。目标可以是阶段性的，和具体技能相关的，通过学习这些技能，你可以让自己在学习过程中不断成长，最终过上符合你价值的生活。

ACT 里的承诺行动，指的是在价值的引导和促进之下，采取越来越有效的行为模式。同时，也意味着是灵活的行动。也就是说，当我们准备接受挑战之后，要根据需要坚持或者改变行为模式，尽可能地让我们的行动与有价值的生活这一目标保持一致。

承诺行动可以按照步骤，一步一步来实现。首先，在价值罗盘图里选择一个你最想改变的生活领域；接着，在这个领域里选择想要追求的价值；然后，以这个价值为导向，发展出目标；最后，采取正念的行动。也就是说，使用价值来设定目标，并且将价值分解为具体的行动，然后承诺行动。

在行动的过程中，辨认行动中的阻碍，使用 ACT 其他五大核心过程克服困难。

行动中最容易遇到的障碍可以概括为首字母缩略词"FEAR"：F

代表融合（fusion）；E 代表过高的目标（excessive goals）；A 代表回避不适感（avoidance of discomfort）；R 代表偏离价值（remoteness from values）。

通常，当我们想要改变的时候，大脑总会抛出一些"消极"的想法，比如"我做不到""我会失败""太难了"，等等。如果我们和这些想法融合，想法就会阻碍我们前进，如果我们学会了去观察这些想法，而不被它们所影响，它们就不会干扰我们的行动。

而且，改变开始的时候，很可能会带来不适感，通常是一种焦虑的感觉，如果回避焦虑，就会阻碍我们改变，这也就是为什么我们要尝试着去接纳这种焦虑，走出"舒适区"。另外，我们还要不断评估我们的价值是否是自己真正认可的价值，以及这些价值能否和切实有效的目标相连接。因此，要克服这些障碍，我们就要做到认知解离、接纳不适感、制定现实目标和拥抱我们的价值。

需要注意的是，承诺行动并不意味着力求完美，或者要迫使我们自己实现所有的目标。它代表了我们对有价值的生活做出承诺：不管和价值失去联系多少次，我们都将不断地朝着价值前进。整个 ACT 灵活六边形模型可以总结为：**以平静之心接纳不可改变的，以无畏的勇气改变可以改变的。**

ACT 不是一个僵化的模型，尽管看起来 ACT 有心理灵活性的六边形模型，同时六边形的每一个部分都有实用性和操作性很强的干预步骤，但实际上，所有这些都是一个参考框架。六边形的每一个部分都可以作为改变的入口，你可以根据自己的实际情况进行调节，从任何一个部分开始都可以。同时，每个部分采用的干预方法可以灵活应用各种干预策略。

从个人层面而言，ACT 让我们学会了如何跳出大脑规则制订的思维陷阱，从社会层面而言，ACT 让我们学会了如何跳出社会规则制订的目标陷阱。

海斯在创立 ACT 之后，为了让更多的人可以从中受益，他反对 ACT 的资格考证，并且在 2005 年成立了全球 ACT 学术组织。这个组织叫作语境行为科学协会，立志于推动 ACT 的研究与应用，上面有丰富的学习资源和学术资料，鼓励建立更为开放和灵活的学习社群。2015 年，语境行为科学协会中国分会（CACBS）也正式成立，专注于为中国 ACT 咨询师的成长提供专业、持续的支持。在我看来，海斯开创的 ACT 不仅是一种疗法，也是一种心理学实践，同时也是一种生活态度和行为方式，可以应用到非常广泛的领域和生活体验中，让每个人都活出自己想要的生命状态。

延伸阅读书单

[1] 海斯 . 跳出头脑，融入生活 [M]. 曾早垒，译 . 重庆：重庆大学出版社，2019.

[2] 海斯，斯特罗瑟，威尔森 . 接纳承诺疗法（ACT）：正念改变之道 [M]. 祝卓宏，等译 . 北京：知识产权出版社，2016.

[3] 贝内特，奥利弗 . 接纳承诺疗法（ACT）：100 个关键点与技巧 [M]. 祝卓宏，王玉清，译 . 北京：化学工业出版社，2021.

[4] 哈里斯 . ACT，就这么简单：接纳承诺疗法简明实操手册 [M]. 王静，曹慧，祝卓宏，译 . 北京：机械工业出版社，2022.

[5] 哈里斯 . 幸福的陷阱 [M]. 邓竹箐，祝卓宏，译 . 北京：机械工业出版社，2018.

[6] 哈里斯. 自信的陷阱 [M]. 王怡蕊，陆杨，译. 北京：机械工业出版社，2019.

[7] 哈里斯. 爱的陷阱 [M]. 韩冰，王静，祝卓宏，译. 北京：机械工业出版社，2020.

心理学大师经典作品

红书
原著：[瑞士] 荣格

寻找内在的自我：马斯洛谈幸福
作者：[美] 亚伯拉罕·马斯洛

抑郁症（原书第2版）
作者：[美] 阿伦·贝克

理性生活指南（原书第3版）
作者：[美] 阿尔伯特·埃利斯 罗伯特·A.哈珀

当尼采哭泣
作者：[美] 欧文·D.亚隆

多舛的生命：
正念疗愈帮你抚平压力、疼痛和创伤（原书第2版）
作者：[美] 乔恩·卡巴金

身体从未忘记：
心理创伤疗愈中的大脑、心智和身体
作者：[美] 巴塞尔·范德考克

部分心理学（原书第2版）
作者：[美] 理查德·C.施瓦茨 玛莎·斯威齐

风格感觉：21世纪写作指南
作者：[美] 史蒂芬·平克

积极人生

《大脑幸福密码：脑科学新知带给我们平静、自信、满足》

作者：[美]里克·汉森 译者：杨宁 等

里克·汉森博士融合脑神经科学、积极心理学与进化生物学的跨界研究和实证表明：你所关注的东西便是你大脑的塑造者。如果你持续地让思维驻留于一些好的、积极的事件和体验，比如开心的感觉、身体上的愉悦、良好的品质等，那么久而久之，你的大脑就会被塑造成既坚定有力、复原力强，又积极乐观的大脑。

《理解人性》

作者：[奥]阿尔弗雷德·阿德勒 译者：王俊兰

"自我启发之父"阿德勒逝世80周年焕新完整译本，名家导读。阿德勒给焦虑都市人的13堂人生课，不论你处在什么年龄，什么阶段，人性科学都是一门必修课，理解人性能使我们得到更好、更成熟的心理发展。

《盔甲骑士：为自己出征》

作者：[美]罗伯特·费希尔 译者：温旻

从前有一位骑士，身披闪耀的盔甲，随时准备去铲除作恶多端的恶龙，拯救遇难的美丽少女……但久而久之，某天骑士蓦然惊觉生锈的盔甲已成为自我的累赘。从此，骑士开始了解脱盔甲，寻找自我的征程。

《成为更好的自己：许燕人格心理学30讲》

作者：许燕

北京师范大学心理学部许燕教授30年人格研究精华提炼，破译人格密码。心理学通识课，自我成长方法论。认识自我，了解自我，理解他人，塑造健康人格，展示人格力量，获得更佳成就。

《寻找内在的自我：马斯洛谈幸福》

作者：[美]亚伯拉罕·马斯洛 等 译者：张登浩

豆瓣评分8.6，110个豆列推荐；人本主义心理学先驱马斯洛生前唯一未出版作品；重新认识幸福，支持儿童成长，促进亲密感，感受挚爱的存在。

更多>>>　《抗逆力养成指南：如何突破逆境，成为更强大的自己》作者：[美]阿尔·西伯特
　　　　　　《理解生活》作者：[美]阿尔弗雷德·阿德勒
　　　　　　《学会幸福：人生的10个基本问题》作者：陈赛 主编